ネットワークシティ

現代インフラの社会学

田中大介 編著

THE NETWORK CITY
Sociology of modern infrastructures

北樹出版

はしがき

　現代都市は、土木的な建造物、機械的なテクノロジー、電気的なメディアによって構成されています。私たちは、好むと好まざるとにかかわらず、これらを使いこなしたり、逆にそれらに振りまわされたりしながら都市を生きざるをえません。そのため、こうしたモノは、都市生活を支える「インフラ」としばしば表現されます。では、多種多様なモノがインフラとして構成された現代都市を社会学的に分析するにはどうすればいいでしょうか。

　都市インフラは、土木、建築、交通、電気、通信、あるいは都市工学・社会工学などを含む工学分野や経済学で扱われることが多く、専門家のような送り手の視点の研究が蓄積されてきました。実際、都市を生きる私たちも、高度な技術は専門家におまかせし、あまり考えずにインフラを利用しています。また、文系大学の卒論やレポートでそれらを扱おうにも、「理系の分野だから」とあきらめることもあるのではないでしょうか。ですが、それでは現代都市の技術的環境はブラックボックスのままです。そこで本書では、日常生活を生きる受け手の視点から都市インフラを社会学的に分析することを模索しました。

　たとえば、都市社会や都市空間を社会学的に分析する分野には「都市社会学」や「都市論」などがあり、テクノロジーやメディアを社会学的に分析する分野には「技術史」や「メディア論」などがあります。そして、それぞれ多くの入門書・教科書が——多様な分野が重なりあいながら——存在しています。本書は、とりわけそうした都市と技術のあいだにある現象、いわばヒトとモノが交差する領域を扱ったテキストとして編集しています。

　ただし本書は、体系的・網羅的に編まれた教科書というより、筆者がモノを扱う手さばきを読者に追体験してもらうテキストです。第一部で本書の視点や方法を整理していますが、具体的な対象を分析する第二部以降の気になる章から先に読んでもいいでしょう。これらの手がかりをもとに、現代都市に数多く存在するモノやインフラをみずから分析してもらえればと思っています。

Contents

I イントロダクション

第1章 ネットワークシティとはなにか ………………………… *2*

第1節 〈都市的なもの〉はどこに？
——「モノの厚み」としての現代都市 ………………… *2*

第2節 ネットワークシティとはなにか？ ……………………… *5*

1. ネットワーク化された身体としての近代都市 (*5*) 2. ネットワークシティとしての現代都市 (*7*)

第3節 インフラとはなにか？——私たちの内 / 外なるインフラ‥*8*

第4節 インフラの近代——コモンズからインフラへ ………… *10*

1. コモンズとしての環境 (*11*) 2. インフラとしての都市 / 都市のなかのインフラ (*12*)

第5節 インフラの現代 ……………………………………… *14*

1. インフラの「民営化＝私事化」(privatization) (*14*)
2. ネットワークシティとモバイルメディア (*16*)

第2章 ネットワークシティへのアクセススキル
——「モノ」を切断 / 接続する社会学的方法 ……………… *25*

第1節 Mobile life, im(n)mobile city …………………… *25*

第2節 ネットワークシティをどのように調べるのか？ …… *27*

1. モノが「ある」とは？ (*27*) 2. モノは「なに」としてあるのか？ (*29*) 3. モノはどのような「効果」(effect) をもつのか？ (*31*)

第3節 ネットワークシティからの切断と再接続
——方法としての写真 ………………………… *34*

1. ネットワークからの切断 (*34*) 2. ネットワークシティへの再接続 (*37*)

II 交通インフラ

第3章 道路・交差点——進み / 止まる ……………………… *40*

第 1 節　「渋谷の死」とスクランブル交差点 ……………………… 40

第 2 節　スクランブル交差点のとまどい …………………… 43

第 3 節　浮き沈みするスクランブル交差点 ………………… 44

　　1. 1971 年のスクランブル交差点（44）2. 沈むスクランブル
　　交差点（46）3. 再浮上するスクランブル交差点（49）

第 4 節　ネットワークシティの集合的沸騰 ………………… 54

　　1. 交通のポリティクス（54）2. モノから生まれる文化 / イ
　　ンフラの祝祭（56）

第 4 章　駅・鉄道——乗り / 降りる ……………………………… 60

第 1 節　近代日本の都市と鉄道 …………………………… 60

第 2 節　駅と街の現代的変容 ……………………………… 61

　　1. なぜ東京駅は復原されたのか（61）2. 近代都市と駅（62）
　　3. 駅の現代的変容（64）

第 3 節　車内空間の現代的変容 …………………………… 68

　　1. 近代都市と車内空間（68）2. 車内空間の現代的変容（70）

第 4 節　二重化するコミュニケーション
　　　　——交通 / 情報のせめぎあい ……………………… 73

第 5 章　自動車・ロードサイド——加速し / 減速する ……………… 76

第 1 節　インフラとしての自動車とロードサイド …………… 76

　　1. "どこにでもある風景"（76）2. インフラとしての自動車・
　　ロードサイド（78）

第 2 節　速度の秩序と構造 ………………………………… 80

　　1. 交通の構造と社会（80）2.「自動」ということの二重性
　　（81）

第 3 節　メディアとしての自動車 …………………………… 83

　　1. モータリゼーションと都市圏・社会圏の拡張（83）2. オ
　　ートモビリティと感覚の変容（84）

第 4 節　走り、停めるためのインフラ ……………………… 86

　　1. ラスベガスから学ぶこと（86）2. 走行と停止（87）

Ⅲ　空間インフラ

第6章　高層建築・昇降機——昇り／降りる ……………………91

第1節　摩天楼の都市／タワーシティ …………………………… 91

第2節　アトラクションとしての高層建築／昇降機 ………… 94

1.「見られる」高層建築から「見る」高層建築へ（94）2. 専門職／接客業としてのエレベーター運転手（95）

第3節　日常化する高層建築／高速化する昇降機 ………… 98

1. 高層化する集合住宅／規格化する昇降機（98）2. 待ち時間の焦燥／密室空間の不安（100）

第4節　空白としてのエレベーター …………………………… 103

1.「ヒトのまなざし」から「カメラのまなざし」へ（103）2. タワーシティとエレベーター（104）

第7章　河川・橋——架け／渡る ……………………………107

第1節　は じ め に ……………………………………… 107

第2節　近代都市の橋——機能と美の共存 ………………… 108

第3節　現代都市の橋——機能と美の分化 ………………… 110

第4節　未来都市の橋——埋もれゆく橋 …………………… 115

Ⅳ　生活インフラ

第8章　水道・飲料——潤し／乾く ………………………120

第1節　生活に溶け込んだミネラル・ウォーター …………… 120

第2節　軟水の国産水、硬水の輸入水 ……………………… 122

第3節　国産水の価値の循環的強化 ………………………… 124

第4節　「ただの水」と「ちょっといい水」の振り子運動 … 125

第5節　おいしい水の記号化と水の郷のWin-Win関係 …… 127

第6節　「ちょっといい水」の冗長性 ………………………… 130

第9章　エアコン——暖め／冷やす ………………………133

第1節　『天国と地獄』…………………………………… 133

第2節　人間的環境の非人間的起源 ……………………………… *136*

第3節　快適さの民主化 …………………………………………… *138*

第4節　家電としてのエアコン …………………………………… *140*

第5節　人工気候という夢………………………………………… *142*

第6節　快適さのパーソナル化 …………………………………… *144*

第10章　トイレ・ゴミ ………………………………………………… *149*

第1節　そうだ、コンビニで捨てよう …………………………… *149*

第2節　イベント後のゴミのヒッチハイク ……………………… *152*

第3節　江戸時代のゴミ処理は廃品回収 ………………………… *155*

第4節　近代の衛生化されたゴミ回収へ ………………………… *157*

第5節　「使える/使えない」の情報化社会 …………………… *159*

第6節　ゴミの記憶、あるいは、ゴミとして落ち着かせる
　　　　ということ ………………………………………………… *161*

第11章　病院——生まれ/死ぬ ……………………………………… *165*

第1節　は じ め に ……………………………………………… *165*
　　　　1. 都市化する病院（*165*）2. 病院という空間（*166*）

第2節　古 代 都 市 ……………………………………………… *168*
　　　　1. ネクロポリス（*168*）2. 死者の崇拝（*169*）

第3節　近代的病院の成立とその性格 …………………………… *171*
　　　　1.「死の蒸発」とその意味（*171*）2. 人口・公衆衛生・労働
　　　　者の医学（*173*）3. 建築としての病院（*174*）4. 治療・研
　　　　究・教育の三位一体（*176*）

第4節　現代——病院を超えた医療の拡大 ……………………… *179*
　　　　1. 病院のネットワーク化、グローバル化（*180*）2. リスクの
　　　　医学（*182*）

第5節　お わ り に ……………………………………………… *183*

V 電気インフラ

第12章 電柱・電線——立て／埋める ……………………… 186

第1節 ワイヤードシティ ……………………………………… 186

第2節 3丁目の電柱 …………………………………………… 189

第3節 異物としての電線と電柱 …………………………… 190

第4節 仮設状態の永続化 …………………………………… 193

第5節 コモンズ的インフラ ………………………………… 196

第6節 「とりあえず」の積み重ね ………………………… 198

第13章 防犯カメラ・ケータイカメラ——撮り／撮られる ……… 201

第1節 カメラで「見守る」現代のまなざし ……………… 201

第2節 推進される監視カメラ ……………………………… 203

　　1. セキュリティのための防犯カメラ（203）2. ケータイカメラの監視的利用（204）

第3節 監視カメラを求める現代社会 ……………………… 205

　　1.「監視カメラ」の推進と二つの「不安」（205）2. 解消されない不安を生み出し続ける現代社会（207）

第4節 他者を懐柔する装置としての監視カメラ ………… 209

　　1.「監視カメラ」のまなざし①（209）2.「監視カメラ」のまなざし②（211）

第5節 監視カメラがインフラ化する社会のなかで ……… 212

第14章 エネルギー——ON/OFF ………………………………… 216

第1節 都市とエネルギー／都市のエネルギー …………… 216

第2節 コモンズとしての電力／インフラとしての電力 ……218

第3節 近代社会とエネルギー ……………………………… 219

第4節 都市エネルギーの「電力化」 ……………………… 222

　　1. 都市のなかの電力（222）2. 電力の総力戦体制（222）3. 電力の集合的消費（223）4. 都市のそとの電力（225）

第5節 ネットワーク化される電力
　　　　——エネルギーの再内部化？ ……………………… 226

第15章　モバイルメディア──繋がり / 切れる……………………………… *230*

　第1節　モバイルメディア / インモバイルシティ ……………*230*

　　　1.「私」をつくるインフラ（*230*）2. ネットワーク社会にお
　　　ける都市とはなにか？（*232*）

　第2節　接続可能都市
　　　　　──インフラのインフラ（のインフラの……）………*233*

　　　1.「つながり」の資本主義（*233*）2. 見えるインフラ / 見え
　　　ないインフラ（*236*）3. 動くインフラ / 動かないインフラ
　　　（*238*）4. 現代インフラとしてのネットワークシティ（*240*）

　第3節　モバイルライフの交差点
　　　　　──交通空間と情報空間のあいだ…………………… *242*

あ と が き………………………………………………………… *245*

事 項 索 引………………………………………………………… *247*

人 名 索 引………………………………………………………… *251*

ネットワークシティ

現代インフラの社会学

I イントロダクション

ネットワークシティ とはなにか

Chapter 1

(鉄道、高速道路、橋、高層ビル、室外機、電線、電波塔、ケータイによる撮影)

第1節　〈都市的なもの〉はどこに？──「モノの厚み」としての現代都市

「あなたにとってもっとも都市的な場所はどこですか？」

都市論の授業でこのように大学生に問いかけると、「人がたくさんいるところ」、「大きな建物があるところ」という答えがしばしばかえってくる。「具体的にはどこ？」とすこしつっこんで聞いてみると、首都圏であれば「渋谷のスクランブル交差点とか……」、「新宿の高層ビルかな……」、「大きな駅……？」という答えになる。多くの人と大きな建物が集まるところというのはあまりにも平凡

な答えだ。新宿や渋谷という地域名にしても、それによって都市を語るには擦りきれすぎているようにもみえる。だが、こうした単純にみえる答えは、現代社会における「都市的なもの」へのまなざしを、ためらいがちに、また繊細に表現している。

　現代都市が人や物の規模や密度——いわば「ヒトの多さ」や「モノの厚み」として現れ、経験される。渋谷や新宿といった地域名はそれらに付随するもっとも有名な——他人に伝わりやすいだろうと期待される——タグのようなものだ。だから、そうした答えに対して「銀座四丁目の交差点や六本木ヒルズとかはどう？」と聞いてみると「あぁ、そこもありますね」となる。

　ヒトの多さとしての都市であれば、都市社会学者のL・ワース（Wirth, L.）による「社会的に異質な諸個人からなる相対的に大きな、密度の高い、永続的な居住地」（1938＝2011）という古典的な都市の定義にあてはまるだろう。一方、建築家のR・コールハース（Koolehaas, R.）（1995＝2015）は、モノの厚みとしての現代都市を「ビッグネス」と表現している。現代社会は、電気、空調、交通機関、通信設備などのインフラが巨大で人工的な建造環境、すなわちビッグネスを形作っている。そして、ビッグネスは、旧来的な街並みを変化させ、地域社会から背を向けるようにして、都市そのものになっている、と。

　戦後日本社会の代表的な都市論は、特定の盛り場や地域社会の文化——東京であれば戦前の浅草-銀座、戦後の新宿-渋谷（吉見 1987＝2008）、あるいは2000年代の秋葉原（森川 2003＝2008）——に代表させて、その時代の「都市的なもの」とその社会的編成を分析してきた。ただし、近森高明（2014）が指摘するように、チェーン化されたショップやコンビニ、それらを集約したようなショッピングモールが増え、どこも似通った景観をもつ「非-場所」的な空間になっていく現代社会では、単一の盛り場や地域社会の文化に代表させ、その時代の「都市的なもの」を語る語り方そのものが有効性を問われている。さらに、いつでも・どこでもコミュニケーションが可能になるとされるネットワーク社会においては、都市とはなにかもまた問われることになる。

　ここでは語り方をかえてみよう。都市をそのような意味での「文化」として

■■■ 第1章　ネットワークシティとはなにか　　3

語るのではなく、「モノ」として語ること。もちろん、人や物が圧倒的な規模や密度で集積する都市はこれまでも存在したし、論じられてきた。1960年代に盛んに論じられたメガロポリス論などが代表例である。だが、現代の学生たちにとっての「都市的なもの」が、人口増大と高度成長を前提にしたわかりやすい巨大都市化と同じといえるだろうか。冒頭の学生たちの答え——「モノの厚み」としての都市には、もうすこし襞がある。それはためらいを経由しながら、特定の地域や文化に一方的に仮託することなく現代都市を語ろうとするときに、消去法的にたぐりよせられたものだ。あるいは、現代都市の複雑さや巨大さを前にして言葉を失う絶句の体験から絞りだされているのかもしれない。

　モノの集積としての都市は、多元化した文化を察知し、そうした文化の相対性をできるかぎり回避しようとしたときに、かろうじてしがみつけそうな平面として露出している。本書が照準したいのは、文化として語る都市論が擦りきれ、剥がれたときに浮上し、モノとして剥き出しになる「都市的なもの」の現在である。本書でいうインフラとは、そうした文化という皮膚を透かしたときに露わになる、モノとしての都市の骨格（skeleton）である、とさしあたりいうことができる。

　たとえば2000年代以降、工場、団地、廃墟、ダム、地下施設、工事現場など、都市基盤としての巨大建造物が観光の対象になっている。現在、これらは「インフラ観光（infra tourism）」と総称される。モノの厚みとして現れるインフラを観光として楽しむ。このことそのものは、きわめて局所的で、特殊な趣味である。しかし、ふだんは氷山の一角にふれるにすぎないが、水面下に膨大に広がってインフラへの気づきの現れといえるのではないだろうか。

　2003年にはじまった東京ジオサイトプロジェクトは、「都市の無意識が目覚める」と題して、日比谷共同溝のシールド工事現場に市民をまねき見学会を開催している。このプロジェクトの広報担当者は、以下のようにいう。「機能が剥きだしになった共同溝の現場は、いわば都市の内臓だ。ある意味人間的で、ワイルドで、ワクワクする。（中略）普段は誰もきづくことのない地底空間に地上の息を吹き込むことで、東京という都市の無意識を目覚めさせる」（日経コン

ストラクション編 2014：79)。

　重要なことは、都市生活を条件付ける背景として存在していたインフラの厚みが、2000年代以降、現代社会の「都市的なもの」を表現する前景へとせりだしてきているということである。「災害は社会の仕組みを可視化する」（吉井2007：57）といわれるように、阪神淡路大震災や東日本大震災などの災害は、電力・交通・通信などを一時停止させることで、都市インフラが巨大で、微細な網の目として張り巡らされ、私たちを拘束していることを気づかせる。モノの厚みとしての都市の露出は、現代社会の構造変動や都市的なリアリティの変容の現れであり、都市基盤＝インフラの社会学的分析は、そうした現れを通して都市の現在を記述することにほかならない。

　以下では、本書のテーマである「インフラ」と「ネットワークシティ」を社会学的な問題設定として位置付け、さしあたりの分析枠組を整理しているが、より具体的な記述から入りたい場合は飛ばして、3章以降に進んでいただきたい。

第2節　ネットワークシティとはなにか？

1. ネットワーク化された身体としての近代都市

　本書では、さまざまなヒトとモノ、モノとモノ、モノを介したヒトとヒトとの連なりと重なりが、インフラという分厚く、巨大な骨格として露わになる現代都市のあり方を「ネットワークシティ」とよぶ[1]。たとえば、以下のような近代都市の姿である。

　　〔近代のマンハッタン〕は規則的な碁盤の目状の街路を持ち、水に囲まれ、アクセスできるのはいくつかの橋とトンネルに限られている。しかし、そのネットワークはずっと濃密で数え切れず、都市の接続をはるかに越えて世界中へと拡大し、さらに多くの機能を提供する。道路、鉄道、水上、空の交通網は、地元の地域の、世界中の目的地へと繋がっている。水道や下水のネットワークは（中略）巨大な範囲へと拡張し、遠くの収集場、蓄積場、処理場との生命線を確立

する。機械式空調ネットワークは大規模建築物の内装となり、都市の多くの地下空間が居住可能になっている。炭化水素［燃料ガス］のパイプや電力のワイヤーは建設街区を供給ノードで密に覆い、供給ネットワークを遠く後背地のタンク地域や発電所へと拡張する。電信で始まった有線の電気通信ネットワークは、アナログ電話ネットワークへと進化し、今では多機能デジタル・システムへと移行する。そして無線ネットワークには、特にラジオ・テレビ放送、マイクロウェーブ、携帯電話（中略）など、さまざまな形態がある（Mitchell 2003＝2006：246〔　　〕内は引用者）。

　都市を生きる人びとは、都市に集積しているモノとふれあい、それらのモノを介してヒトとともに生きている。つまり、都市生活の繰り返しや積み重ねのなかで、自分を囲繞するインフラの分厚さや巨大さの一端を触知している。インフラとしての都市は、客観的に存在するモノであり、かつ、私たちが都市を生きるなかで、いわば「出来事」として経験されているのである。
　B・ラトゥール（Latour, B.）（1991＝2008）は、現代社会において、人間と自然、主体と技術は対立するものではなく、ハイブリッドであるとし、そうしたヒトとモノが連動する過程をネットワークとよんでいる。また、メディア論者のM・マクルーハン（McLuhan, M.）がメディアテクノロジーを「身体の拡張・外化・延長（extension）」[2]と位置付けたように、現代社会はヒトとモノが絡みあっている。
　たとえば機械交通は、人間の筋力・体力で移動できる距離や速度を飛躍的にのばしてきた。空調技術は体温調節を代替することで、屋内の環境を快適にしてくれるし、下水処理やゴミ処理施設は、有害な物質・ウィルス・細菌を遠ざけ、人間の免疫系に過重な負担をかけないようにしてくれるだろう。病院やそこでの技術・薬品は、身体がもつ免疫や再生能力を総合的に補強・補填している。いまや一人一台はもっているであろうカメラやディスプレイはヒトの視覚では到達できない視野を開く。
　ヒトの内側にあるエネルギー・運動能力・内臓器官・知覚中枢などを補完・

増幅・代替・拡張する多種多様なモノが都市という外側へと広がっており、それらが都市の骨格・内臓・神経ともいうべきインフラとして分厚く組みあがっている。そうした意味において、都市はネットワーク化された身体なのである。逆にモノの側からいえば、私たちそのモノがインフラを作動させるネットワークの部分として連結されている。ヒトが動かなければ動かないモノも多くあるように、私たちそのものがネットワーク化された都市を作動させるノードでもある。

2. ネットワークシティとしての現代都市

　すべての都市は、特定の社会領域における交通・通信、分業・連帯、コミュニケーションなど、さまざまなネットワークのハブ（集中点）やノード（結節点）として構成されている。では、とりわけ現代都市を「ネットワークシティ」とよぶ意味はなんだろうか。ここでは、現代都市の（1）政治経済的変容と（2）情報技術的変容の二つの側面から整理しておこう。現代都市をめぐる政治経済と情報技術の変容は、産業型資本主義のいきづまりによって情報技術が新たな投資対象になる情報型資本主義への転換として、相互に連動している（Castells 1989）。

　まず、現代都市は、「面」として無条件に拡大するのではなく、選択と集中によって「点と線」として編成される傾向にある。たとえば、高度成長期の「巨帯都市」（megalopolis）は、人口増大と経済成長によってヒト・モノ・カネが大量に流入することで、都市が周辺地域を巻き込みながら面として拡大する局面を表現していた[3]。しかし、人口減少と低成長が基調となりつつある先進国の現代都市は、「縮小都市」（shrinking city）となる傾向がある。ただし、それは都市の衰退ではなく、ポテンシャルがあるとみなされる地域や空間を選択し、「新都心」（new urban core）や「コンパクトシティ」として集中的に再開発することを意味する（Oswalt ed. 2005：13）。そのため、人口減少時代の都市空間は、「面」ではなく、隙間や穴が多くある多孔的な「スポンジシティ」（饗庭 2015）になるともいわれる。つまり、この局面では、稀少な資源となったヒト・モノ・

■■■ 第1章　ネットワークシティとはなにか　　7

カネが選択と集中（したがって競争と格差）によって特定の都市に集中する。そして、周辺地域をおきざりにして点として現れる都市が、交通・通信という線によってグローバルな規模で接続される[4]。本書でネットワークシティという言葉を使う一つ目の意味は、**「面」**として**拡張する近代都市**から、このような**「点と線」**として**集約される現代都市**への変容を対象化しているという点にある。

ただし、「点と線」としての都市は、ヨーロッパの中世都市においても存在した。領土国家が形成される以前の中世の都市国家は、海上や陸上の交通路という線に沿って、地中海周辺に点として広がっていた（Braudel 1966＝1999：463-466）。現代都市がそれとも異なるのは、機械的な交通機関（鉄道、昇降機、自動車、自動販売機など）や土木的な建築環境（高層建築、橋、広場、病院など）に電子・電気的な情報処理システム（センサー、カメラ、ディスプレイなど）が組み込まれている点である。したがって、ネットワークシティという言葉の二つ目の意味は、電気・電子ネットワークがインフラとして埋め込まれていく現代都市への変容を対象にしている点にある。

第3節 インフラとはなにか？──私たちの内／外なるインフラ

では、インフラとはなんだろうか。それはただの環境でもないし、単なる技術でもない。いわば「組織と技術」、「人間と物質」、「社会と環境」のあいだにあるような存在といえる。たとえば『新英和大辞典』によれば、infrastructure は、団体や組織などの下部組織・下部構造をさす場合と、道路・学校・交通・通信組織などの基本的施設をさす場合がある。また、『ブリタニカ』によればインフラストラクチャーとは、「私的経済活動の基盤になるような施設、制度などをさし、長期にわたって変化の少ないものをいう。具体的には電力などのエネルギー産業、道路・港湾などの輸送施設、電信・電話などの通信施設、都市計画における公園、上下水道、河川などの都市施設をさす。都市整備と産業発展をはかるうえで欠かせないものである」とされる[5]。

ただし、インフラがなにをさすのかの厳密な定義やリストがあるわけではな

い。たとえば、上記の定義にコンビニは含まれていないが、「コンビニはインフラである」といってもそれほど違和感をもつことはないだろう。あるいは、さまざまな商品・サービスを提供するショップを詰め込むショッピングモールも地域社会におけるインフラといえるかもしれない[6]。「長期にわたって変化の少ないもの」と定義されているものの、インフラという言葉は、社会的に重要とされる制度・装置をかなり柔軟にさすことができる[7]。

さらに「インフラだから」という言い方には、その制度・装置の詳しい内容について——一部の専門家や労働者以外は——わかる必要はない、という含意もないだろうか。たとえばA・ギデンズ（Giddens, A.）は、私たちが生活する物質的・社会的環境を構築する科学技術上の成果や職業上の専門知識の体系を「専門家システム」（Giddens 1990＝1993：42-43）とよぶ。私たちは、鉄道、自動車、交通信号、空調、エネルギーなどがどういう仕組みで動くのかについて最小限の知識しかないし、建築物、道路、上下水道の設計・建設・運用についても詳しくは知らない。また病院・医療などの施設・技術については医者に頼らざるをえないだろう。そして、それらが故障・破損、病気になっても自分では簡単に修理・補修・治療できない。しかし、それでも私たちは、専門性や技術を信じること——あるいは専門家に・お・ま・か・せ・することによって、そうした環境を利用している[8]。だとすれば、インフラは都市生活にとってきわめて重要であるが、にもかかわらず私たちにとってはどこか疎遠でもある。

こうして「インフラストラクチュアはその全貌を都市のなかに沈めていくのであり、人びとにはほとんど不可視のシステムとして、いわば『都市の無意識』として存在する」ような「第二の自然」になる（内田 1999：46）。

ただし、一方において、そのように高度化・複雑化したインフラは、私たちがうまく利用しなければきちんと作動しない。そして私たちは、そうしたインフラのさしあたりの使い方をなんとなく理解し、身につけている。つまり、都市や社会もまた、私たちの身体的・精神的なリズムを通して作動している（Smith and Hetherington 2013：5-6）。

たとえば、渋滞や停電の状況を思い浮かべてもらえればわかるように、イン

■■■ 第1章　ネットワークシティとはなにか　9

フラが機能しなければ、私たちはイライラしたり、不安になったり、恐怖を抱いたりする。あるいは使い方がわからず、不慣れなため私たちがそれをうまく使えなければ、事故や誤作動の原因になることさえある。こうした意味において、インフラは、私たちの身体や精神の内側に存在しているといえるし、だからこそ、正常に作動しないインフラは私たちの感覚を揺さぶる。しかし、インフラが高度で複雑なシステムやテクノロジーとして自律的に作動しているとすれば、私たちの身体や精神とは——あるいは端的に「物質」として——明確に区別される外側に存在している。

　私たちは、その高度さや複雑さを理解しなくてもいいからこそ、インフラをインフラとして利用できる。あるいは、インフラの仕組みを詳しく知らなくても、その利用法を身体で覚えている。その存在を頻繁に意識する状況にあるとすれば、それはインフラとして機能不全をおこしている可能性がある。インフラは、社会的世界という「図」が浮かび上がるときにそれを縁取る「地」の領域を構成している。地を意識しすぎれば、図をうまく認識できなくなるように、インフラがどのような仕組みで作動しているかをつねに意識しながら利用しているひとはまれだろう。インフラがインフラとしての作動をいったん停止してしまえば、社会的世界の「図と地」が反転して、剥き出しの都市と社会が現れる。都市空間の「図と地」を浮き沈みしながら経験されるのがインフラの存在論なのである[9]。

第4節　インフラの近代——コモンズからインフラへ

　現代の都市や社会に生きる私たちは、交通、通信、エネルギー、上下水道、公共施設などのインフラに依存しながら、個別的な生を営んでいる。大多数のひとは、その生産、管理、運営に携わらず、専門家や専門機関にまかせることで、利用者や消費者のひとりになる。インフラにさまざまなことをおまかせすることで、私たちはインフラとのあいだに生まれるスキマを都市空間の自由と気楽さ——私的生活として享受できる。では、このような近代社会におけるイ

ンフラの両義性——日常生活の内部にありながら、どこか疎遠な外部としてのインフラ——は、どのように形成されてきたのだろうか。人びとが個別的な存在として生きるとき、詳しいことを知らなくても従わざるをえない近代的なインフラを、ここでは「コモンズとしての環境」と対比しながら整理しておこう。

1. コモンズとしての環境

人間は、周囲に働きかけ、それを生きるための資源として活用しながら、環境世界を構築している（秋道 2014：3）。とりわけ狩猟採集や農耕牧畜といった生産体制のもとで、限定された成員と範囲で生きる人びとは、その時代と地域における生態系や風土に働きかけ、共同体としての生活様式や文化形態を形作る。共同体は、人間と人間、人間と環境のあいだを独特の形で関係付けるのである。

伝統社会における共同体は、山・森・海・川などを共同で所有・利用し、そこで獲得される資源を公平に分配する制度・慣習を形作っている。共同体に所属するメンバーは、このような環境を管理・運営するために必要な労力、物財、資材、技能などを共同で負担しなければならない。たとえば日本の伝統社会では、自然の資源を獲得し、共有する権利を「入会」や「里山」といった言葉で表現してきた。そして、その制度を集団として共有・継承するための技能・儀礼、言語・世界を独自の文化として形成する。災害・災厄などの出来事は、共同体の罰や罪、あるいは神や仏のタタリといった言葉で表現され、資源を利用する際には精霊や神仏の許しを請う儀礼や、その利用を制限する禁忌がともなう。こうした独自の言語・世界や神聖な儀礼・禁忌は、資源の採取・廃棄のサイクルや集団の分配システムを調整し、過剰収奪や大量廃棄、不平等な分配を防ぐ役割をもつ（野本 2014、家中 2014）。

したがって、伝統社会の環境は、生活様式や文化形態を通じて成員に共有・継承され、人びとが生きる場所そのものに埋め込まれている。このような領域は、現在、「**コモンズ**」（共有財、共有地、共有制度）という概念で総称されている。

一方、近代都市のインフラは、このような共同体としてのコモンズとは異な

った編成によって維持されている。ギデンズ（1990＝1993）であれば、ローカルな相互作用に知恵・技法が埋め込まれていた伝統社会から、知識・技術が専門化・分業化し、日常生活の近傍から「脱−埋め込み」され、「**抽象的システム**」に依存する近代社会への変容と整理するだろう。

2. インフラとしての都市／都市のなかのインフラ

　都市は、社会という領域を特定の形で成立させるインフラのひとつとみなすことができる。たとえば若林幹夫は、都市を、特定の範囲に広がる社会領域の〈中心〉や〈境界〉を定住領域として構成した「**二次的定住**」とする（若林2013）。都市は、特定の共同体の外部にある〈中心〉や〈境界〉を内部とした定住領域であり、都市が成立することで、そこを〈中心〉や〈境界〉とする他の領域との関係が成立し、その関係を基礎にした社会が構成される。都市とは、特定の社会を成立させるインフラなのである。

　では、近代社会における都市の役割とはなんだろうか。また、近代都市におけるインフラとはどのような存在なのだろうか。

　都市社会学者、ネットワーク社会論者のM・カステル（Castells, M.）は、近代社会における都市を、資本主義体制における労働力の再生産を担う「**集合的消費**」の領域であるとする。現在ではやや難解な概念なので解説しておこう。

　産業革命がおこると、特定の場所にお金や資源が集まり、企業や工場ができる。すると多くの人びとがさまざまな地域から働き手としてやってくる。つまり、近代産業の担い手として賃金労働者が、特定の場所に大量に集積する。近代社会では、市場経済や産業社会という生産体制のもと、貨幣による交換や分業による労働を通して、人びとがともに生きる場として都市が編成されるのである。

　多くの働き手がお金を稼ぐために都市で働く（＝生産）のだが、ただ働くだけでは生きていけない。働き続けるためにはさまざまな活動（＝消費）——生む、食べる、飲む、着る、住む、休む、治す、学ぶ、遊ぶ、動く、死ぬ、その他が必要になるだろう。つまり、大量の労働者が働き続け、新たな労働力を確保す

るためには、そこで生活・共存するための装置や環境——たとえば住宅、交通、通信、病院、学校、公園、上下水道、文化的施設などのインフラ——が不可欠になる。多くの働き手が消費し、生活するための装置や環境が集積する場所——それが「集合的消費」の場としての近代都市である。「集合的消費」の場としての近代都市は、働き手を確保し、生産を維持・拡大（＝労働力の再生産）することで、結果として資本主義を作動させる。資本主義体制における都市とは、全体としての生産様式を円滑に機能させるインフラなのである。たとえば、地方の貯水池や発電所が供給する水や電力が、都市の巨大な消費を支えている「地方−都市」関係を思い浮かべてもいいだろう。

　本書にとってカステルの都市理論が重要なのは、資本主義体制における「インフラとしての近代都市」のみならず、それが「近代都市のなかのインフラ」を形作っていく仕組みを明らかにしている点である。とりわけ「集合的消費」としての近代都市は、本論に関連する範囲で、大きく三つの特徴をもっている。①自然環境から技術環境へ、②商品としての技術環境、③国家機関の介入、である。

　まず、近代都市は、共同体の規範・技法や自然への愛着とは異なる社会的論理——地価、企業関係、労働力確保、情報拠点——によって整備される。自然と共同体——先ほどの言葉でいえばコモンズ——の喪失を埋め合わせるのは、電気エネルギー、電車、自動車、飛行機、電話、ラジオ、マス・コミュニケーション、高層建築技術、プレハブ建築などの「技術環境」（Castells 1977＝1984：15）としてのインフラである。

　ただし、これらの技術環境を個人で制作・管理することはまれだろう。「技術環境」は、専門家集団や企業・自治体などの組織が提供する商品やサービスとして所有・使用できる。たとえば、私たちが水を飲む場合、みずから川の水を汲んだり、井戸を掘るのではなく、水道料金を払ったり、自動販売機で購入するように、「支配的な資本主義論理内では、すべてのものは全く絶対に商品となる」（Castells 1977＝1984：412）。

　ただし、インフラを市場原理のみで支えると、不平等が発生することがあり、

■■■ 第1章　ネットワークシティとはなにか　　13

安定した供給が困難になる。都市で生きる人びとの飲料水が、自動販売機などでの販売のみになれば、お金のない人や流通経路からはずれた地域はどうなるだろう。こうした「市場の失敗」を防ぐうえで重要になるのが「国家機関の介入」である。「大資本の論理によって放置された一定の消費部門の《穴を埋めること》。こうして、労働力の再生産に必要な諸手段の広範な部門の生産、つまり保健衛生教育、住宅、集団的施設などが国家によって引き受けられる」(Castells 1977＝1984：411)。たとえば、UR、JR、NTTの前身が、それぞれ日本住宅公団・日本宅地開発公団、日本国営鉄道（国鉄）、日本電信電話公社（日本電電）だったように、多くのインフラがいわゆる「公営事業」、「公益事業」の一環として国家機関によって設立・運営されていた。こうして水道事業が国や自治体によって整備・支援されることで、私たちは公園の水道の蛇口をひねれば、すぐに水を飲むことができる。

　ここまでの議論は、共同体として担われる「環境」であるコモンズ（共有）は、近代都市では市場・国家（私有・国有）に任された「技術」としてのインフラになる、と要約することができる。これらは、地域社会学では**「都市的生活様式」**の問題として論じられている（倉沢 1977）。つまり、地域社会で住民たちが共同処理していた共同問題を、都市社会では「公的＝行政サービス」や「私的＝商業サービス」が専門的に処理している。たとえば、都市社会ではゴミを自分たちで処理するのではなく、ゴミ収集業者やゴミ処理施設に任せている。本書でいう「インフラ」とは、こうした制度・組織としての「問題処理システム」を空間・物質や技術・装置の側面からとらえたものといえる。

■ 第5節　インフラの現代

1. インフラの「民営化＝私事化」(privatization)

　近代的なインフラの多くは、国家や自治体が管理・運営するような「公営事業」、「公益事業」——すなわち公的＝行政サービスの一環であった。しかし、1970 年代以降、世界中の国々の「公営事業」、「公益事業」が、国家の撤退、

規制緩和、民営化によって、市場経済化する（Harvey 2005＝2007：11）。「新自由主義 neo-liberalism」とも表現されるこうした潮流のもと、インフラの建設・維持・運用は、国家・自治体の税金だけではなく、できるだけ利用者の料金で賄えるようにシフトし、市場経済のなかで自立した経営が目指された。日本でも、国鉄は JR に、日本電電は NTT に、住宅公団は UR になることで、さまざまなインフラが分割され、民営化されている。

　公営事業論や社会資本論として論じられてきたインフラは、1980 年代以降、「ネットワーク産業（network business）」と表現されることがある（ネットワーク・ビジネス研究会 2004, 塩見 2014）。それまで、自然独占性があり、公共性が高く、技術的な統一性が重視されるため、単一の公的な事業体がインフラの運営・管理を独占する傾向があった。しかしニーズの多様性や効率化への圧力によって物理的なネットワークの帰属や利用方法が問題となり、モノとしてのネットワークが新たな市場として注目されたのである。ただし、近代社会において産業都市を支えた都市インフラ（水道、エネルギー、交通、通信）の市場経済化は、選択と集中によって世界規模の格差や分断を生んでいるともいわれる（Graham and Marvin 2001）。

　さらに現在、民間企業が経営するコンビニやショッピングモールが、行政・医療・教育などの公的施設やサービスを一部とり入れ、生活を支える都市基盤になっている。また逆に病院、図書館、学校といった公的施設が、カフェ、コンビニ、各種ショップなどを設置し、ショッピングモールのようになる傾向もある。これらのサービスや施設は——十分なニーズさえあれば——それまで利用できなかった時間や空間にも提供され、現代社会の長時間労働やライフスタイルの多様化・個人化を支えている。

　こうして、それまで公的＝行政サービスとして提供されていたインフラが、私的＝商業サービスを通じて浸透し、商品として生産−流通−消費される。災害時の避難所や救助・支援の拠点が、伝統社会では神社やお寺といった共同体の核となる場所、近代社会では公園・学校・役所などの公的な空間が重視されていたのに対して、現代社会では、モール、コンビニ、ホテルといった私的な民

■■■■ 第1章　ネットワークシティとはなにか　　*15*

間の商業施設の利用に注目が集まっていることを考えてもいいだろう。

さらに現代都市では、電子・電気的なネットワークやモバイルメディアをあてにしながら、より個別的に生きることができる。いたるところに監視／防犯カメラが設置され、多くの人がカメラを搭載したケータイを所有している。市街地には巨大なディスプレイが存在し、ケータイのディスプレイも人びとの視線をひきつけている。道路や鉄道、公共施設などに掲げられているディスプレイは、乗換えや運行状況、渋滞状況などの詳細を伝え、ケータイはGPS付きの地図やナビとして利用される。

私たちは、こうしたネットワーク化された情報空間をあてにすることで、周囲の人間に道を尋ねたり、地域社会に深くかかわることなく、気楽に都市生活を送ることができる。これらのデジタル機器が一斉にダウンしたらどうなるか——たとえば大震災時の東京を想像してみるといい。私たちは、情報を得るために、多くのひとに声をかけ、顔見知りになり、ある種の集団を作り、支えあわざるをえなくなるだろう。都市空間に遍在するカメラやディスプレイ、そしてモバイルメディアは、都市生活に欠かせない、個人の自由と集団の空白をさらに拡張するインフラなのである。

以上のように、インフラが市場経済や民間サービスとして展開し、情報テクノロジーがパーソナルメディアとして個人生活を支えていく過程は、現代社会における「インフラのプライバタイゼーション（民営化＝私事化）」とよぶことができるだろう。

2. ネットワークシティとモバイルメディア

コモンズとしての共同体は、伝統・記憶を共有し、技能・習俗を継承することで秩序付けられる特別な「場所 place」（Relph 1975＝1999, Tuan 1977＝1993）として位置付けることができる。

一方、近代都市のインフラは、専門家が担うテクノロジーとして開発され、大量の人びとが他人として協働しながら利用する。そのためインフラは、大量の匿名的な人びとの集合体を包含し、場所性を欠いた（没場所的な）ハコのよう

な「空間 space」になる。そのため「『空間』は、『場所』よりも抽象性を帯びている」(Tuan 1977＝1993：17)。ただし、この集合体としての人びとは、他人同士ではあるものの、「空間」に共に在ることで、匿名的関係を保ちつつもまなざしを交わし、その時・その場の関係の秩序を創出する。

人びとが特定の情報・物財を得たり、他者と関係を結ぶためには、それらが存在し、利用できる時間−空間にそこにいなければならない。たとえば、いきつけ・たまり場、映画館、病院、学校、公園、広場、職場、図書館、停車場、メディアセンター、商業施設、伝言板、公衆電話などの空間であり、そこで設定されている利用の時間である。これらの施設の一部は、都市生活に欠かせないインフラを形作ることになる。時間と空間を綿密に設計したダイアグラムによって運営され、時刻表と路線図として表現されている鉄道システムなどは近代的なインフラの代表例といえる。近代社会において情報と時間−空間は強く結びついており、そうした時間−空間に共在せざるをえない諸身体はまなざしを交わし合いながら特有の秩序を形成する。

しかし、現代社会におけるモバイルメディアの普及は、時間−空間と情報の関係を変容させ、限定された時間−空間から情報を解放する。モバイルメディアを通じてコミュニケーションをおこなえば、いつでも・どこでも、時間と空間に縛られずに多様な情報・物財、あるいは関係にアクセスできる。たとえば友人と話すためにいきつけ・たまり場に行く必要はない。学校の授業、病院の問診も遠隔通信でできる。調べ物は図書館ではなく好きな時間、好きな場所でネット検索する。タクシーも乗り場にいくのではなく、自分がいるところに呼べばいい。ネット通販の成長も著しい。ひとりで気ままに移動して、好きなときに情報のやりとりができれば、見知らぬ他人と場を同じくして気まずい思いをしたり、気遣ったりすることも減るだろう。

モバイルメディアによって人びとの個体性と移動性が高まれば、個人の好きな時間−空間でものごとを処理できる。情報空間で処理できることが多くなればなるほど、都市空間における空間性と集合性の結びつきや縛りはゆるみ、特定の空間に他の身体と共在する必要性は低くなる。こうして、バリー・ウェル

■■■ 第1章　ネットワークシティとはなにか　　17

マンが「ネットワークされた個人主義」（2001）と述べたような、近接的・局在的な中間集団・地域社会を必ずしも経由しない広域的・遠隔的な関係性が構築されることになる。

　ここまでの議論を大まかに次のように整理しておこう。コモンズにおける「**共同性と場所性**」の秩序から、近代的なインフラにおける「**集合性と空間性**」の秩序へ、そして現代的なモバイルメディアにおける「**個体性と移動性**」の秩序へという変容である。M・カステルの議論をなぞっていえば、それぞれ「一次的関係性／二次的関係性／三次的関係性」（Castells 2001＝2009）という整理にゆるやかに一致させることができる。

　だが、情報技術の進展によって特定の時間と空間に集合する必要がなくなれば、都市に集住する必要はなくなるのだろうか？また、現代社会の「個体性と移動性」だけに照準するのであれば、集住としての都市空間を分析する必要はない。しかし、M・カステルも指摘するように、現代のネットワーク社会においても、ますます多数の人びとが大都市地域に密集し、その規模と複雑性は高まっている（Castells 2001＝2009：251-254）。人びとはいま・ここに集まることをやめず、ハコとしての都市や近代的なインフラも存在し続けて

図1-1　コモンズにおける「共同性と場所性」

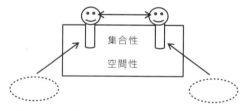

図1-2　近代的インフラにおける「集合性と空間性」

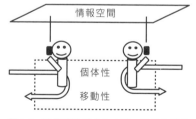

図1-3　現代的モバイルメディアにおける「個体性と移動性」

いるのである。「個体性と移動性」をもって都市を生きる私たちもまた、コモンズ的な「共同性と場所性」、あるいはインフラ的な「集合性と空間性」を消去しえない残余として引きずっているし、それらは重なりあっている[10]。

　現代社会における都市空間は、高度化した情報空間と重なりながら、それらとも異なる身体性や物質性として現れるモノの手触りとして経験されているのではないか。M・カステルが、モバイルメディアによる常時接続は「空間をコミュニケーションの空間へと再定義する」（Castells et al. 2006：178）と述べるように、フラッシュモブ、握手会、フェス、スクランブル交差点の群衆行動などの流行は、巨大な空間への集合そのものを目的化しており、共同性への期待を感じさせる。インフラ観光も、情報テクノロジーのスピードやスマートさとは異なる、巨大な物理的施設の「のろさ」や「おもさ」、あるいは内臓・骨格と表現されるような「どぎつさ」をアトラクションとして経験させている[11]。「ネットワークシティ」といういくぶん矛盾をもつ本書のタイトルは、ネットワークがシティから、情報が限定された時間−空間から解放されうる時代であるにもかかわらず、あるいはだからこそ、モノとして経験される都市を分析する視角をさしあたり表現している。冒頭に挙げた現代社会における「都市的なもの」としてのインフラの厚みは、そうした「ネットワークとシティ」が複雑に絡み合うリアリティの表現でもある。それでは、以下の諸章で現代都市を構成するインフラの厚みに具体的にわけいっていくことにしよう。

（田中　大介）

【注】

(1)　もちろん、均質的で、非−場所的な現代社会に残存する、あるいは再創造される現代特有の地域社会（「まちづくり」や「ジモト」）を語ることは可能だし、意味もあるだろう。しかし、特定の盛り場を語ることがそのまま現代社会の都市らしさを直接に語ることにはならない。たとえば冒頭の問いに対して「秋葉原」と答えたとしても、別の視点から「そういうのが好きなひともいるよね」とただちに距離をとられてしまうだろう。特定の盛り場に代表される文化によって都市の現在を語ると、それは「サブカルチャー／下位文化」のひとつとして相対化されてしまう。そのことが織り込みずみであるがゆえに、半疑問で、他者の顔色を窺いながら答えているのではないか。

(2) こうした視点は、Graham and Marvin (2001)、Varnelis (2008)、Graham and McFarlane (2014) などの英米圏の都市研究とも共有している。また地理学においては、1990 年代以降、都市形成を「社会的自然」の生産として理解し、自然環境やテクノロジー、インフラを扱う「都市政治生態学」と称する研究潮流が現れている（遠城 2016）。他のインフラに関する研究は、できるだけ効率的な環境を作り出し、都市開発や産業振興に資するためにおこなわれる傾向がある。そのため経済学、経営学、政治学、行政学、各種工学といった領域に親近性があり、分厚い蓄積が存在する。一方、本書では、工学主義でもなく、産業振興でもない形で「インフラのなかの生」を分析している。つまり、本書が掲げる「現代インフラの社会学」は、日常生活における私たちのリアリティとそれを支えるインフラの接合点をさぐり、ふだんは無意識化している「社会のなかのモノ／モノのなかの社会」の秩序を明らかにする。欧米圏の研究でも「インフラに関する議論はその '供給側' の次元をいかにして理解するかについて重要な貢献をしてきた。しかし、その一方で、人びとがいかにしてインフラを生産し、ともに生き、争ってきたか、あるいは振り回されたり、うながされたりしてきたかについては驚くべきことにほとんど議論がなかった」（Graham and Macfarlane 2014: 2）と述べられている。本書でも、これまで手薄であった日常生活における受け手＝需要側の視点から分析し、高度なテクノロジーにおける「送り手－受け手」関係の成立と変容、いわば「インフラの存在論」を試みたい。

(3) マクルーハンの身体論、メディア論における extension 概念の多様な意味や系譜については柴田 (2013) が参考になる。

(4) 磯村英一や J・ゴットマンらかつてのメガロポリス論者は、交通ネットワークが高速化し、延伸していくことで帯状の地域が形成され、メガロポリスが現れるとした。磯村英一は、新幹線の開通や名神・東名高速道路の開通を背景にして、東海道メガロポリス、東海道ベルト地帯が成立するとした（磯村 1969）。ただし、それは「線的に連帯したばかりではなく」、東京・名古屋・大阪をつなぐことで、「面的形成」や「圏状開発」へと展開していくとしている（同上：72-73）。

(5) したがって、特定の点にヒト・モノ・カネが集中し、その他の地域との格差が相対的に広がっていくこともある。たとえば、1990 年代以降、日本では東京への人口集中がおき、再都市化（都心回帰）の傾向が続いている。そして、その点と線から外れた地域や空間は空洞化するリスクをもっており、近年の日本では「地方消滅」や「郊外住宅のゴーストタウン化」といったキーワードで語られている。その意味で、他の先進国と異なり、縮小都市という問題は、都市と地方の格差として先鋭化している（Flüchter 2005：89-91）。

(6) 情報環境の進展にともない「アーキテクチャ」という概念が近年流行している。本書では、「インフラ」とも重なるこの概念を主題にしなかった。理由は二つある。まずこの概念は、物理的な配置によって人間を管理・操作する工学主義的な傾向を表しているが、それは物理的な配置が人間主体や社会組織を拘束・支配するという意味が強い。またアーキテクチャは、まだ専門的なテクニカルタームでしかなく、日常的な言葉として頻繁に使われてはいない。本論では、もうすこし日常的にふくらみをもって使われている「インフラ」という言葉を用いながら、人間・組織と物質・

技術のあいだの接点や隙間に宿る社会のリアリティに照準したい。

(7) 本論では、インフラとしてのコンビニやショッピングモールについてふれていないが、こうした対象についてはすでにいくつか文献が出ている。とくにコンビニについては田中（2006, 2007, 2015）で詳しく論じている。

(8) また、「社会的共通資本」といった言い方で表現される場合、自然環境、制度資本、社会的インフラストラクチャーの三つに区別される（宇沢 2000）。この場合、「社会的インフラストラクチャー」は、道路、交通機関、上下水道、電力・ガスをさしているが、制度資本とされる医療・教育、自然環境とされる河川、水といったものの管理も、ときに「インフラ」として位置付けられることがある。「インフラ」という概念はそうした三つの分類を微妙に横断して提示される。

(9) 飯田（2013）は、近代技術における専門家と非専門家、開発者と利用者の乖離の歴史を整理しながら、アマチュアがもつ重要性を指摘している。本論は、こうした議論に触発されつつも、ファン、マニア、ハッカーですらないような人びととその日常生活を支える技術や装置との接点を扱っている。

(10) たとえば哲学者のグラハム・ハーマン（2002）は、ハイデガーの道具論を参照しながら、道具（the tool）は、その働きをやめたときに私たちにその存在を気づかせるものであり、そうなってしまえばそれはもはや本質的に道具ではない、と論じている。道具は、そのとき、「用具的なもの ready-to-hand」から「客体的なもの present-at-hand」へと変化する。見えない、意識されないときには存在するが、見える、意識されるときにはその性質が失われるという道具の存在論は、本書のインフラの存在論としても位置付けることができるだろう。

(11) たとえば、この論考の重要な先行研究ともいえるモビリティ論のハンドブックの第三部は、「空間、システム、インフラストラクチャー」と題されており、そこでは「近年のモビリティ論は、マニュエル・カステルが 1990 年代に想像したような、高速で動く抽象的な「フローの空間」と、より領域化され、物理的に位置付けられた「場所の空間」という二元論的な対立軸から離れ、移動性と不動性（(im) mobilities）が互いに生産、浸透しあう興味深い様態を探求している」（2014：183）と述べられている。

(12) 現代社会におけるインフラの「鈍さ」や「重さ」、モノとして残ってしまうという点については、植村（2013：28-29）を参照。そこでは「統廃合されたインフラの多くは、廃止されたまま放置されており、しばしば提案されているような「減築」は公営住宅や上下水道で若干みられる程度である」（同上）とされるように、インフラは、需要がなくなったあともしばしば放置され、残骸として残る。現代インフラに関連する議論には、二つの主要な論点がある。戦後高度成長期に建設されたインフラの老朽化にいかに対応するか、そして少子高齢化の人口減少時代においていかにそれをダウンサイジングして利用していくか、である。これらの点については根本（2011）と野村総合研究所（2011）も参照。

Book 読書案内

R. コールハース，2015，『S,M,L,XL＋』ちくま学芸文庫：現代を代表する建築家による都市・建築論集。本論でふれた「ビッグネス」のみならず、「ジャンクスペース」、「ジェネリックシティ」といった魅力的なキーワードが多くあり、現代の都市環境を考えるヒントが多く含まれている。

近森高明・工藤保則，2013，『無印都市の社会学』法律文化社：もうすこし手軽に考えたい場合は、「ジェネリックシティ」という概念に着想を得て、具体的な都市空間を分析している同書の各章をあたってみるといいだろう。また、「ビッグネス」という概念に関連して、近年、巨大化し続けてきたショッピングセンター・ショッピングモールについて分析したものとしては、若林幹夫編2013『モール化する都市と社会』NTT出版をおすすめしたい。本書では消費空間についてあまりふれられていないが、すでに多くの文献があるので、この両書を入口にしながら読み進めてほしい。

【引用文献】

Adey, Peter, David Bissell, Kevin Hannam, Peter Merriman, and Mimi Shellar, 2014, *The Routledge Handbook of Mobilities*, Routledge.
饗庭伸，2015，『都市をたたむ』花伝社．
秋道智彌，2014，「日本のコモンズ思想」秋道智彌編『日本のコモンズ思想』岩波書店．
Braudel, Fernand, 1966, La Méditerranée, Armand Colin.（＝1999，浜名優美訳『地中海③』藤原書店．）
Castells, Manuel, 1977, *La Question Urbaine*, Maspero.（＝1984，山田操訳『都市問題』恒星社厚生閣．）
―――, 1989, *The Informational City: Information Technology, Economic Restructuring and the Urban-regional Process*, Blackwell.
―――, 2001, *The Internet Galaxy: Reflections on the Internet, Buisiness, and Society*, Oxford University.（＝2009，矢澤修次郎・小山花子訳『インターネットの銀河系』東信堂）
Castells, Manuel, et al. ed., 2006, *Mobile Communication and Society: A Global Perspective*, MIT Press.
近森高明，2013，「無印都市とは何か？」近森高明・工藤保則『無印都市の社会学』法律文化社．
―――，2014，「都市文化としての現代文化」井上俊編『〔全訂新版〕現代文化を学ぶひとのために』世界思想社．
遠城明雄，2016，「自然・都市化・インフラストラクチャー・『都市政治生態学』に関する覚書」『史淵』，153，九州大学大学院人文科学研究院．
Flüchter, Winfried, 2005, "Megaloporises and Rural Peripheries: Shrinking Cities in Japan," Oswalt Philipp ed., 2006, *Shrinking Cities, vol1*, Hatje Cantz.

Giddens, Anthony, 1990, *The Consequences of Modernity*, Polity Press.（＝1993，松尾精文・小幡正敏訳『近代とはいかなる時代か？』而立書房.）

Graham, Stephen and Marvin Simon, 2001, *Splintering Urbanism: Networked Infrastructures, Technological Mobilities and the Urban Condition*, Routledge.

Graham, Stephen and Colin McFarlane, 2014, *Infrastructual Lives: Urban Infrastructure in Context*, Routledge.

Harman, Graham, 2002, *Tool-Being: Heidegger and the Metaphysics of Objects*, Open Court.

Harvey, David, 2005, *A Brief History of Neoliberarism*, Oxford University.（＝2009，渡辺治監訳『新自由主義』作品社.）

磯村英一，1969，『日本のメガロポリス』日本経済評論社.

家中茂，2014，「里海と地域の力」秋道智彌編『日本のコモンズ思想』岩波書店.

飯田豊，2013，「誰のための技術史？」飯田豊編著『メディア技術史』北樹出版.

Koolhaas, Rem, 1995, *S, M, L, XL*, Monacelli Press.（＝2015，太田佳代子・渡辺佐智恵訳『S,M,L,XL＋』ちくま学芸文庫.）

倉沢進，1977，「都市的生活様式論序説」磯村英一編『現代都市の社会学』鹿島出版会.

Latour, Bruno, 1991, *Nous n'avons jamais été modernes.*（＝2008，川村久美子『虚構の「近代」』新評論.）

Mitchell, William J., 2003, *ME++: The Cyborg Self and the Networked City*, The MIT Press.（＝2006，渡辺俊訳『サイボーグ化する私とネットワーク化する世界』NTT出版.）

根本裕二，2011，『朽ちるインフラ』日本経済新聞出版社.

ネットワーク・ビジネス研究会編，2004，『ネットワーク・ビジネスの新展開』八千代出版.

日経コンストラクション編，2014，『土木の広報』日経BP社.

野本寛一，2014，「コモンズと自然」秋道智彌編『日本のコモンズ思想』岩波書店.

野村総合研究所，2011，『社会インフラ　次なる転換』東洋経済新報社.

Oswalt Philipp ed, 2006, *Shrinking Cities vol1*, Hatje Cantz.

Relph, Edward, 1976, *Place and Placelessness*, Pion.（＝1999　高野岳彦・阿部隆・石山美也子訳『場所の現象学』ちくま学芸文庫.）

柴田崇，2013，『マクルーハンのメディア論』勁草書房.

塩見英治編，2014，『現代公益事業』有斐閣ブックス.

Smith, Robin James and Kevin Hetherington ed., 2013, *Urban Rhythms: Mobilities, Space and Interaction in the Contemporary City*, Wiley Blackwell.

田中大介，2006，「コンビニの誕生」『年報社会学論集』19.

―――，2007，「CVSの『セーフティステーション化』の論理」『社会学ジャーナル』32.

―――，2015，「現代日本のコンビニと個人化社会」『日本女子大学紀要・人間社会学部』26.

Tuan, Yi-Fu, 1977, *Space and Place*, University of Minnesota.（＝1993，山本浩訳『空間の経験』ちくま学芸文庫.）

内田隆三, 1999, 『生きられる社会』新書館.

植村哲士, 2013, 「人口減少とインフラ」宇都正哲他編『人口減少下のインフラ整備』東京大学出版会.

宇沢弘文, 2000, 『社会的共通資本』岩波新書.

Varnelis, Kazys ed, 2008, *The Infrastructural City: Networked Ecologies in Los Angeles*, Actar.

若林幹夫, 2013, 『熱い都市　冷たい都市・増補版』青弓社.

若林幹夫編, 2013, 『モール化する都市と社会』NTT 出版.

Wellman, Barry, 2001, "The Rise of Networked Individualism," Leigh Keeble ed. *Community Networks Online*, Taylor & Francis.

Wirth, Louis, 1938, "Urbanism as a Way of Life"（＝2011 松本康訳「生活様式としてのアーバニズム」松本康編『都市社会学セレクション 1 近代アーバニズム』日本評論社.）

吉井博明, 2007, 「災害への社会的対応の歴史」大矢根淳・浦野正樹・田中淳・吉井博明編『災害と社会①災害社会学入門』弘文堂.

ネットワークシティへの アクセススキル
Chapter 2

——「モノ」を切断／接続する社会学的方法——

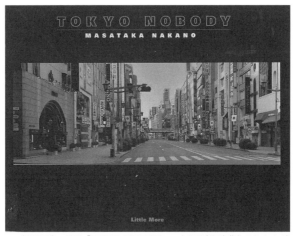

(中野正貴，2000『TOKYO NOBODY——中野正貴写真集』リトルモア)

第1節　Mobile life, im(n)mobile city

　ヒトとモノ、モノとモノ、モノを介したヒトとヒトの連なりと重なりが都市生活を支える「インフラの厚み」として現れることを、本書では「ネットワークシティ」とよぶ。では、こうしたネットワークシティを構成するモノの成り立ちをどのように分析することができるだろうか。

　たとえば、たくさんのヒトがあわただしく動く駅や交差点を、シャッタース

ピードをできるかぎり遅くした固定のアナログカメラで撮影してみよう。すばやく動くヒトやモノ、あるいはその場かぎりの出来事はそこにはうつらず、亡霊のように消え去るだろう。一方、くりかえされ、パターン化された光の動きは特徴を失ったフローとして一体化し、ただのラインとして定着する。同じ光景を定点カメラで長時間撮影した映像を超高速で早回しにして視聴してもいい。現代都市のハイスピードな動きがさらにすばやく展開し、その個別の形象や出来事を認識することは難しくなる。

　その一方で、どちらの光景にも比較的動きのすくないもの、つまり駅や交差点などの物理的な施設がうつっているはずだ。同じ方法で別の都市空間を撮影すれば、建造物、商業施設・公共施設、通信施設などの動かしにくいインフラが多く含まれることになるだろう。それぞれのドラマが消え去っても、その現場だけが廃墟として取り残されているかのように。それらは、ヒトやモノ、あるいは情報がめまぐるしく「動く生活 mobile life」のなかにあって、いわば「動かない都市 immobile city」である。フローをとりまく不動のモノで構成された光景は、流動する都市生活のリズムやパターンを作りだす、制度や物質として固着した「構造」の表れといいかえてもよい。

　もちろん撮影時間をもっと長くすれば、変わらなかった光景のなかにも変わっていく部分がでてくる。現代の都市空間そのものが、スクラップ・アンド・ビルドの過程にあり、継続的なメンテナンスを通して調整されている。だから、「動く生活／動かない都市 mobile life/immobile city」という対立軸は、あくまで相対的なものにすぎない。動き、変化する都市は生活を動かし、変えていくし、動き、変化する生活は都市を動かし、変えていく。したがって、これらの光景は「mobile life in mobile city」でもある。

　とはいえ、めまぐるしく変化し、なめらかに動いていく都市の生活のなかで、残余のように沈殿しているモノの層としてインフラが存在する。これまでは、人口増加や経済成長を背景にした需要増大に支えられて都市空間やインフラが開発・建設されてきた。しかし、現在、人口減少や低成長に移行し、需要が減少する傾向にある。だとしても、すでにできあがってしまった都市空間やイン

フラは、動かしにくく、簡単には取り除けない。ヒトは流動しても、モノは残る。本書で扱いたいのは、こうしたサラサラと流動する現代社会の生活において、ザラザラとした感触を残したインフラをめぐる都市的なリアリティである。このようなモノのリアリティを分析するためには、私たちが自明なものとして流してしまっている日常生活をいったん「止める」ことが必要になる。

第2節　ネットワークシティをどのように調べるのか？

1. モノが「ある」とは？

　まずはあなたの目の前にどんな「モノ」——さしあたり自然物・人工物、技術・道具、施設・装置などを一般的にさす言葉として考えてほしい——があるのかを確認するところからはじめてみよう。それはなんと名付けられているのか、どんな色や形、手触りをしているのか、いつから、どんな状態で、どこにあるのか。そして、それはなぜそのようなモノとして存在するのだろうか。

　簡単にいえば、「A」というモノがそのように存在する理由を歴史的・社会的に明らかにする、ということである。「Aが（そのように）ある社会」は「Aが（そのように）ない社会」とどのように同じで、どのように異なるのか。そう考えることで、モノを通して見える都市や社会のあり方を分析することができるはずだ。たとえば、「鉄道のない社会」と「鉄道のある社会」はどのように異なるのか。あるいは「電灯のない社会」と「電灯のある社会」との違いとはなにか。前者であれば、柳田國男の『明治大正史世相篇』をひもといてみればよい。また後者であれば谷崎潤一郎の『陰翳礼賛』にヒントがみつかるかもしれない。

　ただし、日常的に利用されているモノがなぜそのように存在しているかを考えることはあまりない。また、利用されないモノは、ほとんど日常生活の環境や背景に沈みこんで存在感を失っていることも多い。前章でふれた通り、モノはそれを利用しようとしてうまく利用できないとき、とくに存在感が際立つ。そのため、日常生活のルーティンがつつがなくフローしているときにそのモノ

の存在に気づくことはなかなか難しく、その存在の理由を考えることはさらに
まれだろう。現代都市はモノであふれており——それが現代都市をネットワー
クシティたらしめているのだが——それらをいちいち確認しながら生活するこ
とはできない。では、どのように手をつければいいだろうか。

　ここで役に立つのは、冒頭にふれたカメラによる撮影である。多くのひとが
カメラ付きのケータイを持っているだろう。さしあたりはそれでいい。もちろ
ん撮影の許可が必要な場合もあるし、プライバシーなどの問題があるから、あ
まりむやみに撮ることはできない。そうしたルールやマナーの存在自体が分析
対象なのだが、ひとまずそうしたルールやマナーの問題をクリアしたうえで、
まずは任意の都市空間——自分がなんとなく「都市的である」と感じる場所を
自由に撮影してみよう。上手、下手は問題ではない。意識せずに写しだされて
しまうモノに出会う——「都市的なもの」に対する自分の無意識を外化する
——には下手なほうがいいこともある。また、さしあたり動画よりも静止画の
ほうがいい。なぜなら写真はさまざまなヒトやモノの動きを「止める」からだ。
アナログカメラよりもコストや容量に余裕があるデジタルカメラであれば「都
市的である」と感じるタイミングでともかくシャッターを切ることができる。
あまり考えずに撮ったとしても、どこで、なにを、どのように撮るかをなんと
なく選択しているから、撮影行為そのもの——外界をなんらかのモノとして対
象化しようとする行為——が都市空間に「なにかがある（ない）」ということを
認識するきっかけになるだろう。あとからそこになにが写っているかを考え、
整理することが重要なので、できるだけたくさん撮ることを心がけよう。分析
の焦点が定まっていけば、あとできちんとそのモノにピントをあわせ、構図を
考えて撮り直すこともできる。あるいは、みずから撮影しなくても、すでに多
数発行されている新旧の都市写真集を手に入れて、そこになにが写っているか
（写っていないか）をじっくりと見ていくのもよいだろう。すでにある写真資料
については近年、写真史資料研究に関連する文献やアーカイブが公開されてい
るので、それらを参照してみよう（緒川・後藤 2012）。

2. モノは「なに」としてあるのか？

　いつも当たり前に感じていて、とるに足らないものとして流しているモノを写真に写し、止めてみることで、なにかが「ある／ない」ということにひとまず気づく。その次に必要なことは、撮られた写真をよく「見る」ことである。撮影した場所にあるなにを見て「都市的なもの」として認識したのか。そして、そこにあるなにかが、どのようなモノとしてある（ない）のか、そのモノのどの部分に注目するべきなのかを考えてほしい。

　しかし、いきなりそんなことを言われても困るかもしれない。手掛かりや視点をもたずにいきなり写真を見て、考えるのはなかなか難しい。そんなとき、本書の各章以外にも参考になるのが写真を用いた既存の都市分析である。

　たとえば、都市社会学者の後藤範章が彫琢している写真を用いた「集合的観察法」が代表的なものといえる（後藤 2013）。"写真で語る：「東京」の社会学"プロジェクト（http://n510.com）を通じて興味深い事例を継続的に、かつ豊富にネット上に提供してくれており、写真の撮影、見方、解釈の参考になる。社会調査に関する教科書である『新・社会調査へのアプローチ』（ミネルヴァ書房）もあわせて併読したい。また、窪田陽一『昭和の刻印』（柏書房）は、本書も対象にしているインフラの写真をもとにしながら、そのモノの社会的背景を明快かつ、印象的に解説してくれる重要な先行研究であり、参考文献としても有用だ。藤田弘夫『路上の国柄』（文芸春秋）は、著者が撮影した写真を通して、都市空間における「公共 public」とはなにかを比較社会学的に問いかけており興味深い。五十嵐太郎の『過防備都市』（中公新書ラクレ）や『美しい都市　醜い都市』（中公新書ラクレ）も写真を含めた豊富なビジュアル資料を用いており、現代都市における管理・監視や都市景観の意味を考えたい場合は、必読書である。写真ではないが、さまざまなモノを数え上げ、イラストとしてまとめる考現学（今和次郎『考現学入門』（ちくま文庫））という手法も古典的なものとして参考になる。さしあたりこれらを都市観察の副読本にしつつ、なにをどのように写真に撮り、見るのかの感じをつかんでみるのもよいだろう。

　さらに、グループワークとして、参加者が持参した写真を用いて、「なにが（な

にとして）写っている（いない）か」、「それがどのように社会と関連しているか」を議論すれば、視点の複数性、モノの多面性や社会的意味が現れてくるだろう。それが別の参加者の別の写真に写っている「モノのまとまり」のなかにも共通して存在するモノであれば、モノのネットワークの広がりを確認することもできる。

　たとえば本書では、交差点、鉄道、自動車、エレベーター、橋、水、エアコン、ゴミ、病院、カメラ、エネルギー、モバイルメディアなどのテーマで都市を構成するモノを分析している。いくつかの章を読んでいただければ、それらが相互に関連したテーマを含んでおり、つながっていることを発見できるだろう。ただし、アイデアとして挙がっていたものの紙幅の関係で十分に扱えなかったモノやインフラも多い。時計、自動販売機、エスカレーター、電灯、信号、ガス、冷蔵庫、洗濯機、テレビ・ラジオ局、物流、港湾、空港、船舶、バス、タクシー、公園・広場、地下、学校…などなど。挙げるときりがないが、扱うべきモノやそれらに対する視角はまだまだ膨大にあり、それらをみずから見つけ、分析に取り組んでもらえれば、本書の役割のひとつは果たされたことになる。

　しかし、ほんとうはこうしたカテゴリーや分類にも検討の余地がある。これらは「モノのまとまり」のジャンルとして日常生活の利用を通してカテゴリー化されているが、それらのまとまりを分解していくと、また別のモノとそのネットワークが現れるからだ。

　　一か所で自然の原材料から直接生産される人工物などほとんどない。実際には、他の多くの人工物が組み合わされたものである。言い換えれば、それらは、供給ネットワークを通じた多段階のプロセスを経て、出現するのだ。これらのネットワークのノードとは、ある設計図に従って、制御されたエネルギーの適用を通じて、材料が組み合わされる場所なのである。今日、例えば特に電子部品の製造や組み立てでは、これらのネットワークは世界的に拡張しているかもしれず、その生産には複数の場所で並行して行われる活動のタイミング調整と協

調が一般に必要とされている（Mitchell 2003＝2006：189）。

　W・J・ミッチェル（Mitchell, W.J.）がいうように、手工業生産の時代の製造組立作業は、職人の仕事場ひとつで処理されていた。一方、近代の産業社会では、製造工程や供給過程が分業化・専門化しており、さまざまな場所から運び込まれる部品＝モノが工場のライン作業によって組み立てられる。さらに現代では、グローバルな規模で分業化が進み、製造される部品の量や種類も多彩になることで、より複雑で広大な供給ネットワークが構築されている。

　したがって、モノを「なに」として、あるいはモノの「どこ」を対象化するかによって、現れるネットワークは変わる。たとえば自動車といっても、バス、トラック、タクシー、自家用車ではその意味や機能は異なるし、社会的な広がりや歴史的なあり方にも変化があるだろう。また、上記のモノのまとまりを構成している動力、オートメーション、表示機器、各種センサー、位置測定装置などの形態や仕組み、あるいはシリコン、ガラス、ゴム、鉄、コンクリート、アスファルト、プラスチックなどの素材や使用法をそれぞれ個別のモノとして対象化すれば、「モノのまとまり」を横断するような別種のモノのネットワークが現れるだろう。道路、鉄道、自動車、昇降機、エアコンなどのモノのまとまりを縦糸のネットワークだとすれば、そこに含まれる形や仕組み、素材や使用法などはさらに横糸のネットワークとして展開している。これらモノの重なりと広がり、縦糸と横糸はさまざまな組み合わせのなかでもつれ合った網目細工（meshwork）を作り上げているのである。

　もちろんこうしたモノの網目細工のすべてをたどりつくすことは不可能だ。だから、自分の興味ある分析対象を、特定のモノ、あるいはモノとモノの組み合わせに限定して、それがどのような社会的効果をもつのかを考える必要がある。

3. モノはどのような「効果」（effect）をもつのか？

　たとえば電子制御のセンサーであれば、交差点、鉄道、自動車、建築、電灯、

カメラ、エアコン、トイレなどの「モノのまとまり」のカテゴリーを横断して用いられているはずである。センサーというモノは、既存の「モノのまとまり」のカテゴリーをまたぐ別種のモノのネットワークとして広がっている。したがって、センサーの成立経緯、製造体制、社会的影響を調べ、人間関係や身体感覚にどのような効果をもたらしているかを考え、「センサーのない社会」と比較すれば、「センサーのある社会」がどのように広がっているかが見えてくるはずだ。

　つまり、ただモノがあり、つながりが示されただけではあまり意味がない。先に述べたように、そのモノのネットワークが現代社会や日常生活にどのような影響を与えているかを考える必要がある。そこで、そのモノがどのように生産され、流通し、消費されているか、またその歴史的な展開や社会的な分布についてさまざまなテクストを調べてみよう。

　たとえば科学史・技術史であれば科学史技術史研究所（http://ihst.jp）に文献データベースが存在する。そのモノに関連するすでにまとまった技術史・物質文化論などの文献があれば、まずはそれらにあたる必要がある。そうした文献が手に入らなかったり、もっと調べたいことがあれば、そのモノに関連してどんな業界や企業が存在し、どのような自治体や公的機関が管理・運用を担っているのかを調べてみよう。そして、そうした組織が公開する資料やそれに関連する資料として、インターネット、社史、業界誌、関連する書籍・雑誌、官公庁のデータを見てみるとよい。たとえば国立情報学研究所の CiNii（http://ci.nii.ac.jp）や国会図書館（http://www.ndl.go.jp）で関連する論文や記事を検索できる。電子化されて、すぐに見ることができるものもあるが、そうでなければ大学の図書館を通じて取り寄せることができる。とくに国会図書館には社史や業界団体が発行するさまざまな文献・雑誌が膨大に所蔵されており、積極的に利用したい。

　モノを私たちがどのようにイメージし、利用しているのかを考えるには、それらを表現する広告・宣伝や文芸・娯楽作品、あるいはマナー本、マナーポスター、仕様書・説明書、新聞・雑誌記事を調べ、どのように表現・イメージさ

れているのかを分析することができる。たとえば大手新聞社の記事検索データベース（読売新聞『ヨミダス歴史館／ヨミダス文書館』https://database.yomiuri.co.jp/rekishikan、朝日新聞『聞蔵Ⅱビジュアル』https://database.asahi.com/library2）を利用できる図書館もあるし、雑誌記事であれば大宅壮一文庫（http://www.oya-bunko.or.jp/）が便利だろう。

このように書籍、新聞・雑誌、デジタルテクストなどの「書かれたもの」——コトバのネットワークにわけいっていくことで、現物やビジュアルイメージの範囲を越えて広がるモノの秩序とその変化を再構成できる。

ここで紹介した調査の手続きを便宜的に以下のようにまとめておこう。

1. 自分が思う都市的な場に出かけ、そこに存在するモノをみずから撮影する。あるいは、すでに撮影されたその場所を写した写真（集）を集める。

2. そこに写る（写らない）モノを「なにか」として特定し、それがどのような形で存在し、どのような広がりがあるかを考える。

3-1. そのモノが、どのような主体・組織（企業・業界・自治体・官庁など）を通じて製造、設置、管理、維持、運用されているかを調べる。→モノの送り手の分析

3-2. そのモノがどのように歴史的に変化し、どのような場所に位置しているかを調べ、その社会的広がりを調べる。→モノの歴史と分布の分析

3-3. そのモノがどのようにイメージされ、意味付けられ、私たちの都市生活や身体感覚にどのような効果をもっているかを考える。→モノの受け手の分析

1と2はビジュアルデータを通じたかんたんなフィールドワークやグループワークとして取り組むことができる。また、3で上記のテクストデータを用いてモノの歴史や分布を整理したうえで、より焦点を絞ってフィールドワークやグループワークを再度おこなう必要もあるだろう。その際、そのモノがどのように利用され、周囲の状況はどうなっているかを継続的に観察し、そのモノと人間・集団がどのように関係しているのかを分析することも重要だろう。さらに、そのモノを使わずに生活するという実験をしたり、そのモノがなかったら

どのような生活になるかを推理してみるとヒントがあるかもしれない。

　コトバによって現れるモノの秩序、コトバでは表しにくいモノの手触り——このコトバとモノのあいだのただなかで考えていくことで、モノとともに生きる私たちの世界の広がりや社会の仕組みの一端を明らかにすることができるはずだ。もちろん上記の手続きは便宜的なものである。本書の各章や先に挙げた参考文献を用いて、それぞれの筆者がモノを分析する具体的な手つきを読みながら、自分にあった分析や調べ方を見つけてほしい。

第3節　ネットワークシティからの切断と再接続——方法としての写真

1. ネットワークからの切断

　さて、上記に挙げた都市分析の「方法」としての写真の利点はなんだろうか。写真というメディアの特性からもうすこし深く考えることができる。以下はW・ベンヤミン（Benjamin, W.）という思想家のよく知られた「写真論」の紹介でもあり、ここまで述べてきたことをベンヤミンの議論を通じてパラフレーズしたものだ。上記の調べ方のインストラクションで十分であれば、飛ばして本書の各章にあたってもらいたい。ただし、ベンヤミンの複製技術論はそれ自体がもっともすぐれた物質文化論の先駆例のひとつであり、「カメラのない社会」から「カメラのある社会」への転換を鮮やかに切り取っている。

　たとえばベンヤミンは、写真というメディアの特徴を以下のように述べている。

　　カメラに語り掛ける自然は、肉眼に語りかける自然とは当然異なる。異なるのはとりわけ次の点においてである。人間によって意識を織り込まれた空間の代わりに、無意識が織り込まれた空間が立ち現れるのである。たとえば人の歩き方について大ざっぱにではあれ説明することは、一応誰にでもできる。しかし〈足を踏み出す〉ときの何分の一秒かにおける姿勢となると、誰もまったく知らないに違いない。写真は高速度撮影や拡大という補助手段を使って、それ

を解明してくれる。こうした視覚における無意識的なものは、写真によっては
じめて知られるのである（Benjamin 1931＝1995：558-559，強調引用者）。

　写真は、見ているが意識していなかったものや視覚の周辺に沈み込んでいた
ものに焦点をあてることができる。いわば「**視覚的無意識**」ともよべる領域を
浮かび上がらせる。写真が視覚的無意識を開示するのは、写真が動き続ける世
界を止め、時間的に凍結してくれるからだ。人間の眼球はつねに動いており、
把握できる範囲も限られている。日常生活のルーティンにおいて身体の動きを
停止させ続けることはまれだし、場合によっては困難ですらある。たとえば座
禅が「修行」になっているように。自己と他者はそのように不断に動いており、
社会的世界・物理的環境も同様に動いている。写真はそうしたフローのなかに
ある主体や世界の「動き」を止め、「見る」ことを可能にする。そして、ベン
ヤミンは以下のように続ける。

　　元来カメラには情緒豊かな風景や魂のこもった肖像よりも、普通は工学や医
　　学が相手にする構造上の性質とか細胞組織といったもののほうが縁が深いので
　　ある。しかし写真は同時にこのような素材において、物質の表情というべき面
　　を開示する。それは微細なものに住まう形象の世界であり、意味づけが可能で
　　あってしかも秘められているので、白昼夢のなかに忍びこむこともあった。し
　　かしこの世界はいまやカメラによって拡大され、はっきりと表現されうるもの
　　となった（Benjamin 1931＝1995：558-559 強調引用者）。

　すなわち描き手の意図や技能によって表現された「線描」である絵画と異な
り、「光学」としての写真は人間の意図や技能の外側にあるモノ＝物質の表情
まで写してしまう。
　ここでは写真の特性を以下の二点に集約しておこう。（1）視覚的無意識：人
間の視覚から逃れてしまう「モノ」を捕捉することができる。（2）時間的凍結：
世界の動きを止めて「モノ」として把握できる。この二つの意味において、カ

メラによる撮影は、レンズを介在させることで主体と客体を距離化し、客体を対象化することで、対象の「モノとしての地位」を確保することができる。É・デュルケム（Durkheim, É.）は、社会学の方法的基準を「**社会的事実をモノとして見ること**」（Durkheim 1895＝1978）と述べたが、写真もまた社会的事実をモノとして見ることを可能にする。実際、19世紀における写真術と社会学の誕生の歴史的同型性を指摘する議論も存在する（Knowles & Sweetman 2004＝2012：3）。

　ベンヤミンによれば、このような視覚をひらく19世紀以降の「カメラのある社会」は、徐々に人間の集団と知覚を変化させた。絵画のような芸術作品では、芸術家や職人という能力・技能をもつ人びとと結びついた「真正性 authenticity」や「独創性 originality」、あるいは彼らによる演出、誇張、美化によって表現される——逆にいえばとるに足りないものを排除することで現れる——特別の雰囲気（アウラ-オーラ aura）の知覚が重視された。つまり「カメラのない社会」では、こうした芸術作品のアウラという「神聖なもの」の知覚（とそうでないものの排除）を通じて世界を認識していた。導入初期のカメラも長い露光時間や技術・技能の希少性によってアウラを作り出していた。しかし、写真という複製技術が社会的に広がるにしたがって、特別の技能が不要になる。そして、人間の意図以上のものを写すことで、芸術作品に特有のアウラを拡散させる。たとえば、絵画で表現されていた威厳ある王や高貴な聖人のアウラが、不用意に撮った写真に顔のシワやシミ、半目の表情、服装の汚れが写ってしまうことで、拡散するかもしれない。風景画で排除されていた周囲のゴミや余計なヒトが、風景写真の場合、写りこんでしまうこともある。だからこそ、私たちは何度も写真を撮り直す。いずれにしても、「カメラのある社会」では、とるに足りないものや余計なものも写してしまうことで「世界への平等の感覚」が普及する。カメラという光学技術の開発・改良と、それを受け入れていく社会的な条件の総体的な変動のなかで、写真のイメージが大量に生みだされる。こうした複製されたイメージが私たちの世界を覆っていくことで、人間の集団や知覚のあり方が変容していったのである。

2. ネットワークシティへの再接続

撮影、そして写真は動く都市や社会を止め、日常生活の背景となった世界を「見る」ことを可能にする。「カメラはますます小型になり、秘められた一瞬の映像を定着する能力はますます向上している。こうした映像が与えるショックは、見る人の〔ルーティン化された紋切り型の〕連想メカニズムを停止させる」(Benjamin 1931＝1995：580〔　　〕内は引用者)。したがって、カメラによる撮影行為と写真という撮影内容は、ヒトやモノが連なり、重なりあいながら動いていくネットワークシティからいったん切断してくれる。さしあたり動画ではなく静止画がいいとしたのは、静止画は時間を凍結し、「これはなんだろう？」という知覚のショックと反省のチャンスを与えてくれるからだ。逆にベンヤミンによれば、構成が整理された動画としての「映画では、個々の映像をどう理解するかは、先行するすべての映像のつながりによってあらかじめ指示されているように思われる」(Benjamin 1935-6＝1995：600)という。映画のような動画は、モノをあらかじめ整理してしまい、それを時間的に流してしまう。もちろん、より詳細なデータが必要であれば、動画撮影に切り替えたり、より高精度のカメラに持ち替えたりする必要もある。だが、さしあたりは写真のような静止画によって「なにがなにとしてある（ない）のか」に気づくところからはじめよう、ということだ。

したがって、都市調査に写真を用いる意味は、おおざっぱに分けて二つあることになる。(1) 方法としての写真：日常を過ごしていると気づきにくいモノを認識する方法、(2) 資料としての写真：論述を裏付け、目に見える形で対象を理解させる資料、である。こうした二つの特性を往復することで、なにかを発見するために写真を撮ることもあれば、特定の問題設定の論述を裏付ける証拠としてビジュアルイメージを用いることもできる。

ただし、写真に写りこんだモノたちは、なにも語ってはくれない。それは、なぜそのようなモノとしてそこに存在するのか。ベンヤミンは上記の引用に続けて以下のようにいう。

この箇所においてこそ、写真の標題というものを用いるべきである。それによって写真は、生活状況全体の文書化の一環となり、またそうした標題がなければ、写真における構成はいずれも曖昧なものにとどまってしまう。(中略)自分の撮った写真から何も読み取ることのできない写真家も、同じく文盲と見なされるべきではないか。標題は写真の一部分、そのもっとも本質的な部分になるのではないか（同上：580-581）。

　写真はそれによって時間を止めたうえで、標題や説明——すなわちコトバによって、新たな文脈に再接続することができる。

　ネットワークシティにつらなりながら日常生活を織りなす私たちにとって、さまざまなモノとの接続は、ほとんど無意識のうちに、あるいはルーティンの流れのなかに埋没している。写真によって「都市的なもの」を写し、見るということは、そうしたルーティンをいったん「切って」くれる。ただし、写真を通じて対象化して見る、つまり日常生活のルーティンに埋没しているモノを「モノ」として切断するだけでは、あまり意味がない。それは曖昧なモノとして私たちの目の前を浮遊するだけだろう。だから、モノの成り立ちや仕組みをさまざまなテクスト資料を使って調べ、そこで調べたことを特定のテーマに沿って自分のコトバとしてまとめることが必要なのだ。そのときモノは別の有意味な文脈のなかに再接続され、日常生活のなかでは見逃され、現れてこなかった世界へのつながりをひらいてくれる。ネットワークシティへのアクセススキルは、さまざまなテクノロジー——カメラ／ネット／パソコン／紙／文字——を用いて感じ、調べ、考え、書き、都市への／からの「接続／切断」をくりかえすことで磨かれていくはずだ。

（田中　大介）

Book 読書案内

窪田陽一，2015，『昭和の刻印』柏書房：本章で紹介したように写真を用いてインフラを分析する場合には、本書は欠かせないだろう。昭和の高度成長期を通して形成された住宅、交通、

高層建築、水辺、橋・橋梁などの痕跡や残存を映しだしつつ、当時の建築・工学の傾向や社会的な背景を解説してくれている。なにかの役に立つためのインフラを「機能主義」として一括するだけではない、広がりのある「光景」として理解させてくれる。

W. ベンヤミン（浅井健二郎編訳），1995,「複製芸術時代の芸術作品」『ベンヤミン・コレクション1　近代の意味』ちくま学芸文庫：これも本章でふれたが、写真や映画などの複製技術やメディアについて考察するためにも、物質文化論についての視点を得るためにも古典文献として必読書だろう。本章ではやや図式的に整理したが、ベンヤミンの「アウラ」に関する議論は入り組んでおり、古典文献をくりかえし読むことの重要さを感じさせてくれる。『写真小史』とあわせて読んでおきたい。

【引 用 文 献】

Benjamin, Walter, 1931, *Kleine Geschichte der Photographie*.（＝1995,「写真小史」浅井健二郎編訳『ベンヤミン・コレクション1　近代の意味』ちくま学芸文庫.）

―――, 1935-6, "Das Kunstwerk im Zeitalter seiner technischen Reproduzierbarkeit."（＝1995,「複製芸術時代の芸術作品」浅井健二郎編訳『ベンヤミン・コレクション1　近代の意味』ちくま学芸文庫.）

Durkheim, Émile, 1895, *Les Règles de la Méthode Sociologique*（＝1978, 宮島喬訳『社会学的方法の規準』岩波文庫.）

藤田弘夫，2006,『路上の国柄』文芸春秋.

後藤範章，2013,「写真観察法―ビジュアル調査をやってみよう」大谷信介ほか『新・社会調査へのアプローチ』ミネルヴァ書房.

五十嵐太郎，2004,『過防備都市』中公新書ラクレ.

―――，2006,『美しい都市　醜い都市』中公新書ラクレ.

Knowles, Caroline and Paul Sweetman, 2004, *Picturing The Social Landscape*: *Visual Methods and the Sociological Imagination*, Routledge.（＝2012 後藤範章監訳『ビジュアル調査法と社会学的想像力』ミネルヴァ書房.）

窪田陽一，2015,『昭和の刻印』柏書房.

Mitchell, William J., 2003, *ME++ : The Cyborg Self and the Networked City*, The MIT Press.（＝2006 渡辺俊訳『サイボーグ化する私とネットワーク化する世界』NTT 出版.）

緒川直人・後藤真，2012,『写真経験の社会史』岩田書院.

Ⅱ 交通インフラ

道路・交差点

Chapter 3

――進み／止まる――

（スクランブル交差点、交通規制）

第1節　「渋谷の死」とスクランブル交差点

　筆者が大学一年か、二年の頃（1998-99年）だったと思う。年末、渋谷周辺で夜中まで友人と遊び、駅前のスクランブル交差点付近をうろうろしていると、「お、もうすぐ年が明ける」という声が聞こえてきた。同じようにうろついていた人びとの大量の流れが交差点付近で溜まっていき、どこからともなくカウントダウンの掛け声があがり、大きく連鎖していった。

　毎年末の年越しカウントダウン、サッカーワールドカップ、ハロウィンなど

の機会に渋谷のスクランブル交差点に若者たちがぞろぞろと集まってくる。そして、このような群衆の集積に対する警察による規制、それについての報道がくりかえされる。警察の規制も年々手際がよくなり、「DJポリス」が話題になったように、警察と群衆とのやりとりも「お約束」のようになってきた。2016年のハロウィンからは周辺の通りを「歩行者天国」とする措置がとられ、群衆行動が既成事実化してしまった感もある。2000年代当初は偶発的な発生に近かったが、2010年代までには——主催者がいないにもかかわらず——定期的なイベントのようになっており、スクランブル交差点の群衆行動はほとんど渋谷の風物詩とさえいえそうである。

　スクランブル交差点が、写真、映画、ニュース、ドラマ、ミュージックビデオ、観光ガイドなどの映像・画像に一瞬でも映しだされれば、それが「都市的なもの」を表現しようとしていることがみてとれるだろう。スクランブル交差点——単なる交通インフラの一部であるはずのそこは、現代都市の象徴であり、群衆行動の現場にもなっている。

　ただし、東京には、銀座数寄屋橋交差点、新宿東口交差点など有名なスクランブル方式の交差点がほかにも多数存在する。にもかかわらず、現在、「スクランブル交差点」といえば渋谷駅前交差点の光景が思い浮かべられる。また渋谷にはほかにもスクランブル方式の交差点が複数あるが、渋谷駅前交差点（ハチ公前交差点といわれることもある）が多くの場合「渋谷のスクランブル交差点」とされる。2000年代以降、「東京—渋谷—スクランブル交差点」という換喩的 (metonimical) な記号の連接が成立し、渋谷駅前スクランブル交差点は、現代日本の〈都市的なもの〉を代表する空間として浮上している。

　しかし、これは二つの意味ですこし奇妙なことでもある。まず、東京を代表する盛り場としての渋谷は、1980年代にもっとも輝いており、90年代以降は輝きを失ったとされるからだ。たとえば社会学者の吉見俊哉（[1987] 2011）は、1980年代の渋谷は、若者たちが「ファッション」という文化的 (コード) 規範を共有し、「ファッショナブルな自己／他者」を上演する華やかな「舞台」——たとえばパルコの「すれ違う人が美しい」というコピー——として演出されたと指摘する。

ただし、同じく社会学者の北田暁大によれば、1990年代以降、「舞台としてのパルコ界隈、文化村エリアの死とあいまって、渋谷という都市全体もまたシブヤ的な記号イメージ、いわば都市のアウラを喪失しつつある」（北田［2002］2011：115）という。渋谷は情報やショップが数量的に多い「情報アーカイブ」として評価され、郊外の中規模都市が「プチ渋谷」となり、「文化空間としての象徴性を喪失した〈ポスト八〇年代〉の渋谷」は、もはや他の街とかわらない「（たんなる）ひとつの大きな街」、「巨大な郊外都市」であるとされる（同上：117-118）。

だが、北田が「80年代的な渋谷の死」を論じた2002年は、日韓ワールドカップが開催され、多数のサッカーファンが渋谷の駅前スクランブル交差点付近に集結した年でもある。2000年代以降、「渋谷の死」が語られる一方で、「渋谷への集結」が反復される。2010年の映画『バイオハザードⅣ』の冒頭では、ゾンビがふらふらと渋谷スクランブル交差点に集まる様子が描かれているが、人びとはなぜ渋谷のスクランブル交差点に集まるようになったのだろうか。

また、スクランブル交差点が、現代都市における群衆行動の現場として浮上してきたのはなぜなのだろうか。社会学では、このような集合行為を**集合的沸騰**とよぶ。É・デュルケム（Durkheim, É.）は、原初的な宗教社会は、日常的な労働と非日常的な祝祭の周期的な交替——すなわち「俗と聖」のリズムによって特徴付けられるとした（1912＝1941）。とくに宗教的な祭礼としての「集合的沸騰」は、役割・利害などによって分割・分散した日常の世俗的な関係を、祝祭の熱狂・興奮によって一時的に集中させ、一体化させる——「社会の魂」を作る——神聖な非日常的経験である。公園・広場・街路などの都市空間で発生する近代社会の群衆行動は、G・タルドやG・ル・ボンらの研究に代表されるように、フランス革命やデモなどの政治的行為や、暴動・暴徒のような逸脱行動としてとらえられてきた。たとえば日本においては、公園で開催された政治的集会をきっかけに発生した日比谷焼き討ち事件などの群衆騒乱を挙げることができる（中筋 2005）。しかし、スクランブル交差点の群衆行動は、それらに比べると宗教性・政治性・暴力性が希薄である（高久 2013：334、田中 2014：

10）。むしろ世俗的・遊戯的・融和的といえそうな上記の集合的沸騰は、なぜスクランブル交差点という交通インフラにおいて発生したのだろうか。

本章では、こうした二つの問い——なぜ渋谷なのか？なぜスクランブル交差点なのか？を検討することを通して、ネットワークシティの現代的リアリティを考えたい。

■■ 第2節 │ スクランブル交差点のとまどい

中島みゆきは「スクランブル交差点の渡り方」という歌を 2012 年に発表している。その歌詞は以下のようなものだ。

> 初めて渡ったときは気分が悪くなり　しばらく道の隅で休んでいました／それから何年も　そこを渡るたびに気持ちを使い果たす程に疲れました／おそらく人に酔ったみたいなことです／おそろしく沢山な敵ばかりでした／私には向いていないと思いました

中島みゆきが上京したての頃を歌ったのか、大都市の象徴として、スクランブル交差点に特有の大量の人びとと、その複雑な動きを歌っている。では、スクランブル交差点はどのような交通インフラなのだろうか。

道路は、人間・物質・情報の多様な「動き」を、特定のパターンの経験や行為、および関係として水路付けることで、物質化したものと考えることができる（Simmel 1909 = 1999）。踏み分け道であれば、ある行為をくりかえし、経験を積み重ね、特定の集団や環境に働きかけ続けることで形成される。それを舗装道路として開発して、多様な「動き」の経験、あるいは別のパターンの行為や関係を閉ざすこともできる。そのため権力にとっての道路は、人間・物質・情報の「動き」をコントロールする重要な手段であった。ここには「移動の社会学」（Urry 2007 = 2015）として検討すべき論点が多く含まれているが、まずはスクランブル交差点に絞って、それがどのようなパターンの行為や関係、そして

経験を形作っているかを考えてみよう。

　たとえば対面のみの横断歩道は、曲線的な動きを除外しないものの、基本的に往復の二経路だけであり、すれちがいはシンプルである。正面の相手が右側を来るか、左側を来るかを予期し、それに対して自分が左側を行くか、右側を行くかを判断すればよい。ただし、相手もまた同じように自分の判断を予期するから、判断に迷ったり、間違ったりすることもある。ここには社会学でいう「**二重の不確定性**」（double contingency）とよばれる秩序問題が存在する。だが、たとえば右側通行などのルールや規範をセットすれば、その問題はシンプルに解決され、人びとは首尾よくすれ違うことができる。

　スクランブル交差点の場合はどうだろうか。四つのコーナーがある交差点をAというひとが斜め横断する場合、正面の通行人Bだけではなく、左右の通行人C・Dの動きに注意を払う必要がでてくる。正面の通行人Bを避けようとすると、それが左の通行人Cの妨げになる可能性があるし、それを回避しようとすれば今度は右の通行人Dの妨げになる可能性がある。AのみならずB・C・Dも予期の主体であることを考えれば、スクランブル交差点の横断は連鎖的に複雑さを増す。ふだんからそんなことを意識するひとはまれだろうが、考えてみるとスクランブル交差点の横断は——中島みゆきが歌うように——かなり複雑なコミュニケーションであることがわかる。そのためスクランブル交差点は、複数の身体をスムーズに「通過」させるよりも、「滞留」させる余地が生まれる。実際、スクランブル交差点が日本に導入されたとき、その点が問題となった。

■ 第3節 ｜ 浮き沈みするスクランブル交差点

1. 1971年のスクランブル交差点——「人間解放」の都市空間

　スクランブル交差点が本格的に日本で導入されたのは1971年である。進展するモータリゼーションに対して歩行者保護を理由に道路交通法が改正され、斜め横断が認められることで、スクランブル交差点は公式に登場した。東京で

は、同年4月大田区入新井第一小前、世田谷区八幡小入り口、墨田区京島一丁目、調布市上布田の四つの交差点で「スクール・スクランブル」として導入された。その後、「盛り場スクランブル」として新宿駅東口など四交差点、「駅周辺スクランブル」として御茶ノ水駅西口など五交差点が導入される。スクランブル交差点の利点は、①人が横断しているあいだ、車は動かないので安全性が高い、②斜め横断によって最短距離を歩ける、③信号が青のあいだ、歩行者天国と同じ状態になるため、歩行者には一種の解放感がある、という三点であるとされた（『読売新聞』1976.4.11）。

　ほかにも「人間様のお通り」と題する記事では、「ニューヨーク五番街、東京・銀座の"歩行者天国"を実現した世論を背景に『交差点開放もこれと同じ考え方が成り立つ』との見方もある。いずれにしても人間優先で対策を進めてもらいたい」（『読売新聞』1970.9.23）とされている。スクランブル交差点の導入は、自動車という機械交通からの「人間解放」とされ、一種の祝祭性をまとっていた。

　ただし、この新方式の交差点にはとまどいもあったようだ。たとえば、斜め横断は横断する距離が長くなるため、赤信号になっても交差点内に残る歩行者がでてくる。とくに歩く速度が遅い高齢者や子どもには危険であるとされる。

　また、「もっと堂々渡ろうよ」（『朝日新聞』1971.4.26）と題される記事では「とまどいがち、新宿の斜め横断」と見出しがつくように、斜めに横断することが身についていないため、なかなか踏みだせず、警察の指導を仰ぎながらおずおずと進む通行人の姿を想像させる。

　　今は東京の盛り場にもあるが、ワシントンで初めてスクランブル交差点に出合った時は、戸惑った。信号が青になると、歩行者は縦、横と同時に斜めにさっさと渡っていく。とんでもない無法者がいると一瞬、誤解したほどである。／数年前、この方式がわが国に採用されたとき、日本の若者はすぐ慣れたけれども、中高年者はためらったり、従来通り、いったん、縦に渡って、改めて横に渡り直したりする者が多かったと言う。すぐに習慣が変えられないだけでなく、

第3章　道路・交差点　　45

交差点で対角線を斜めにわたることは、年配者にとって一種の秩序破壊であった。
（『読売新聞』1975.5.23 強調引用者）

　ほかにも 1977 年 6 月 19 日の読売新聞は、スクランブル交差点の渡り方について以下のように記している。

　　交差点の歩行者信号が青に変わると、待ちかねていたように人の波が流れ始める。最近はかき混ぜ（スクランブル）方式が増えたから「人は右！」というわけにはいかず、すべての人が左右斜め、めざす方向へ進むことになるが、この横断には独特のカンとコツが必要となる。
　　同方向への流れの速度、対向者の視線と体の動き、左右からの人の流れなど、さまざまな要素を分析しないと接触あるいは衝突という事故が起こるのである。（強調引用者）

　都市のスクランブル交差点は、モータリゼーションに抑圧された人間が解放される祝祭的な空間だった。ただし、その横断は独特の注意深いカンとコツが必要となる新しい都会的なふるまいとしてとまどいをもって受け止められた。

2.　沈むスクランブル交差点──「坂の上」の渋谷／「谷底」の渋谷

　このように 1970 年代に導入されてしばらくは、スクランブル交差点は新しい都市空間の前景（positive）として積極的に語られていた。しかし、読売新聞と朝日新聞で「スクランブル交差点」を話題にした記事を検索すると、1970年代は両紙それぞれ年間 1〜3 件あったが、1980 年代は毎年ほぼゼロ件になる。年間 10 件を超えるようになるのは 2000 年以降であり、2010 年以降になると 20 件以上になる。また、スクランブル交差点が渋谷と結び付けられて語られることは 1990 年代に入るまでほとんどないが、2000 年代のスクランブル交差点の記事のおおよそ 1/3、2010 年代になると半分が渋谷のスクランブル交差点の記事になっている。

さらに、尾崎豊の「Scrambling Rock'n Roll」(1985) を例外として、ポピュラーソングでスクランブル交差点にふれた歌詞も 1980 年代前半に減少する。歌詞検索サービス歌ネットで検索すると 1970 年代末に 4 曲あるものの、1980年代前半はゼロ件で、後半になって年間 1、2 曲あるくらいである。1990 年代になると年間 4、5 曲になることもあるが、そのうち渋谷という地域と結び付けられている曲はきわめてすくない。2000 年代もスクランブル交差点が歌詞に出てくる曲数はかわらないが、年間 1 曲程度、渋谷と結び付けられた歌詞が出てくる。2009 年になると 17 曲と急激に増え、そのうち 6 件が渋谷と結び付けられており、2010 年代はおおよそ年間 10 曲前後（内 3、4 曲が渋谷含む）で推移している。

　1980 年代における「スクランブル交差点」は、新聞記事やポピュラーソングのなかでプレゼンスを失っていたということができるだろう。また、「スクランブル交差点」を「渋谷」という地域に結び付けて語られることもほとんどない。そもそも渋谷駅前交差点がスクランブル方式になったのはいつだろうか。渋谷区の資料室によれば 1973 年 4 月にスクランブル方式が導入されたという（平成 23 年警視庁問い合わせ）。1978 年までには「都内では、可能な交差点はすべてスクランブル化した」（『読売新聞』1978.9.7）と報じられているように、70 年代末までに都内の主要な交差点の多くがスクランブル方式になり、ニュースバリューはなくなっている。新聞・雑誌記事上で渋谷駅前交差点がいつの時点でスクランブル方式になったのかを確認できないように、1980 年代までの東京のスクランブル交差点といえば、新宿駅東口交差点や銀座数寄屋橋交差点をさしていた。したがって「東京—渋谷—スクランブル交差点」という連接は成立していない。もちろんスクランブル交差点がなくなったわけでも、増えなかったわけでもない。尾崎豊の歌詞にその原型が表れているように街の喧騒と危険、孤独と自由を象徴する空間として歌われることもあった。

　では、1980 年代のスクランブル交差点はどのような存在となったのだろうか。スクランブル交差点は、目の前に見えているが、とりたてて言及はされない存在、使われてはいるが、それほど意識されない存在へと沈み込んでいったので

はないか。つまり、スクランブル交差点は、車道を効率的に横断する交通手段
＝「**道具的存在（tool-being）**」（Harman 2002）として都市空間の「背景（nega-
tive）」——すなわちインフラとして定着したのではないか、ということである。

　前節で述べたようにスクランブル交差点の横断は考えようによっては複雑だ。
中島みゆきの歌はそれを表現していたのだが、現在、スクランブル交差点を横
断する人びとがそのように悩んでいるようには思えない。じつはこの曲にはオ
チがある。

　　　私には向いていないその交差点をやむなくめまいしながら何年もわたりほん
　　　とに偶然気が付いたんです／みんななぜ楽々と渡っているのか／人と違うほう
　　　にでようとするから人とぶつかるばかりだったんです／人の後ろに付けばいい
　　　んだと知りました／スクランブル交差点では渡り方にコツが要る

　新しい交通方式として導入されたスクランブル交差点だが、それが普及する
にしたがって、移動する身体も斜め横断に慣れ、めまいやとまどいを感じなく
なる。こうしてスクランブル交差点は、交通手段として都市空間を支えながら、
その存在が背景化したインフラになったのである。

　1980 年代の渋谷における駅前交差点の位置付けも周縁的なものにとどまっ
ていた。すでに上記の北田や吉見らが指摘したように、1970 年代から 80 年代
の渋谷は、回遊性のあるファッショナブルで文化的な「舞台」として、西武系
のパルコにより、公園通りを中心に開発された。さらに 1989 年に東急が
Bunkamura を建設する。つまり 1980 年代の渋谷は渋谷駅北西側に偏った盛り
場として広がっており、渋谷駅前交差点はその一帯へ向かう経路＝手段であっ
た。そのため 1980 年代の渋谷に関する言説にはスクランブル交差点があまり
表れない。

　たとえば戦前戦後の渋谷の歴史を描いた夏目房之介の「渋谷変遷史」(1) 〜
(3)（『週刊朝日』1986）でもスクランブル交差点はふれられておらず、駅北西側
の記述に終始している。1980 年代の渋谷を表した略図に「どどっ」という吹

き出しがハチ公とセンター街のあいだにかろうじてつけられており、そこから出発する大量の人びとのうごめきが非常に控えめに表現されているのだが、積極的に言葉やイメージとして表現されない。

　1994年の「渋谷で5時」（鈴木雅之＆菊池桃子）では、「ざわめく交差点の／風の中で僕より先を急ぐこの思いが（中略）ときめきと云う坂をのぼれば逢える／今日は渋谷で5時」と歌われている。ただし、ここでも渋谷の交差点は、坂の上（スペイン坂、公園通り、道玄坂、宮益坂etc）にある目的地の途上にある経路＝手段として登場している。

　また、1992年に作家の辻仁成と写真家のM.HASUIが、渋谷のスクランブル交差点の一日を写真のスライドと詩の朗読によって「東京時間」として切り取る、というイベントがパルコパート2で開かれている。ただし、ここで写しだされているのは「パルコ前スクランブル交差点」である。パルコで開催されていることを差し引いても、1990年代前半の東京を写すスクランブル交差点は、渋谷駅前ではなく「坂の上」の交差点なのである。

　渋谷がすり鉢状の地形の「谷底」にあることは、しばしば語られ続けてきた。たとえば「すり鉢の底に位置するハチ公広場」、「渋谷の中心街は"すり鉢の底"から上に向かって延びている」（「タウン渋谷'70」『新評』1970.10：169-170）といわれたように、「坂の上」へ向かう出発点として語られている。つまり北西へ広がる「面」として開発された1980年代の渋谷の移動は「谷底」から「坂の上」への方向性としてイメージされ、実践された。そのため、記事件数や歌詞検索で確認したように、「渋谷のスクランブル交差点」のプレゼンスもまた「谷底」にあったといえるだろう。

3. 再浮上するスクランブル交差点

　1990年代になると、渋谷はセンター街を中心とするストリートカルチャーの中心地として、駅寄りの一帯に注目が集まった。そして「谷底→坂の上」という渋谷の場所性と方向性のイメージは逆流しはじめる。たとえばスクランブル交差点を東京・渋谷がもつ「カオス」のイメージとして位置付け、「坂の上

第3章　道路・交差点　　49

→谷底」という方向性で語る以下のような言説が典型的である。

　通るたびに、人の渦に巻き込まれる思いがする。東京・渋谷の忠犬・ハチ公の交差点には、他ではまずみられない、すさまじいほどの人の密度がある。いくつもの坂道から、谷底のような交差点に人々が殺到する。逆らうように、渋谷駅から人が吐き出される。四方から、宣伝スピーカーの音も谷底へ降り注ぐ。人の声はかき消される。大都会が備えているダイナミズム・躍動という段階を超えてカオス・混沌に近い（『朝日新聞』2003.7.19 強調引用者）。

　道玄坂、宮益坂、金王坂に囲まれた渋谷の、文字通り谷となっているこのすり鉢状の都市空間はアリ地獄を連想させる。すり鉢の底のJRやさまざまな支線から吐き出されたアリたちはハチ公前に一気に雪崩れ、アリ群の川となる。群れの向かう先には無数の消費施設がアリ塚のように折り重なりあいながらひしめき合っている。夕刻、人波の中でセンター街に向かってスクランブル交差点前に立つと、天地左右あらゆる方向から欲望を駆り立てる無数の音と映像のシャワーが群れに降り注ぎ、視神経や三半規管を狂わそうとする（藤原［2006］2010：34-35）。

　もちろん現在でも多くの人びとが道玄坂やスペイン坂などを回遊しており、「面」としての渋谷が失われたわけではない。しかし、上記のような語りやイメージが反復され、スクランブル交差点は、出発点であり目的地でもあるような、人びとがつねに回帰する「特異点」のような存在になる。こうして、新聞記事や歌詞に登場する「スクランブル交差点」や「渋谷のスクランブル交差点」の件数も、2000年代以降、ふたたび急上昇しはじめる。

　渋谷駅やスクランブル交差点に注目が集まるようになったのは、北田が表現していたように、多くの人びとをわざわざ「坂の上」に登らせる大きな力を「文化空間の象徴性」が失ったことを表現している。そうした「文化」の引力——パルコが放っていたとされる輝き——が失われてしまえば、地形というモノが露出し、その傾斜にそった諸身体のフローが前景化し、「谷底」へ人びとが溜

まっていく。こうして渋谷は、「坂の上→谷底」という方向感覚のもと、スクランブル交差点を中心にして語られ、イメージされるようになる。

それにしても、なぜ、渋谷スクランブル交差点という「谷底」が浮上してきたのだろうか。渋谷における「文化の高み」の衰退や地形効果だけが理由ではなさそうである。くわえて（1）駅中心の再開発事業、（2）スクランブル交差点の情報空間化という二点を挙げることができる。

まず、1990年代後半以降、徐々に進められていた駅前再開発が活発化し、渋谷駅周辺に人が集まるようになった。たとえば、1996年に埼京線、2008年に副都心線が開通し、2013年に東横線と副都心線が相互直通となり、渋谷へのアクセスがさらに容易になる。この過程で駅の巨大化・地下化が進み、渋谷の谷底はさらに深くなっており、駅から出るだけでもかなりの距離を登らざるをえなくなった。ほかにも1999年のQFRONT、2000年の渋谷マークシティ、2013年のシブヤヒカリエなどの高層建築物の建設が続き、駅周辺の再開発が進展している。渋谷駅周辺が、高層化・地下化によって垂直的に拡張し、いわば駅そのものが擬似的な「坂と谷」になる。鉄道路線という「線」が渋谷駅にさらに重なり、駅や駅周辺という「点」がひとつの街として開発される。

高層化・地下化し、空間構成も交通動線も複雑化しはじめた渋谷駅を、建築家の田村圭介は「迷宮ターミナル」と名付けている。その際、「坂の上」への経路＝手段であったスクランブル交差点は、逆方向の渋谷駅との関係において語られる。

　　渋谷駅が西欧の都市の駅や東京駅と最も異なる点の一つは、エントランスホールがないことである。古い大きな駅ほど豪華な宮殿のようなホールに迎えられる。渋谷駅にはそれがない。
　　しかし、渋谷駅には実はホールがある。このシブヤ・クロッシングこそがホールなのである（田村 2013：22 強調引用者）。

ここでのスクランブル交差点は、「坂の上」に向かっていく出発点ではなく、

複雑化した駅という「迷宮」のエントランスへと反転している。渋谷駅はアクセスの良いターミナル駅であるため移動途中に気軽に立ち寄ることができるし、「坂の上」にわざわざ登らなくても駅や駅周辺である程度、満足できる。新宿駅や池袋駅も迷宮とよべそうな複雑さがあるが、東口・西口を中心に多方面に街が広がっている。しかし、渋谷駅は、スクランブル交差点付近にJRを中心にして、井の頭線、銀座線、東横線、東急田園都市線、東京メトロ半蔵門線、副都心線の出入口が集まっている。そのため乗降りや、乗換えのためにスクランブル交差点付近を通ることが多くなる。こうしてスクランブル交差点がオープンスペース＝エントランスとして浮上するのである。

　さらに二つ目、スクランブル交差点の情報空間化が、1990年代末以降、以下のような過程で進む。1980年に新宿アルタの「アルタビジョン」が初めての屋外大型ビジョンとして東京に登場したが、その後、渋谷のスクランブル交差点付近には、1987年に「109フォーラムビジョン」、1995年に「スーパーライザ渋谷」、1999年に「Q'S EYE」が設置される。2005年の時点で、東京の大型ビジョン38基のうち11基が、渋谷ハチ公口エリア、スクランブル交差点付近に設置された（『シブヤ経済新聞』2005.8）。さらに2006年に「シブヤテレビジョン2」、2014年に「シブハチヒットビジョン」が設置されることでスクランブル交差点付近の大型ビジョンは五基になる。「大型ビジョン.COM」によれば、2000年代中頃までに渋谷スクランブル交差点は、大型ビジョン四面同時放映が可能になり、日本で最大の映像空間となった。

　1990年代後半から2000年代初頭までのスクランブル交差点は、芸能関係者のパフォーマンスの現場にもなっている。たとえば90年代末に渋谷駅前のスクランブル交差点内で縄跳びをする番組を制作した日本テレビの関係者が書類送検されたが、その後も周辺でゲリラライブなどがくりかえされた。また、スクランブル交差点の地下通路出口の屋上には複数台のカメラが設置されているが、「お天気カメラ」で映しだされる渋谷のスクランブル交差点を天気予報やニュース映像で頻繁に目にする。NHKは1978年に渋谷の放送センターに「全天候リモコン撮像装置」を設置して以降、2009年時点で全国に460台設置し

ているという（『東京新聞』2009.5.3）。民放各社が詳しい情報を公表していないため正確な数は不明だが、1990 年に 158 台だったものが 1996 年に 349 台と二倍以上増えており、民放のお天気カメラが急激に増えたのは 1990 年代以降のようだ（『産経新聞』1996.7.26）。NHK 局員が「中でも東京渋谷のスクランブル交差点に設置されているカメラからの映像は週末の気象情報などでよく見ます」（NHK, R-1 ブログ 2009/8/20）と述べているように、日々、お天気カメラに生中継で映しだされる。その映像は「東京の今」の表現なのである。こうしてスクランブル交差点は、映像を視る、映像で視る、そして映像を撮るスタジオのような情報空間になる。そして、こうしたイメージが多重的に反復され、流通することで、スクランブル交差点は東京という空間、そして現在という時間——都市の現在形を表現する記号となる。

　映画『ロスト・イン・トランスレーション』（2003）などの影響もあり、外国人旅行者にとっても渋谷のスクランブル交差点は、「渡らなければ東京を観光したとはいえないとされる、日本を象徴するスポット」であり、写真撮影の定番になっている。日本の人口密度を表すような圧倒的な通行人の数や大型スクリーンは「騒々しくて落ち着かなくて、東京のエネルギーを感じられる場所だ」（『朝日新聞』2008.10.10）とされる。2000 年代のスクランブル交差点は、もはや通過のための経路＝手段（「道具的存在」）ではない。それ自体を視て、撮り、集まるための自己目的化した空間なのである。

　　ビルの壁面に踊る巨大なビデオ映像。大音量で音楽がガンガン鳴り響く。渋谷という「谷底」の交差点で、さまざまな欲望が渦巻き、ぶつかり合っている。
　　歩行者信号が「青」になっている約四十秒間に最大二千人が渡る。クラクラめまいがしてきそうなほどの数だ。平日で 23 万人、休日には約 30 万人が利用している。「世界一有名な交差点」と呼ばれるゆえんである（『朝日新聞』2009.9.17）。

「谷底」という地形効果に加えて、（1）ルートアクセスが容易になり、（2）

メディアイメージが複製・反復されることで、スクランブル交差点へと人びとが水路付けられ、集積する。人びとの通過が淀み、大量の身体が溜まる素地をもつスクランブル交差点は、「駅と路線が集積する交通空間」と「ディスプレイとカメラが集積する情報空間」——交通・通信という二つのネットワーク＝インフラが重なりあうという身もふたもない事実によって、現代都市を象徴するスペクタクルとして浮上したのである。

第4節　ネットワークシティの集合的沸騰

1. 交通のポリティクス——舞台からハブへ——

　では、スクランブル交差点という交通インフラが、集合的沸騰を発生させる非日常的な場へと転換した意味はなんだろうか。それは、吉見俊哉が1980年代に指摘した渋谷における「舞台」や「上演」の復活といえるのだろうか？ 2015年と2016年のハロウィンイベントを実際に観察したところ、仮装・コスプレをしている人びとに気楽に「写真を撮っていいですか？」と聞く場面を多くみかけた。まるで即席の撮影会のようだった。「キャラ」という一時的な装いや仮の姿を介在させることで、見知らぬ人同士が「撮る／撮られる」というその時・その場限りの関係を作っているのである。たとえば、社会学者の南後由和（2016）は、新宿西口地下広場と比較しながら、渋谷のスクランブル交差点を「日本的広場」としてとらえ、上記の出来事を渋谷の「再舞台化」として解釈している。たしかにこの光景をそのようにとらえることもできるが、やや論点先取の議論といえるかもしれない。

　まず、スクランブル交差点を「広場」や「舞台」というには雑然としすぎているし、人びとが集まるために設置された場ではない。それは多様な人びとを「通行人」として一括し、その「横断／停止」を合理的に管理する交通施設である。かつてのパルコのように、スクランブル交差点を舞台として演出し、広場として運営する主体は存在しない。むしろ、2000年代前半のスクランブル交差点は、とくに人出が多くなる際に自然発生的に群衆行動が現れていた。そ

して、それぞれの群衆行動に始まりや終わりの時間が設定されていないため、なんとなくはじまって、一夜のうちに収束することもあれば、何日かだらだらと続くこともある。

たしかに2000年代後半以降、群衆行動を目的としてスクランブル交差点に集まる人びとも増えている。しかし、このようなスクランブル交差点の群衆行動を、ファッションやアイデンティティの「上演」というのもすこし無理がある。仮装・コスプレは、その時・その場だけの一時的な「キャラ」であり、継続性・一貫性が期待される「アイデンティティ」とは——コスプレイヤーでないかぎり——表現しにくい。実際、参加者に話を聞いてみると装うキャラクターに対する強い思い入れがあるわけではなかった。また、ファッションと異なり、仮装・コスプレのアイテムを日常生活において継続的に使うことはまれだろう。

さらに、仮装・コスプレをしていない、ただ通りがかっただけの人も多く、井の頭線と銀座線を結ぶ渡り廊下やQFRONTのカフェなどにいけば、二階部分から交差点を見下ろし、群衆行動を見物できる。坂の上に登らなくても、乗換えのために交差点付近の建造物をアップダウンし、周辺を回遊するうちに、自ずと「参加」できるのである。

そもそも、いずれの群衆行動も明確な主催者が存在し、計画された「イベント」ではない。それは当日の規制に苦慮する警察がわざわざ「イベントはありません」とアナウンスしていることからもわかるし、いつ始まり、いつ終わるのかも不透明だ。たしかにイベントとしてとらえてやってくる人もいるが、それ以外に多数存在する、何かありそうと期待感をもってくる人、なにがあるかも知らず集まってくるひと、そしてたまたまその場に居あわせているひとが重なりあっている（高久 2013：330-331）。スクランブル交差点の群衆行動に対して肯定と否定の意見が入り混じるのも、そこがただの交通施設であるがゆえに、関係のないひとをまきこみ、交通ルールやマナーの逸脱とみなされるためでもある。たとえば公園や広場、屋内施設であれば、それほど話題にもならず、批判も少なかったかもしれない。ただし、日常生活では交通ルールやマナーを順

守するべき交差点で逸脱的な大騒ぎをする非日常的な侵犯のスリルも差し引かれるだろう。つまり日常的な緊張感と非日常的な解放感が、スクランブル交差点において表裏一体になっているのである。

2000年代以降の群衆行動の受け皿となったスクランブル交差点は、最初から政治的・文化的なメッセージをやりとりする「舞台」や「広場」であったわけではない。むしろそれは、インフラを通してたまたま居あわせ、通りがかった人びともインスタントに身体的な接触や匿名的な交流の非日常性を楽しめる——あるいはそれにまきこまれてしまう——ハブ（集中点）のような場として成立している。ハロウィンの群衆行動の定着は、それを事後的に「舞台」や「広場」のようなものとみなす人びとが徐々に増えていった結果といえる。たとえばハロウィンの際にはスクランブル交差点の地下通路で衣装に着替える人もいたが、2015年から宮下公園に簡易の着替え場所が設置され、特殊メイクをしてくれる店舗も増えている。2016年のハロウィンや年越しでは警視庁が周辺道路を「歩行者天国」にする措置をとったように、道路・交差点での群衆行動をなかば公的に追認せざるをえなくなったのである。

2. モノから生まれる文化／インフラの祝祭

すでに述べたように、スクランブル交差点は効率的に身体を流動させる手段だが、その斜め横断は人びとを交差させ、滞留させる可能性がある。そのため、そこには危険な群衆行動の「芽」がある。警視庁は、群衆行動が予想される場合、渋谷駅前交差点を中心に、ハチ公前広場や道玄坂下交差点、宮下公園周辺など一帯を「整理区域」として指定する。そして、渋谷駅前交差点を含めた複数のスクランブル交差点において、テープやロープ、車両を用いた横断制限や誘導、駅出口封鎖、あるいはアナウンスなどの対策を行い、危険の「芽」を摘む（田中 2014）。たとえば、2015、2016年のハロウィンでは「滞留するので交差点での写真撮影はおやめください」というアナウンスがあり、また交差点付近の即席の撮影会をできるだけはやく解散させようと促していた。

一方、大型ビジョンは、交差点を通過する大量の人びとが信号待ちで一時的

に滞留し、視線をさまよわせるタイミングで宣伝をすることで広告効果を強化できる。こちらは滞留の「芽」を広告のために用いており、だからこそスクランブル交差点は日本最大の映像空間になった。通行人にとっては、信号待ちや横断の際に大型ディスプレイを見上げたり、モバイルメディアに目を落としたりすれば、共在する人間の視線を外し、すれちがう他者として相互に距離を作りだせる。つまり近傍の他者と直接的に交流する集団ではなく、メディアを介した遠隔の他者と間接的に接続する個別的な存在——赤の他人同士としてやりすごすことができる。

　ただし、強い刺激で長く注意を引き付けると、人びとを交差点に滞留させすぎる危険性がある。そのため大型ビジョンには「原則としてテレビ中継映像は不可、一番組三分以内」という警察による規制があり、危険な滞留は念入りに回避されている。実際、2000年の年越しの際、大型ビジョンにカウントダウン映像が流されたが、駅前交差点を不正に使用したということで関係者が同年4月に書類送検されている（『毎日新聞』2001.4.3）。

　つまりスクランブル交差点は、人びとの「流動／滞留」がせめぎあっている両義的空間なのだが、合理的・効率的な流動を促し、滞留を回避することによって日常的なインフラ——都市空間の背景として作動する。とくに「集合的な滞留／身体的な接触」が群衆行動に転化することは、交通空間における合理的・効率的な流動と情報空間を介した個別的・間接的な接続を維持することによって日常的に抑圧されている。

　しかし、2000年代以降の渋谷スクランブル交差点は、スポーツ、ハロウィン、年中行事など文化的にはとりとめのない内容や機会で前景化し、まるでゾンビのように——実際、ゾンビのコスプレも少なくないのだが——群衆たちがスクランブル交差点へと這いだしてくる。

　マスメディアやネットメディアによる情報の発信・共有は、渋谷のスクランブル交差点を都市の現在形を表現するものへとおしあげた。このような情報空間の高度化こそがスクランブル交差点を話題の現場にし、大量の人びとが集まることを可能にしている。スクランブル交差点の群衆行動への参加は、SNS

に投稿するためのネタにもなり、情報空間の話題と都市空間の集積はループしながら相互に増幅していく（南後 2016）。ただし、スクランブル交差点は情報空間のためのネタ＝手段というわけではない。スクランブル交差点というインフラは、そうした大量のヒトの圧倒的な集積と直接的な交流を、情報空間の遠隔的・視覚的コミュニケーションでは経験することのできない、近接的・触覚的なコミュニケーションとして経験できる。

　都市空間は、交通・通信インフラを通して大量のひとを局所的な場へと水路付け、日常的に集積している。ただし、集積した人びとはまるでお互いがいないかのように他人としてふるまっており、身体的には近いが心理的には遠い関係でしかない。交通・通信インフラを通して分散して生きざるをえない都市生活において、スクランブル交差点の群衆行動（あるいは滞留の「芽」）は、たまたま行き交い、居あわせることが結合へとつながりうること——いわば青信号のときだけの一瞬の共同性に気づかせる。分離した日常生活を形作るインフラ（手段）を、結合を作る非日常的な集合的沸騰の場（目的）へと転換すること。1980年代には都市空間のインフラとして日常化していたはずの渋谷スクランブル交差点の 2000 年代における（再）浮上は、文化という被膜がはがれ、モノとしての都市——ネットワークシティとしての現代都市が露出しはじめたことの現れではないだろうか。

（田中　大介）

・日本音楽著作権協会（出）許諾第 1702814-701 号
・スクランブル交差点の渡り方
　作詞　中島みゆき　作曲　中島みゆき
　© 2012 by YAMAHA MUSIC PUBLISHING, INC.
　All Rights Reserved. International Copyright Secured.
　㈱ヤマハミュージックパブリッシング　出版許諾番号　　17100P
　（本書掲載 P43、P48）

Book 読書案内

吉見俊哉，1987，『都市のドラマトゥルギー』河出文庫：本章では議論の前提として言及したが、現在においても都市論の必読書である。前半部の都市研究の学説・理論は現在ではやや難解かもしれないが、社会学的なドラマトゥルギー論の射程の広さを含めて、勉強しておきたい。後半部の東京の盛り場の変容に関する社会史も、引用・参照されている多数の文献を含めて東京の通史的な整理としても利用でき、都市空間の編成やそこでの人びとの経験様式をどのようにとらえるかについてのヒントも豊富に含まれている。

J. アーリ（吉原直樹・伊藤嘉高訳），2015，『モビリティーズ』作品社：20世紀後半まで移動・交通の社会学的研究は、それほどメジャーではなかった。しかし、2000年代以降、英語圏を中心に「移動論的転回」という研究潮流が現れ、既存・新規の移動・交通研究が合流しはじめている。本書は、そうした研究潮流の牽引役であった著者による移動研究の集大成であり、徒歩、鉄道、自動車、通信機器など多様な交通現象に言及しており、移動研究の必読書である。

【引 用 文 献】

Durkheim, Émile, 1912, *Les formes élémentaires de la vie religieuse*,（＝1941，古野清人訳『宗教生活の原初形態（上・下）』岩波文庫.）

藤原新也，[2006] 2010，『渋谷』文春文庫.

北田暁大，[2002] 2011，『増補　広告都市・東京』ちくま学芸文庫.

中筋直哉，2005，『群衆の居場所』新曜社.

南後由和，2016，「商業施設に埋蔵された『日本的広場』の行方」三浦展・藤村龍至・南後由和『商業空間は何の夢をみたか』平凡社.

Simmel, George, 1909, *Brücke und Tür*（＝1999 北川東子訳「橋と扉」『ジンメル・コレクション』ちくま学芸文庫.）

高久舞，2013，「渋谷の祝祭——スクランブル交差点につどう人々」石井研士『渋谷の神々』雄山閣.

田村圭介，2013，『迷い迷って渋谷駅』光文社.

田中智仁，2014，「群衆転移と騒乱のドラマトゥルギー——渋谷年越しカウントダウン規制の事例研究——」『仙台大学紀要』vol.46, 1：1-13.

Urry, John, 2007, *Mobilities*, Polity.（＝2015，吉原直樹・伊藤嘉高訳『モビリティーズ』作品社.）

吉見俊哉，[1987] 2011，『都市のドラマトゥルギー』河出文庫.

Ⅱ 交通インフラ

Chapter 4

駅・鉄道

―― 乗り／降りる ――

（バケットシート、掴まり棒、座席の壁、ホームドア）

第1節　近代日本の都市と鉄道

　「東京」と名指される都市空間はとても広く、その都市生活も多様だ。そのように広範囲で、多様に暮らす人びとが「私たち」という共同体の意識を形作ることはまれだろう。けれども、そんな広大で多様な東京を生きる多くの人びとにおなじみの光景がある。駅と鉄道である。駅を通り、電車の扉の前で並ぶ。つり革につかまるなり、座席に座るなりして、車内で自分の居場所を定める。

そして、時が過ぎるのを各々の仕方で待つ。地域や路線ごとに駅や電車の設え、乗客の雰囲気はすこしずつ異なるが、どの路線を利用しても人びとのふるまいや見える光景は似たようなものだ。電車による移動は、第二次世界大戦以前から続く、東京で生活する人びとの共通経験とさえいえる。

　東京は、駅を中心にしてそれぞれの街が構成されている。規模の違いはあるが「駅前商店街」という形で駅と街をセットにし、その駅が他の駅に接続されて現れる広域の都市空間が「東京」という都市のイメージである。海外や地方の都市では駅と市街地が離れていることも多いが、東京の場合、こういっても多くの人のイメージからそれほど大きく外れることはない。実際、1970 年代の都市言説によれば、東京の形は、山手線という楕円に中央線が横切り、円に存在するターミナル駅から各私鉄が伸びた路線図としてイメージできる、という（磯崎・高階 1975：191）。

　鉄道システムは、職住分離と通勤通学という都市生活のパターンを作り上げ、都市空間を構造化してきた。鉄道は、物質としての重量感や構造としての不変性の面からいって、近代都市のインフラとしてもっとも見えやすいもののひとつといえるだろう。しかし、2000 年代前後から、近代都市の基本構造を作り上げてきたインフラとしての鉄道が少しずつ変容しはじめている。変わらないようで、変わっていく都市インフラとしての駅・鉄道を、この章では、（1）アクセス：駅と街の現代的変容、（2）コミュニケーション：車内空間の現代的変容という二つの点から考えてみよう。

第2節　駅と街の現代的変容

1. なぜ東京駅は復原されたのか？

　2012 年、東京駅の復原工事が完了し、戦前期の駅開設当初の姿でリニューアルした。駅舎を舞台にしたプロジェクションマッピング、グランスタに代表されるいわゆる「駅ナカ」の開発、さらに周辺地域の再開発などを含めて大きな盛り上がりをみせた。

東京駅の復原事業は、二つの点で興味深い。

一つ目は、なぜ2000年代前後の時期に復原事業が検討され、決定したのか、という点だ。戦後の東京駅については、ほぼ10年周期で「解体／保存」論争がくりかえされてきた。とくに「高層ビルの建設か／赤レンガの保存か」が大きな争点となったが、収益性・効率性を重視するか、文化遺産の継承を重視するかという論点が課題のひとつであった。こうして何度も提案された「解体」案だが、結局、駅舎は維持されてきた。たとえば1957（昭和32）年に、赤レンガ解体、24階建の高層ビルへの改築計画がもちあがっている。1967（昭和42）年には総武線乗り入れ、地下駅新設で赤レンガ解体案が出された。1977（昭和52）年に東京駅周辺の再開発、駅舎明治村移設案が、さらに1987（昭和62）年には国鉄民営化・解体再編に従い、駅舎保存が議論された。このようにおおよそ40年近く続いた「解体／保存」論争は結論が先送りされたままであった。にもかかわらず、なぜ2000年代に入って復原事業が実行されたのだろうか。

二つ目は、なぜ戦前の東京駅を復原したのか、という点だ。「歴史遺産」として保存・復原された戦前の東京駅だが、建築として利用された期間が長いのは戦後の東京駅（約61年）である。戦前の東京駅（約32年）が使われた長さは、その半分でしかない。「建築物としての古さ」と「利用期間の長さ」のどちらに歴史的価値をおくかは、議論があるだろう。しかし、戦前期の東京駅の記憶がある人はそれほど多くはない。にもかかわらず、なぜ戦前の東京駅の復原として開発・建設事業が遂行されたのだろうか。

ここでは、東京駅に関するこの二つの問いに答える形で、現代日本でおきている鉄道と駅の構造転換を考察することにしよう。

2. 近代都市と駅——「都市のなかの鉄道」

まず、駅とはどのような空間・施設だろうか。

駅は都市や街の「象徴」になることがある。たとえば、東京駅の丸の内口は、帝都東京の正面玄関——天皇の駅として建設されており、帝室専用出入り口が設けられ、皇居に対面する形で行幸道路と駅舎が接続された。また東京駅は、

戦争の英雄の凱旋式、海外来賓の出迎えなど、国家的な儀式の舞台としても利用されていた。赤レンガや銅板などで意匠がつくされた古典的な建築様式は、そうした近代日本や帝都東京のナショナリズムを象徴するものであった（田中2005）。近代日本の鉄道は、広域に路線をはりめぐらすことで、地域ごとの独立性が高かった近世的な幕藩体制を、一体的な国土としての近代的な国民国家へと転換させた。東京駅は、計画当初に中央停車場といわれたように、この鉄道ネットワークの中心——とりわけ東北方面と関西方面の路線をつなぐ結節点——であり、国民統合の象徴、あるいは国家の「玄関口」として建設されたのである。

　また、阪神電鉄の梅田駅が駅舎ビルを百貨店としたように、1920年代以降、「ターミナルデパート」とよばれる駅ビルの開発の原型が大都市の私鉄を中心にして現れた。戦前期の百貨店は、高いステータスを誇る商業施設であり、そこで多く採用された古典的な建築様式は、路線や地域のランドマークでもあった（初田1999）。

　ただし、すべての駅がそのような豪華な建築施設として建設されるわけではない。多くの駅は、人びとを効率良く、安全にさばくという「機能」に特化した空間・施設として建設されている。東京駅でも、大都市化を背景にして通勤通学客が増大したため、1936年に八重洲口が開設された。ただし、当時の八重洲口は装飾がほとんど省かれた簡素なもので、いわば「通用口」のような扱いであった。

　さらに、1954年には百貨店の大丸がキーテナントとなる駅舎が八重洲口に建設されている。この駅舎は、容積率を最大限に生かせるような四角四面で、装飾を省いた機能主義的な建築様式で建設されている。東京駅の八重洲口に代表される戦後の駅舎は、戦災復興で財政難に陥った国鉄が民間に建設費用を一部負担してもらっている。この方式で建設された駅は、民間の商業施設としても使用できる「民衆駅」とよばれ、「駅ビル」という形で全国に普及していった。ただし、限定された土地を効率的に使用するため「長大な板状の建築形態をとること」が多く、「そのため全国的に画一的で『顔』のない駅前景観がされた

第4章　駅・鉄道　63

ことに対して批判が多い」（正垣ほか 2013：50）。ただし、そのような駅であっても駅という空間・施設は、市街地とは別の存在としていったん区別され、場合によっては街の象徴になることがある。多くの人びとが知り、通る場所であるため、駅は待ち合わせ場所として利用されることも多い。1980 年代までは、人びとが滞留する駅改札周辺の伝言板も欠かせなかった。

　このように駅には、国家や都市のランドマークになる「**象徴**」と、交通の効率性や経済の収益性を最大化する「**機能**」という二つの役割が存在する。あるいは、駅舎を利用する人びとにとっては、多くの人びとが集う「**滞留**」の空間であり、多くの人びとが通る「**流動**」の空間でもあるという両義的な性質がある。

　とくに東京駅は、国民国家と資本主義という近代社会を構成する二つの政治経済的な体制のせめぎあいの場として位置付けることができる。つまり、人びとが滞留する儀礼空間としての丸の内口と人びとが流動する通過空間としての八重洲口が、いわば「玄関口^{象徴}」と「通用口^{機能}」のすみわけとして現れていた。本節冒頭の一つ目の問い——10 年周期の東京駅の「解体／保存」論争（解体して効率・利益を重視するのか、文化的価値の保存を重視するのか）の反復は、こうした近代交通における「象徴と機能」、「滞留と流動」という構造的な両義性のどちらを重視するかのゆらぎとみることもできる。

3. 駅の現代的変容——「鉄道のなかの都市」

　しかし、2000 年前後から駅は変化しはじめた。前章で触れた渋谷駅のように、各私鉄の駅再開発事業が 2000 年代以降、活発化している。また東京駅を含め JR 東日本が力を入れているエキナカ事業のように、駅内部や駅周辺を一体的で、回遊できる消費空間として開発していくことを「**駅のショッピングモール化**」とよぶことができる。

　大量の赤字を税金で支えていた国鉄は、1987 年の分割民営化によって、民間企業として効率性・収益性を重視しなくてはならなくなった。駅の現代的変容は、こうした公的事業の民営化や規制緩和の結果でもある。とくに 20 世紀

末以降、JR 各社の経営・収益の基軸は鉄道事業のみならず、生活サービス事業や不動産開発事業に移りはじめている。

　たとえば JR 東日本グループは、2000 年に中期経営計画「ニューフロンティア 21」を発表し、駅の利便性・快適性向上、高収益化を目指した「ステーションルネサンス」を打ちだしている。さらに 2001 年には、鉄道施設を所管する運輸省と道路、都市施設を所管する「建設省」が統合され「国土交通省」が誕生した。これにより駅舎、交通広場、道路、建築物などの所管が統一され、「駅まち一体開発」がよりスピーディに展開していくことになる（正垣ほか 2013：54）。

　本節冒頭の二つ目の問い——2000 年代の東京駅における、「解体／保存」という二者択一ではない、「復原」という第三の選択の実現は、こうした流れのなかにある。つまり、駅舎を「歴史遺産」として開発しつつ、観光・消費の空間として演出することで、駅舎の象徴性をそのまま収益性につなげられると考えられたのである。

　ただし、東京駅を低層のまま復原すると、容積率（建築物の各階の合計床面積の敷地面積に対する割合）を上げることはできない。ここで重要だったのは 2000 年の都市計画法、建築基準法の改正によって創設された「特例容積率適用区域制度」という都市再開発に関連する規制緩和である。この制度によって、容積率を敷地間で売買し、移転することが容易になり、東京駅上空の容積率は、丸の内パークビルディング、新丸の内ビルディング、JP タワー、東京ビルディング、グラントウキョウなどの駅周辺の超高層ビルの建設に用いられた。さらにこの容積率の売却利益は、東京駅再開発の財源にもなる（野崎 2012：69-71）。つまり、東京駅丸の内側の上空を開けておくことで、周辺ビルを超高層化できるし、東京駅そのものも復原できる。

　こうした駅の変容は、駅と街の関係そのものにすこしずつ変化をもたらしていく。たとえば東京駅の再開発事業に携わった責任者は以下のように言う。「東京駅が単なるターミナル駅から鉄道駅都市へ進化していくなかで、エキナカが駅と街をつなぐ、ハブとしての役目、ひいては駅と街との境目をなくす役割を

第 4 章　駅・鉄道　　65

も果たしています。やがて境目は限りなく消えていき、東京駅そのものが街として機能し、駅と周辺の街とが一体となって、さらなる発展をしていくと思います」（野崎 2012：4）。

　駅という「点」をさまざまな機能が凝縮した都市空間の「中心＝街」として開発し、路線という「線」によって連結する手法は、他の主要駅でもみることができる。JR は、1997 年の京都駅以来、名古屋駅、札幌駅、博多駅、大阪駅の大規模開発にとりくんできた。また大宮駅、品川駅、立川駅のエキナカ開発事業では「『通過する駅』から『集う駅』へ」（鎌田ほか 2007）をキーワードとして、駅舎を消費空間として開発している。ただし、駅中心の大規模開発は、駅の周囲に存在する従来の商業施設と競合し、顧客を奪うこともある（土居 2011：24-25）。つまり、「点と線」としての都市空間への転換は、「面」として展開する周辺の街を「選択と集中」によって吸収する。「串と団子のまちづくり」と称される富山市の新型路面電車（LTR）による再開発事業も、縮小していく地方都市を「面」から「点と線」の構成に集約する施策といえる。

　ただし、鉄道事業における「交通の効率性と商業の収益性」、あるいは「交通の公益性と商業の私益性」は、必ずしも両立するものではない。たとえば、コンコースやホームの商業施設が増床し、そこを回遊したり、行列したりする利用客が増えれば、交通の効率性どころか、安全性を脅かしかねない。また、エキナカ開発が企画された際、商業は特定のマーケットを主要なターゲットとして設定するが、「駅が万人のものである以上、駅構内の施設に特定のターゲットを設定するのはおかしい」という意見もあったという（鎌田ほか 2007：44）。

　近代交通における「滞留と流動」の両義性が、現代の駅舎では商業と交通の対立として現れてきたのだが、そうした矛盾はどのように調停されているのだろうか。

　一つはコンパクト化である。エキナカ事業は、ショッピングモールのように「面」として展開することはできない。特定の地点間を移動する途中の人びとをターゲットにしているため、その効率的な移動の「線」を邪魔しないように店舗の周囲 10m を商圏とする「点」で展開せざるをえない（宮本 2008：103-

104)。そのため、商品を厳しく選別し、店舗に凝縮することでコンパクト化する必要がある。

　もう一つは、情報テクノロジーの活用によるスマート化である。たとえば、かつての駅構内の販売店であるキヨスク（現キオスク）は、鉄道殉職者の遺族の福祉事業としてはじまっており、「キヨスクの小母ちゃん」とよばれる多くの中高年女性が熟練労働者として働いていた。そして、狭い店舗に詰め込まれた商品のなかから注文の品を瞬時に探し、お客がお金をだすと同時にお釣りがだされるような「職人技とも言える独特のスキル」（宮本 2008：35）を駆使していた。しかし、キオスクのみならず、NEWDAYS などのコンビニがエキナカに進出し、その他専門店も増えてくると、在庫管理や販売技術を労働者の熟練のみに任せておくことはできない。そこでキオスクや NEWDAYS を運営する JR 東日本リテールネットは、2004 年に KIOP21 とよばれる POS（point of sales）システムを開発する。この情報システムによって効率的な発注や商品管理が可能になり、バックヤードの作業が軽減され、アルバイトなどの非熟練の労働力を利用しやすくなった。さらに、IC カード「Suica」の電子マネーサービスが 2004 年に開始され、広く普及することで、各種店舗におけるレジ打ち、金銭授受、商品の受け渡しの時間の短縮が目指された。

　また、モバイルメディアの浸透にともない、いつでも・どこでもコミュニケーションが直接とれるようになると、駅の伝言板の必要性が低下し、撤去されていった。待ち合わせの際にお互いの現在地を確認できることによって、駅改札や駅周辺だけが待ち合わせ場所ではなくなり、拡散していく（田中 2010）。さらに、先に述べた IC カードの導入によって、切符が電子化され、いちいち券売機で切符を買う回数が減る。こうして、改札鋏が必要なくなり、改札係が奏でるリズムの良いカチカチという裁断音も聞かれなくなった。

　駅の外部にあった消費施設を駅に内部化し、駅の内部に人びとの滞留を作る。また、駅の内部と外部の境界である改札周辺の人びとの滞留を、情報テクノロジーによってスムーズに流動させる。こうして「駅と街」という区分が曖昧になり、駅そのものが「街」へと変貌し、このような「街としての駅」が増える

■■■■ 第 4 章　駅・鉄道　　67

ことで、鉄道が都市により深く埋め込まれる。以上の変化を通じて、インフラ
として鉄道は、「**都市のなかの鉄道**」として東京の一部を構成するのみならず、
東京を「**鉄道のなかの都市**」——「点と線」として形作るのである。

■ 第3節 │ 車内空間の現代的変容

1. 近代都市と車内空間——「介入する秩序」から「見守る秩序」へ

　鉄道は徒歩で移動できる範囲よりも長い距離を走るため、広範囲に住む人び
とを乗客として車内に吸引し、詰め込む。そのため、電車の車内は、見知らぬ
もの同士が同乗し、匿名的な人びとによって秩序が維持される空間となる。都
市社会学者の磯村英一（1968）の整理によれば、住むための「住居」（第一空間）
と働くための「職場」（第二空間）が分離する近代都市には、そのあいだに匿名
的な人びとが離合集散する「**第三空間**」が現れる。電車の車内も、そうした匿
名的な人びとがともに生きる「第三空間」のひとつといえよう。では、そうし
た見知らぬ人同士が共在する車内空間はどのように秩序が維持されているのだ
ろうか。

　戦前期の路面電車は、多量連結の車両ではなく、運転席と乗客席の仕切りも
簡易なもので、運転手・車掌と乗客の距離も近かった。そのため運転手・車掌
などの管理主体が車内の秩序維持の責任を担い、目を光らせることができる。
しかし、都市の郊外化が進み、通勤通学の主要手段が都心の路面電車から郊外
電車になり、戦後、路面電車も地下鉄に置き換わる。その結果、車両内部には、
運転席と乗客席のあいだに本格的な仕切り、部屋として区別された運転席がで
き、車両自体も多量連結となる。そのため、車掌が見回るにしても、すべての
客車に常駐し、乗客をつねに監視できなくなる。また戦前の路面電車では、車
内で切符をチェックするため、車掌と乗客のコミュニケーションが発生するが、
郊外電車になると多くの場合、駅改札で切符がやりとりされる。こうして、車
掌・運転手と乗客のコミュニケーションは遠くなり、車内空間は乗客同士のい
わば「自治の空間」となる。

電車内の乗客たちは、匿名的な関係のなかで、相互の「パーソナルスペース」（個人が心理的な縄張りとして尊重されるべきと感じるような領域）を構築・維持する。その際、積極的な関与が発生することを念入りに避ける「儀礼的無関心」（Goffman 1963＝1980）という作法を乗客たちは身につける。たとえば電車内では、乗客たちを他人同士として適切に距離化するために、味覚・嗅覚・触覚・聴覚などを刺激するコミュニケーション（食事、接触、大声）はできるだけ回避する。そのため、電車内という公共空間は、他の感覚よりも距離をとれる視覚を中心にしたコミュニケーションの秩序になる（田中 2007）。

　では、車内空間を「自治の空間」として秩序維持していく際にはどのような工夫があるのだろうか。たとえば戦前期であれば芝雷山人著『電車百馬鹿』（1916）や国分常直編『電車漫画』（1920）などの書籍や冊子が作られた。前者は、パーソナルスペースを侵害したり、公共の秩序を乱すようなさまざまなふるまいに「馬鹿」という逸脱のラベルを付与し、すべきでない迷惑行為として位置付けている。現在ではマナーポスター、マナー広告がよく知られているが、いわば人びとの規範意識にうったえて作法を身につけさせることで、みずから秩序維持をおこなわせるのである。

　ただし、現在からみると「馬鹿」という表現には、かなり直接的・積極的な「非難」や「矯正」の意味が込められている。また『電車漫画』には、乗客同士が直接言いあったり、体をぶつけあったりする姿が描かれている。それに対して、現代のマナーポスターやマナー広告の表現は、アニメなどの子ども向けのキャラが用いられることもあり、もうすこし間接的・消極的な「注意」や「促し」を表現している。たとえば東京メトロが継続的に掲出しているマナーポスターは、近年ではかわいらしい動物や子どもを用い、「子供は見てるよ大人のマナー」（2007）、「家でやろう」（2013）という標語を使っている。また、乗客同士が直接的に接触するというよりは、冷ややかな目や眉間にしわを寄せるなどの表情によって「逸脱」へのサンクションを間接的に表現している。

　それまでの車内空間が、相互の縄張りやふるまいを直接的に牽制し、主張しあう「介入の秩序」として表現されていたとすれば、現代の車内空間は、より

個別のプライバシーを尊重しながら間接的に「見守る秩序」として表現されるように徐々にシフトしてきているようにみえる。

2. 車内空間の現代的変容——スマート化する車内空間

　現代の車内空間で発生する「逸脱」を、乗客同士の直接的・積極的なコミュニケーションではなく、間接的・消極的なコミュニケーションによってコントロールするようになったとすれば、それはなぜだろうか。また、1905 年の日比谷焼き討ち事件以来、乗客が集団で車両を破壊するような都市暴動へといたることがあったが、1973 年の上尾事件や首都圏国電暴動以降、鉄道施設を狙った都市暴動は発生していない。こうした車内空間をめぐる「やさしい」変化は、以下の二つの要因によるものと仮説的に考えることができる。

　(1) 混雑率の減少傾向：東京への一極集中は進んでいるものの人口増大や大都市化がひと段落する。そして、鉄道各社の輸送力の増強や乗客の通勤時間帯の分散によって（川島 2014）、大都市近郊の電車の混雑率が緩和（東京圏 1975 年：221% → 2008 年：171%（国土交通省調査））した。その結果、鉄道施設に物理的な余裕が生まれ、鉄道員や乗客のあいだにも心理的・身体的なスキマが発生する。

　(2) プライバタイゼーション（私事化・民営化）：国鉄民営化やサービス経済の浸透によって乗客を「お客様」として扱い、また乗客同士でもプライバシーをより尊重するようになる。

　以上の二つの要因により、乗客のあいだの「尊重と距離」が増大し、車内空間における秩序維持の手法や乗客のコミュニケーションの表現が間接的・消極的になっていったのではないか。こうした車内空間の変化は、客車の細かな設えにも現れている。

　電車の乗客は、匿名的な関係を維持し、相互のパーソナルスペースを確保するために、できるだけ他の乗客と距離をとりながら自分の座る席を探索することになる。そのため座席は両端から埋まっていくことが多い。乗客が増えるにつれて徐々に距離は縮まり、乗客のパーソナルスペースの泡をしぼませて座席

が埋まっていく。しかし、この乗客のパーソナルスペースの泡はつねにきちんと最小化されるわけではない。人それぞれの距離感によって、着席客のあいだに不均等で、中途半端な距離が生まれることがある。そのため、七人掛けのシートに六人が座るということがおきる。その場合、座っている乗客に声をかけて残りの一人が座れるスペースを作ってもらうこともできるだろう。あるいは、そのような中途半端な距離が生まれないか気遣いながら、みなが座れるように意識して座る位置を定める必要もある。

　しかし、1990年代以降、椅子の色分け・線引きや傾斜、掴まり棒などによって、一人が座るスペースが区切られた座席が導入されている。たとえば一人分のスペースごとに設けられた傾斜は、席のあいだの傾斜の頂点を座りの悪い場所にする。また、一人分の座席ごとに線が描かれていれば、その線をはみ出さないように座ろうとするだろう。そのため乗客同士の座席の距離を意識したり、そのスキマを広げるための声がけをしなくても、なんとなくの座りの良さ・悪さを触知して、指定の場所に指定の人数が座ることになる。また、立っている乗客に好まれるのはロングシート座席の両端の外側、つまりドアの両脇である。1990年代までの車両の場合、両端に座っている人とドアの両脇に座っている人とのあいだには、金属製の棒状の仕切りが多く使用されていた。しかし、2000年代以降、人工樹脂などの板状の仕切りが使われることが増えている。棒状の仕切りの場合、スキマが大きく、そこから身体や荷物が接触することがある。そのため、ドア脇に立つ人と座席端に座る人はパーソナルスペースを侵害しないようにお互いの姿勢や荷物の位置を調整して、「意識的な壁」を作る。しかし、板状の仕切りになると、そうしたドア脇の乗客と座席端の乗客のあいだには「物理的な壁」が現れ、相互の直接的な関わりを回避する**関与シールド**」（Goffman 1963＝1980）として作用する。そのため、自動的に相互のパーソナルスペースが確保され、乗客同士で以前ほどの気遣いは必要なくなる。さらに、明治末や戦後すぐの時期に存在した女性専用車両が2000年前後に復活し、各鉄道事業者に普及しているが、こうした女性の隔離は、「逸脱」が発生することを空間的なゾーニングによって回避している例の一つといえるだろう。また

■■■　第4章　駅・鉄道　　71

転落防止のために駅のホームに設置された開閉式のドアを「物理的な壁」の例として挙げることもできる。

つまり1990年代以降、電車内のパーソナルスペースは、相互の気遣いや作法によって意識的・規範的に確保されるだけではなく、車両や駅舎の設えというモノの配置や技術によって無意識的・工学的に管理されるようになったのである。

批評家の東浩紀（2007）は、しつけや訓練を通じて、他者の視線やその表現である法・規範を内面化し、主体的に秩序維持に貢献していく「**規律訓練型権力**」と、情報技術や空間装置によって秩序維持をおこなう「**環境管理型権力**」という二つの権力形式を指摘した。そして、情報ネットワーク化していく現代社会においては後者の権力形式が重要になっているという。

たとえば、かつて鉄道事業者にとって「キセル乗車」（定期券と最低運賃の切符を組み合わせるなどして安い運賃で不正乗車すること）が悩みの種であった。キセル乗車は、重罰化、しつけや教育などの法・規範、すなわち「規律訓練」によって規制されてきたが、決定的な解決策にはなりえなかった。しかし、自動改札機の導入によって、キセル乗車は解消される。なぜなら磁気切符やICカードなどに出入場記録が残されるため、移動経路をごまかせなくなるためである。自動改札機や電子情報という「環境管理」を担うテクノロジーは、法・規範を内面化させる「規律訓練」を経由せず、移動する人びとのデータを個別に把握することで、キセル乗車という「逸脱」をあらかじめ排除できる（東 2007）。

また改札係は、改札口という水際で不正乗車を見極め、取り締まるいわば「門番」の役割を担っていた。そのため改札係と利用客のあいだには、疑心暗鬼やいざこざがあった。しかし、改札係という門番が自動改札機というゲートになると、駅員が改札口の端や奥のスペースから出る機会は減る。また、モバイルメディアを通じて乗換案内やGPS地図を参照すれば、出発・到着の時刻や経路、乗換えなどを鉄道員にいちいち確認する頻度も減るだろう。こうして、鉄道員と利用客が直接コミュニケーションをとる機会は限定されていく。

第4節 二重化するコミュニケーション──交通／情報のせめぎあい

　環境管理によって、鉄道員と利用客、利用客と利用客のあいだにはスキマが生まれるのだが、その分、そうしたスキマに縁取られるようにして、自由に活動できる個人の領域が現れる。エキナカの買物も私的な活動のひとつとしてそのようなスキマに広がっているのかもしれない。またケータイなどのモバイルメディアは、文庫本よりも小さく、新聞・雑誌を混み合う車内で読むときに必要とされる気遣いや配慮──小さく折りたたんだり、カバンにしまったりすること──はそれほど必要なくなる。つまり、他者からの介入や他者への気遣いをそれほど気にしなくても、私的な活動を確保できる余地が広がる。

　こうした個人の領域は、現在ではモバイルメディアを通して情報空間へと強く接続されている。つまり移動する個人をノード（結び目）にしながら、交通空間と情報空間が折り重なり、コミュニケーションが二重化していくのである。そのため、「公共空間でケータイを利用する場合は、通話相手との相互行為に意識を払うとともに、自分のまわりの人たちにも配慮する必要があり、『二重の相互行為』に身をおくことになる」（岡部・伊藤 2006：168）。

　たとえば、モバイルメディアが定着して以降、車内での「ケータイ通話」や駅での「歩きスマホ」などが鉄道施設における「逸脱」（マナー違反・危険行為）として頻繁に取り上げられてきた。こうした行為の「逸脱」視は、情報空間と交通空間の混線として考えることができる。ケータイ通話は、「視覚の秩序＋匿名的関係」である公的な車内空間に、情報空間を通じて、「聴覚の刺激＋親密的関係」を侵入させる。そのため、ペースメーカーの誤作動の影響が少ないと指摘されて以降も、ケータイ通話はマナー違反とくりかえし指摘されてきた。また、歩きスマホに対する非難は、交通空間における状況認識を阻害するほど、ネットやゲームなどの情報空間に没入することを「危険」として指摘するものだ。いずれも、情報空間が優先され、匿名的な他者や周囲の環境への最低限の配慮がなくなり、交通空間に「ただの無関心」になることに「逸脱」や「危険」というラベルを付与している。

第4章　駅・鉄道

2000年代以降、「点と線」として集約された「鉄道のなかの都市」に高度な情報テクノロジーが折り重なり、情報空間と交通空間が交差する。終章でも詳しく述べるが、交通空間のコミュニケーションに比肩するほど、情報空間のコミュニケーションが肥大化することで、コミュニケーションが二重化する。このとき、情報空間と交通空間のバランスをとる必要がでてくる。周りの人や状況を気にするのか、スマホを気にするのか、あるいはそれらをどう両立させるのか。大量かつ高密度に人間が存在し、Wi-Fiなどの接続環境が充実する鉄道関連施設のような都市空間であるほど、情報空間と交通空間が移動する身体を結節点としてせめぎあう。ネットワークシティとは、情報テクノロジーが導入された都市をさすだけではなく、都市を生きる身体が情報ネットワークとどのように折り合いをつけるかが試される現場なのである。

（田中　大介）

Book 読書案内

W. シヴェルブシュ（加藤二郎訳），2011，『鉄道旅行の歴史［新装版］──19世紀における空間と時間の工業化』法政大学出版局：人文社会科学におけるヨーロッパを中心とする鉄道研究の金字塔であり、まずはこの本をひもといてもらいたい。本書で言及されている「時間と空間の抹殺」や「パノラマ的知覚」といった概念は都市論・メディア論にもきわめて重要な影響を与えており、豊富な歴史資料とともに熟読に値する。著者には照明器具の著作もあり、こちらもテクノロジー研究やインフラ論として重要である。

原田勝正，2015，『駅の社会史』中公文庫：日本の鉄道史・交通史の研究には膨大な蓄積があるが、文化史・社会史的研究としては著者が先駆的であり、その幅広い論点は勉強になる。まずは本書や同著者の『汽車から電車へ──社会史的観察』（日本経済評論社）などを読みながら、鉄道という近代的経験の広がりを体験してほしい。

【引用文献】

東浩紀，2007，『情報環境論集』講談社．
土居靖範，2011，「鉄道駅を中心とする商業とまちづくりの進展」柴田悦子ほか著『進展する交通ターミナル』成山堂書店．
Goffman, Erving, 1963, *Behavior in Public Places: Notes on the Social Organization of Gatherings*,

The Free Press of Glencoe（＝1980，丸木恵佑・本名信行訳『集まりの構造——新しい日常行動論を求めて』誠信書房.

初田亨，1999，『百貨店の誕生』ちくま学芸文庫.

磯村英一，1968，『人間にとって都市とは何か』NHK ブックス.

磯崎新・高階秀爾，1975，「見えない都市を見る」『現代思想』vol.3-10.

鎌田由美子，2007，『ecute 物語』かんき出版.

川島令三，2014，『最新東京圏通勤電車事情大研究』草思社.

宮本惇夫，2008，『躍進する「駅ナカ小売業」』交通新聞社.

野崎哲夫，2012，『進化する東京駅』成山堂書店.

岡部大介・伊藤瑞子，2006，「ネゴシエーションの場としての電車内空間」松田美佐ほか編『ケータイのある風景』北大路書房.

正垣隆祥ほか，2013，「鉄道ターミナル（ハブ駅）における駅まち一体開発」日建設計駅まち一体開発研究会『建築と都市 2013 年 10 月臨時増刊　駅まち一体開発〜公共交通指向型まちづくりの次なる展開』A＋U.

田中大介，2004，「都市と交通の近代」『年報社会学論集』17.

―――，2007，「車内空間の身体技法」『社会学評論』58（1）.

―――，2010，「ケータイ——待ち合わせの変容」遠藤知己編『フラットカルチャー』せりか書房.

Ⅱ 交通インフラ

自動車・ロードサイド

Chapter 5

——加速し／減速する——

（街道沿いのロードサイドショップ・看板・自動車）

第1節　インフラとしての自動車とロードサイド

1. "どこにでもある風景"

　国道や主要県道などの**幹線道路**やそのバイパス沿いには、ショッピングセンターや家電量販店、大規模スポーツ用品店やホームセンター、ファミリーレストランやドラッグストアやファストフード店、コンビニやガソリンスタンドなどが、遠くからでも目につく巨大な**看板**やサインを示して続いている。そうした道路

の両側に、そんな店や施設がびっしりと並んでいるというのではない。だが、時速 40 キロ以上で走行する**自動車**の中にいる者から見ると、そうした店舗がフロントガラスの彼方に次々と現れては近づき、背後に過ぎ去る風景が続いていく。そんな**ロードサイド**の空間と風景と経験は、現代の日本ではごく当たり前の、それこそ"どこにでもある"ものだ。そのように述べたところで、大方の読者はとくに違和感を覚えないだろう。

「ロードサイド」とは、文字通り「道路沿い」のことだが、その道沿いが実際にどのような場所であるのかは、それぞれの社会が道路によって交通をどのように組み込んでいるのかにより異なっている。

たとえば高速道路では歩行者や自転車の交通は禁止され、自動車やオートバイは一定以上の速度で走行しなくてはならず、停止することも、ましてや停止した車から降りることも原則として禁止されているので、ロードサイドは故障車などの緊急避難のための「路肩」であるに過ぎない。高速道路では、いわゆる「ロードサイド的な空間」は、車を停めて休憩や食事や買い物ができるように設けられたパーキングエリアやサービスエリアという、道路から切り離されて特別に作られた空間と施設が担っている。

一方自動車の進入は禁止されていないが、たくさんの買い物客の行き来する道幅のあまり広くない商店街の道路であれば、駐停車禁止だったり、駐車できても歩行者や他の車の邪魔になったりするので、自動車でそこを訪れた人は周辺で**駐車場**を探して——これがなかなか見つからなかったりするのだが——車を停め、そこから歩いて商店街に向かわなくてはならない。商店街の衰退の理由の一つとして、利用しやすい駐車場の不足があげられることがあるが、同時にまた商店街の魅力が、そんな歩行者のための街路のあり方にあるのも事実である。

住宅地のごく普通のいわゆる「生活道路」であれば、住宅の垣根や塀やフェンスが並んでいて、たとえ"抜け道"になっていて車が頻繁に通る道路であっても「ロードサイド的な空間」がそこに入り込む余地はない。

だから、冒頭に掲げた写真のような風景を"どこにでもある"と言うのは事

第5章　自動車・ロードサイド　　77

実ではない。にもかかわらず、そうした空間と風景、そしてそれと共にある経験を、"どこにでもある"と思わず語ってしまいそうになるのは、現代の日本社会を生きている人の多くにとってそれが"どこかで経験したことのあるもの"や"いつも経験しているもの"になっているからだ。大都市や地方都市の**郊外**の幹線道路沿いであれば、密度の差はあれこのような風景を見つけ出せるという程度には、こうした空間と風景は普通のものだ。それは、道路と自動車による移動が、高速道路とも商店街や住宅地の街路とも異なる形で結びつき、機能するところに成立する空間、景観、経験である。私たちの社会のなかで、こうした風景が広範に産出され、どこでも同じように機能しているという意味で、こうしたロードサイドの空間と風景と経験は、ある社会のなかで個々人の意識とは独立に広範に見出され、その成員に対して規範的な力をもつものという、É・デュルケム（Durkheim, É）の言う意味での「社会的事実」とよんでよい（Durkheim, 1895＝1978：66-69）。ここではそんな「社会的事実としてのロードサイド」を、現代社会におけるインフラという視点から考えてみよう。

2. インフラとしての自動車・ロードサイド

　ロードサイドがインフラであると言うと、いささか奇妙に感じる人もいるかもしれない。

　「インフラ」と言えば普通は社会生活の基盤となる公共財だから、政府や自治体や公社などの公共セクターや、電力会社やガス会社などのように私企業であっても公共サービスを主要な目的とする企業、あるいは第三セクターのような両者の共同事業などによって、整備・運営・維持されることが多い。ロードサイドという場が存在するための必要条件である道路も、公共的に建設され、管理されるインフラである（だから「インフラとしての道路」については、3章で論じられている）。

　では、そこを走る自動車はどうだろう。バスやタクシーのような公共交通機関を除くと、乗用車もトラックも個人や企業によって所有され、利用される私的な財だ。だが、バスやタクシーのような公共交通機関でなくとも、家庭や企

業に自動車の所有と利用が普及し、社会生活にとって不可欠なものになれば、バス・タクシーに限らず自動車一般がインフラとよんでもよいものになる。現在の社会生活にとって自動車による物資の運搬は不可欠となっているし、大都市中心部はともかくとして、郊外や地方都市、農村部において自家用車は日常生活の足として不可欠だ。自動車は現代日本を含む多くの社会でインフラとなっている。

　では、ロードサイドはどうだろうか。ロードサイドの店舗や施設は「道の駅」などを除くと、ほとんどは私企業によって営利目的で建設・運営・管理されるもので、都市計画上の立地や出店の規制はあっても、公共的に計画・配置・運営されているものではない。いわゆる「ロードサイド」とは、公共的なインフラとしての道路のうち、大量の自動車交通に対応する一般道路を利用する自家用車利用者が利用しやすいように出店した大小の私的施設が、単独あるいは複数で形成する商業空間である。冒頭の写真のように大小の商業施設が連続する幹線道路沿いは、一般に商店街のような商店会組織もなく、ショッピングセンターやショッピングモールのようにデベロッパーによって建設・管理・運営されているのでもないが、道路沿いに商業施設が連続して立地することによって、自家用車の利用者にとっては“ショッピングロード”と言ってもよい社会的な場を生み出している。他方、そんな風に連続してはいない単独で立地するコンビニやファミレス、ドラッグストアなどは、自家用車利用者向けの日常や急ぎの需要に対応する、雑貨店や食堂のような存在である。自動車がインフラ化した社会で、大量の自動車がそれなりの速度で走行できる一般道路沿いの空間が、自動車利用者にとって使いやすい商業空間となったものが、いわゆる「ロードサイド」なのだ。このロードサイドは、公的に計画されたり運営されたりしているものではないが、自動車と共にある現代の社会生活を支えるごく当たり前のものとして存在し、機能している。それは、道路と自動車の特定の結びつき方が、私たちの都市や社会の日常生活を支えるインフラとして機能しているということだ。エデンサー（Edensor, T.）が示すように、道路と自動車が生み出す文化や風景は社会によって異なっているが（Edensor［2004］2005＝2010）、ここ

ではアメリカやイギリスなどの諸外国を対象とした先行研究を参照しつつ、現代日本における自動車とロードサイドのインフラとしてのあり方を考えてみよう。

第2節 速度の秩序と構造

1. 交通の構造と社会

　公共的なインフラとしての道路には、道路法や道路交通法のように、その建設・維持・管理・利用等に関する複数の法制がある。現代の日本におけるそんな法制の一つに「道路構造令」という政令がある。道路構造令は、国道・都道府県道・市町村道のように道路を建設・管理する行政主体によって分類するのではなく、自動車専用かそうでないか、都市部か地方部か、交通量はどれくらいかなどの交通工学的な視点から道路を分類し、その区分に応じて自動車が安全で快適に走ることの出来る「設計速度」を定めている。さらにそこでは、そうした道路の区分に応じた中央帯・路肩・歩道等のあり方も定められている。

　道路構造令が示すのは、道路とそれによる交通が、土地空間上の地点間をつないだり、区画したりすることによって形成される「**移動経路の秩序**」であるだけでなく、その経路に応じた**交通量**や**速度**の社会的な配分の秩序でもあるということだ。私たちの社会は、そんな道路を自動車が実際に通行することを通じて日々形成される、経路ごとに異なる交通の量と速度の構造を内蔵している。私たちの日常の生活は、自分が自動車やバスやタクシーで移動したり、ロードサイドの店舗で買い物をしたりするときはもちろんのこと、郵便や荷物を受け取ったり（あるいは送ったり）、近所のスーパーマーケットや都心の繁華街で買い物をしたりすることも含めて、この移動経路と交通量と速度の秩序をインフラとする、人と物資と情報の流通の上に成り立っているのである（郵便や印刷出版物は物資であると同時に情報である）。

　高速道路のサービスエリアも、自動車が乗り入れることがはばかられる商店街も、そしてここでの主題であるロードサイドも、そんな移動経路と交通量と

速度の秩序の上に現れる社会的な場である。現代の社会の成り立ちを支えている、そんな交通の経路や量や速度、それらの構造やそこで生み出される経験のあり方を、現代の社会学では「**移動性 mobility**」という言葉でよぶことがある。さらに近年、"mobility" の概念は、立地や居住のように人や機関や施設が特定の場所に位置付くことによって作られる社会をもっぱら意味してきた "society" と対比されて、場所の秩序を超えると共に、場所の秩序を生み出し、支えるものとして強調されることがある（Urry 2000＝2006）。もちろん、どんな社会でも人は移動する。ほとんどの人が歩いて移動する社会でも、街道とそうでない道との区分のように、移動性の差による構造化は存在する。近代に入ると鉄道や汽船によって新たな移動性が社会に組み込まれていった。そして 20 世紀には、企業によって行われる生産・流通においても、個人による消費においても自動車がインフラ化していくことによって、それまでとは異なる移動性が社会の成り立ちに関与するようになった。徒歩とも、鉄道や船舶とも異なる移動性が自動車のインフラ化によってもたらされたことが、道路構造令のような交通工学的な移動性の構造化の必要を生み出したのである。

2.「自動」ということの二重性

　自動車が可能にする移動性は、モビリティ一般と区別されて「**オートモビリティ automobility**」とよばれることがある（Feathrstone, Thrift & Urry, 2005＝2010）。automobility の "aut" は automobile＝自動車の aut で、馬車や機関車のように動力をもった他の機械に牽引されるのではなく、それ自体が動力をもって自走するという意味だが、J・アーリ（Urry, J.）はこの「オートモビリティ」という言葉の中に、社会学的に興味深い次のような二重性を見出している（Urry, [2004] 2005＝2010：41-42）。第一にそれは、「　自　伝　」という言葉に用いられるときのように、「人間主義的な自己」としての主体性を表現している。だが第二に、それはまた「自動的」とか「自動機械」の場合のように、それ自体が動く能力をもつモノや機械を意味してもいる。主体としての人間と動く能力をもつモノという二重性は、オートモビリティの具体的な経験においては次のよ

うに現れる。

　自動車のドライバーは、目的地までの経路を選び、運転し、駐車場に乗り入れ、用事を済ませ、また車に乗って出かけるなどの、自動車の運転とそれによって行われる行為において、自動車を対象として操作し行動する主体として現れる。鉄道やバスのような公共交通機関を利用するのとは異なり、自家用車の運転手はいつ、どこに、どのようなルートを通り、どんな運転をして行くのかを、主体として選択することができる（鉄道やバスの場合、主体性は路線を選択する企業の側にある。また、運転業務において鉄道の運転手よりもバスの運転手の方がより大きな主体性をもつ。タクシーの場合には、主体性は運転手と客によって分担されている）。

　その一方で運転者は、運転する時には自分の身体を自動車の運転席に固定し、決まった手順や方法で自動車を操作し、他の自動車や歩行者、自転車などの動きに配慮し、交通法規に従って道路を——私たちの社会では、自動車は通常は公共の道路のみを自由に走行できる——走行して、駐車場のロットに適切な仕方で車を出し入れしなくてはならない。気になる店が目に入ったからといってすぐに停車してはいけないし、急にバックしたりＵターンしたりしてもいけない。この意味で運転者は、自動車という機械の構造と性能、交通法規や道路環境といったオートモビリティを構成する諸要素にきわめて強く従属し、規定されていて、その従属・規定の範囲内でのみ「自由な主体」であるにすぎない。オートモビリティとは、そんな不自由さと共にある自由さをもった移動性なのである。

　また、オートモビリティは自動車と運転者を中核的な構成要素として成立するが、それだけでなく「特定の人間活動、機械、道路、建築、記号、および移動の文化のハイブリッドな構成＝集合体」（Urry［2004］2005＝2010：42）であるとアーリは言う。冒頭の図版にあげたようなロードサイドの風景に即して具体的に言えば、人間、自動車、道路、道路脇の店舗とその看板、そしてカーステレオで音楽を聴きながら車で買い物に行ったり食事に出かけたりする、自動車やロードサイドをめぐるライフスタイルや文化の組み合わせ（＝「構成＝集合体」）によってできあがっているのである。

第3節 │ メディアとしての自動車

1. モータリゼーションと都市圏・社会圏の拡張

　20世紀の前半に通勤鉄道によってスプロールし、巨大化していった都市は、20世紀の半ば以降は自動車、とりわけ自家用車の普及によってさらに巨大化していった。モータリゼーションによる都市圏・生活圏の拡大と生活様式の変容は、自動車のインフラ化がもたらした20世紀的な社会変動である。

　一般財団法人自動車検査登録情報協会のホームページ掲載の資料によると、1966年には2,289,665台だった日本の乗用車保有台数は、1972年には1,000万台を超え1980年には22,751,052台、2000年には51,222,129台、2015年には60,517,249台となっている。貨物車の数は、1966年には4,689,368台だったものが、1975年には1,000万台を超え、1989年には2,000万台を超えるが、バブル経済崩壊後の日本経済の退潮の影響か、1991年の21,146,204台をピークに減少に転じ、2015年には14,652,701台となっている。高速道路による自動車交通に鉄道交通が取って代わられた、ロサンゼルスに代表されるアメリカの大都市のような変化は日本の都市では起こっていないが、戦後の郊外の団地やニュータウンの建設も、数多くの小規模な開発による郊外の拡大も、自家用車の普及を促進すると同時に、次第にそこに暮らす人びとが自家用車を所有し利用することを前提として進められていった。また、そもそも鉄道やバスなどの公共交通の密度の低かった郊外や農村部では、自動車は新たな日常生活の足となり、生活圏の広がりや生活様式を大きく変えていった。都市や地方の社会の空間的な広がりの拡大は、自動車による物資やエネルギーの輸送量も高め、社会生活の自動車交通への依存度を高めていく。ロードサイドのインフラ化は、そうしたモータリゼーションの結果である。

　だが、モータリゼーションがもたらしたのは、そうした都市圏・生活圏の地理的な広がりの拡張と、広域化した生活圏の中を日常的に自動車で移動するという生活様式の変化だけではない。モータリゼーションがもたらすオートモビリティは、自動車で移動する人びとの環境とのインターフェイスを変え、それ

第5章　自動車・ロードサイド　│　*83*

によって日常生活における人びとの身体と社会についての感覚を変えて、私たちにとって都市や社会が現れ、経験されるあり方を変えていった。ロードサイドの空間と風景の社会性を理解するためには、そうした都市圏・社会圏の拡張において生じた身体と社会をめぐる感覚の変化について理解する必要がある。

2. オートモビリティと感覚の変容

　たとえば、冒頭の写真にあるような場所を歩いたり、自転車で行ったりする場合を想像してみよう。速いスピードで絶え間なく追い越していく自動車の騒音や震動や排気ガス。次の交差点までの距離も長いことがしばしばだし、交差点では場合によっては四車線以上を横切らなくてはならない。道の両側にそびえる看板は必要以上に大きく見えるし、ショッピングセンターや量販店は大きな工場か倉庫のようで、それらの店の駐車場も広大だ。そんな街道やバイパスを徒歩や自転車で行くことは、決して楽しいものではない。

　ところが自動車に乗ると、同じ環境の様相は一変する。車の震動が絶え間なく続くのは当然だが、エンジンの調子がよければそれも心地よい。車内は空調が効き、周囲の騒音はある程度遮られ、カーステレオからは音楽や DJ のおしゃべりが流れ、車載のテレビを見ることもできる。巨大な看板やサインは遠くからでも店の所在を知らせてくれるし、ショッピングセンターや量販店の建物の大きさも、走りすぎる車の中からはウィンドウ越しに見るにはちょうどいい大きさだ。もちろん、広い駐車場がある方が好ましいのは言うまでもない。

　同一の環境の中にあっても徒歩や自転車で移動するのと自動車で移動するのとでは周囲の環境の現れ方が変わり、その環境とのかかわり方も変わる。それは自動車が、人間と世界の関係を媒介し、変換する媒体（メディア）であるからだ（「メディア media」は「メディウム medium」の複数形だから、厳密にはここでは「媒体（メディウム）」と表記すべきだが、日本語の通常の用語法にしたがって、複数形の「メディア」を単数の対象にも用いることにする）。M・マクルーハン（McLuhan, M.）のメディア論では、メディアは人間の身体を拡張するものとして理解される。様々なメディアは人間の身体の運動能力や知覚能力を技術的に拡張することで、社会生活のスケールやペー

スやパターンを変えると共に、人間が環境に対して働かせる**感覚の比率**を変え、特定の感覚を閉鎖させたりもする（McLuhan 1964＝1987：7-8, 48）。

　移動性を高め、強固な金属のボディをもつ自動車は、人間の足や皮膚を拡張するメディアである。J・J・ギブソン（Gibson, J.J.）のアフォーダンス論や M・メルロ＝ポンティ（Merleau-Ponty, M.）の身体論を参照しつつ T・ダント（Dant, T.）が論じるように、自動車を運転するとき人間の身体は自動車により拡張され、自動車は運転手にとって身体化されて、「**運転手—自動車**（ドライバー カー）」という構成＝集合体になる（Dant［2004］2005）。この運転手—自動車においては、高速の移動と金属のボディ、強化ガラスのウィンドウによって周囲の環境に対する聴覚や触覚によるかかわりは縮小ないし閉鎖され、主として前方に対する視覚と、車体の震動や傾きなどについての身体感覚が、周囲の環境に対する感覚の中心となるように感覚比率が変化する。そこでは運転者はほぼ前方にのみ顔を向け、フロントガラスに展開していく風景に気を配り、時折はバックミラーやドアミラーに目をやって周囲の状況を把握する。身体は運転席にほぼ固定されているが、その感覚は車体にまで拡張されて、周囲の車や障害物との距離感を測りつつ、ハンドル、アクセル、ブレーキを操作していく。そうした感覚や経験のあり方が、信号や交差点のない高速道路を走行する時と、信号も交差点もある幹線やバイパスを走る時、歩行者や自転車に気をつけながら一般市街地の細街路を行く時では、異なるものになるのは言うまでもない。他方、運転しない同乗者はフロントガラスに現れてくる正面からの風景だけでなく、ドアウィンドウを流れ去る風景や、リアウィンドウの向こうに遠ざかっていく風景も見ることができるし、車内にも自由に目をやることができる。狭い車内でもある程度は身体も動かせる。運転者と異なり同乗者は、気散じ的に周囲を眺めやりながら、所在なげに座り、眠ってしまうこともできる。

　幹線やバイパスを使って自動車で移動する時、運転者と同乗者にとって世界は、自動車というメディアによって変換された感覚を通じて現れる周囲の風景と、移動する自動車のなかの室内空間からなるものとして現れる。W・シヴェルブシュ（Schivelbusch, W.）は『鉄道旅行の歴史』（Schivelbusch 1977＝1982）で、

鉄道による移動が19世紀の社会生活にどんな時間と空間の経験を持ち込んだのかを分析したが、20世紀における自動車の大衆的な普及もまた、変換された感覚を通じて経験されるオートモビリティの時間と空間をもたらした。それは走行する自動車内における時間と空間の経験を変えるだけでなく、自動車によって移動していく周囲の時間と空間の現れを変え、自動車とその運転者、同乗者と周囲の環境との関係を変えていった。20世紀の社会はそんな活動と経験の様式を、社会生活の基本的な枠組み、つまりインフラの一つとして組み込んでいったのである。

第4節 走り、停めるためのインフラ

1. ラスベガスから学ぶこと

アメリカの歴史家のK・ジャクソン（Jackson, K.）は、モータリゼーションがもたらしたアメリカ郊外の文化を"drive-in culture"とよんでいる（Jackson, 1985：246-71）。日本では「ドライブイン」と言うと、道路沿いにドライブ客を当て込んで作られた食堂や土産物店を指す、いまではちょっと古い感じのする言葉だが、ジャクソンの言う"drive-in culture"の"drive-in"は「自動車で乗り入れできる」という意味で、いわゆるロードサイドのショッピングモールも量販店も、ファミレスもコンビニも、ここで言う"drive-in"に相当する。

そうしたdrive-inできる自動車道路沿いの建築について、建築家のR・ヴェンチューリ（Venturi, R.）らは、ラスベガスの大通り沿いのモーテルやカジノを対象として先駆的な研究を行った。『ラスベガスから学ぶこと』と題されたその本で彼らは、走行する自動車から目につくように巨大で目立つ看板やサインを身にまとったモーテルやカジノの建築は「空間の建築」というよりも「コミュニケーションの建築」であり、それらは一箇所に静止した視点から見られるものではなく、自動車のフロントガラスに展開する連続した一連のシーンのなかで、より遠い距離からより長い時間見えるものとして作られていると指摘した（Venturi, Brown and Izenour 1977＝1978：33, 68）。ここで私たちが対象としてい

る現代日本のロードサイドの風景も同様である。走行する自動車のフロントガラスは、大きさや向き、ロゴタイプやマークのデザイン、色彩、照明の仕方などが、高速で走行する自動車からも遠くから視認できるように調整され、定型化された看板やサインが、メッセージを伝達する記号として展開していく情報メディアなのである。このとき、ロードサイドの空間は、自動車というメディアに媒介されて読み解かれ、ときに実際に購買行動と結びついて消費されるコンテンツなのだ。

また、自動車がその施設の中のどれかに drive-in し、実際の購買行動がなされるためには、ある程度の距離をおいて施設の存在があらかじめ了解されて、そこに乗り入れるために車線を変更したり、減速したりできなくてはならない。高速で走る自動車は急に止まったり、方向転換したり、バックしたりすることができない。だからこそ、ロードサイドの施設は遠くからその存在が知られなくてはならず、そのために遠方から目につく看板やサインが必要になる。

現代では**カーナビ**という情報メディアを搭載することによって、運転者がフロントガラスから見える風景を読み解く負担は軽減されているが、その場合でも運転者はカーナビのディスプレイや音声とフロントガラスの向こうの風景を照合させることでロードサイドの空間を読み解き、それにあわせて自動車を操作している。そんな記号の相互参照的なシステムもまた、現代社会のインフラなのだと言うことができる。

2. 走行と停止

ここまで私たちは、自動車と道路、そしてそれらの組み合わせによって成立するロードサイドを、自動車が可能にする移動性であるオートモビリティという点から考察してきた。だが、ロードサイドの看板やサイン、店舗や施設に付属した駐車場が示すのは、ロードサイドの空間がインフラとして機能するためには、走行していた自動車がそこに乗り入れ、停車できなくてはならないということだ。自動車はただ走るのではない。それは停まるために走るのであり、いわゆる「ロードサイド」の空間は drive-in のために、つまり一定の速度の走

行から滞りなく減速し、駐車場に乗り入れ、停車して購買行動をおこなうことのためにある。

　一般に自動車の主要な機能は走ることとされるが、社会生活において自動車は走り・停まることによって機能する。自動車で出かけた時に面倒なのは、車を走らせることよりも、適当な駐車場を見つけて車を停めることだ。好きな店なのに、駐車場がなかったり、あっても入れづらかったりして足が遠のくこともある。路上駐車の取り締まりに時として不条理を感じるのは、そこでは自動車の機能のうちの走ることだけが認められ、必要な場所で停まることに正当な権利が認められていないように感じるからだ。路上駐車が当たり前のメキシコ・シティでは、運転者から自動車のキーを預かって縦列駐車させることを「仕事」にしている人がいる。公務員でも警察官でもなく、私的に縄張りを作ってその「仕事」に従事しているその人たちは、都市の道路と自動車のインフラとしての機能が日本とは異なる社会で、その管理・運営に当たっている人たちである。

　近年のオートモビリティ研究が、mobility や automobility とは別に **motility** という概念を提唱しているのも、自動車が走り・停まることによって機能することと関係している。「**自動性**」と訳される motility はもともとは医学や生理学で用いられる言葉で、自発的に動くことができる能力のことだが、たとえばJ・ベックマン（Beckmann J.）はそれを「移動性と不動性の共存および相互依存関係」（Beckmann［2004］2005＝2010：126）、「必ずしも動くことなくモバイルな状態にあることのできる能力」（Beckmann,［2004］2005＝2010：133）と捉えて、自動車の文化研究上の概念として転用している。ベックマンはヴィリリオ（Virilio, P.）の議論なども引きながら、走行する自動車の中でも運転者が運転席に固定して動かない（動けない）状態にあることをこの言葉によって捉えようとしているが（Beckmann［2004］2005＝2010：134-135）、ここでは「スピードダウンがなければスピードアップはない」（Beckmann［2004］2005＝2010：126）ように、「移動性が不動性とセットになっていること」という意味でこの言葉に注目したい。

　オートモビリティの"auto"の語が人間の主体性と自動機械への従属性の二重の意味をもつことを先に述べたが、自動車の自動性は、自動車での移動にお

いて運転者が発車─加速─減速─停車を自ら選択して「動くこと」と「停止すること」を組み合わせる主体性と共にある。だがそれは同時に、前後にしか動けないし、カーブも一定の角度でしか曲がれず、すぐに停まることも方向転換することもできず、広い道路を速く走ることよりも、曲がりくねった狭い道をゆっくり進むことや、バックや幅寄せをして正しく駐車することの方が難しいという、自動車の機能に合わせて走り・停まることしかできないという、自動車という機械装置に条件付けられてもいる。いわゆるロードサイドの施設や店舗とそれらのサインや看板が形作る空間と風景は、そんな自由で不自由な自動性をもつ運転者─自動車が、快適かつスムーズに走り・停まることができるように形成された社会的な空間であり、風景なのだ。

（若林　幹夫）

Book 読書案内

M. フェザーストーン、N. スリフト、J. アーリ編著（近森高明訳），2010，『自動車と移動の社会学──オートモビリティーズ』：自動車で移動することを主題とした文化研究・社会学・地理学の研究者による論文集。「自動車で移動すること」が現代社会にとってもつ意味を多面的に知ることができる。

R. ヴェンチューリ、D.S. ブラウン、S. アイゼナワー（石井和紘・伊藤公文訳），1978，『ラスベガス』鹿島出版会：ラスベガスのロードサイドのケバケバしい建物や看板に近代建築が忘却したシンボリズムを見出したポストモダン建築論の古典だが、自動車移動による視覚の変化と建築や風景の関係についての先駆的研究でもある。

若林幹夫編著，2013，『モール化する都市と社会』 NTT 出版：現代のロードサイド的風景を代表する施設であるショッピングセンター・ショッピングモールを対象に、ロードサイド的な空間に内在する工学的論理や社会的な意味、歴史的背景等を具体的に知ることができる。

【引 用 文 献】

Beckmann, Jörg, 2004, "Mobility and Safety," *Theory, Culture & Society*, 21 (4/5) : 61-79. Reprinted in Featherstone, Mike, Nigel Thrift and John Urry ed., 2005, *Automobilities*, Sage. (＝2010, 近森高明訳「移動性と安全性」『自動車と移動の社会学──オートモビリティーズ』法政大学出版局,

125-159.）

Dant, Tim, 2004, "The Driver-Car," *Theory, Culture & Society*, 21（4/5）: 61-79. Reprinted in Featherstone, Mike, Nigel Thrift and John Urry ed., 2005, *Automobilities*, Sage.（＝2010，近森高明訳「運転者—自動車」『自動車と移動の社会学——オートモビリティーズ』法政大学出版局，95-124.）

Durkheim, Émile, 1895, *Les Régles de la méthde sociologique*, F. Alcan.（＝1978，宮島喬訳『社会学的方法の規準』岩波文庫.）

Edensor, Tim, 2004, "Automobility and National Identity: Representation, Geography and Driving Process," *Theory, Culture & Society*, 21（4/5）: 101-20. Reprinted in Featherstone, Mike, Nigel Thrift and John Urry ed., 2005, *Automobilities*, Sage.（＝2010，近森高明訳「自動車移動とナショナル・アイデンティテイ」『自動車と移動の社会学——オートモビリティーズ』法政大学出版局，161-94.）

Featherstone, Mike, Nigel Thrift and John Urry ed., 2005, *Automobilities*, Sage.（＝2010，近森高明訳『自動車と移動の社会学——オートモビリティーズ』法政大学出版局.

Jackson, Kenneth T., 1985, *Crabgrass Frontier: The Suburbanization of the United States*, Oxford University Press.

Urry, John, 2000, *Sociology beyond Society*, Routledge.（＝2006，吉原直樹監訳『社会を超える社会学』法政大学出版局.）

Venturi, R., Denise Scott Brown and Steven Izenour, 1977, *Learning from Las Vegas: The Forgotten Symbolism of Architectural Form*, The MIT Press.（＝1978，石井和紘・伊藤公文訳『ラスベガス』鹿島出版会.）

参照サイト

https://www.airia.or.jp/publish/statistics/trend.html（一般財団法人自動車検査登録情報協会のホームページ）

Ⅲ 空間インフラ

高層建築・昇降機

Chapter 6

――昇り／降りる――

（ガラス張りのエレベーター、防犯カメラ）

第1節 摩天楼の都市／タワーシティ

　見上げるような摩天楼は、現代都市を象徴する光景である。威容を誇る超高層ビルで働き、タワーマンションに住む人びとは、その高みから見下ろす眺望にすがすがしさや誇らしさを感じるかもしれない。だが、そのような人びとも高層階に移動するときには、エレベーターという小さなハコに閉じ込められ、ときにぎゅう詰めになりながら、互いに視線をさまよわせる。無表情で押し黙り、微妙な気遣いをはりめぐらして、そこを「無」の時と場として維持してい

91

るかのようだ。

　たとえば1971年の漫画『サザエさん』に描かれた以下のようなシーンは現在でもありそうだ。夜のエレベーターに乗り込んだノリスケが、同乗する若い女性に対して「こっちをあやしんでるんじゃねぇかな」と考え、一方の女性も「あたしがあやしんでいると思ってんじゃないかしら」と考える。さらにノリスケが「こっちがあやしんでいると思っているんじゃないかと思っているんじゃないかなぁ」と考え、また女性が「こっちがあやしんでいると思ってるんじゃ……」と考える。こうして互いに気持ちを予期し、その予期を予期し、さらにその予期の予期を予期し、という疑心暗鬼になり、女性が目的階で降りたときに、お互い「あーーきづかれした！！」と嘆息する。

　高層建築の〈巨大さ〉と昇降機の〈極小さ〉の落差——こうした経験も現代都市において日常的なものだろう。高層建築が現代都市の「図」であるとするなら、エレベーターやエスカレーターなどの昇降機はその「地」にあたる。ただし、高層建築という近代都市の図を支える地、高層階に行くための手段としての昇降機は、近代以降、しだいに形成されてきたものだ。では、昇降機というテクノロジーや、そこで経験される時間−空間は、どのようにして都市経験の背景−インフラとなってきたのだろうか。

　近代以前の高層建築物（王城・神殿・聖堂・塔その他）は、王権・宗教などの権力・聖性を表現する象徴空間や軍事施設として建設され、その多くが都市の中心に据えられてきた。しかし、近代以降、「資本家や高層建築物が高層建築のおもな担い手となり、オフィスビル、集合住宅、電波塔（テレビ塔）、展望塔が中心になっていく」（大澤 2015：7）。

　近代社会の都市空間は、土地から得られる利益をできるだけ最大化する「資本の原理」によって開発される。とりわけ人口が集中する都市部では、平面の土地を最大限に利用するため、フロアを積み上げ、延床面積を増やし、容積率を高めることで、「縦」へと空間を広げる必要がある。近代都市における建築物の高層化は、土地利用の効率化なのである。さらに建築物が伸びゆく姿そのものがその地域の経済発展や企業の豊かさのシンボルとみなされ、必要以上の

高さを競うようにもなる。

　ただし、水平方向の移動に比べて垂直方向の移動は、時間的にも体力的にも
コストが高い。つまり、高層化が進めば進むほど、建物内部の移動は困難にな
り、「縦の交通機関」としての昇降機が不可欠になる。高層建築と昇降機とは、
近代社会の都市化、そして資本の原理が促す効率性・合理性への志向が生みだ
した双子であるということができる。A・ベルナルト（Bernard, A.）によれば、
近代都市の均一的・直線的な空間構成は、舗装道路や鉄道路線によって水平方
向に拡張したが、エレベーターはそれを垂直方向に拡張した（2006＝2016）。た
とえば階段は、連続的であいまいな階層構造の多層建築を作っていたが、エレ
ベーターの直進性と密閉性は、階層を明確に分節し、フロアの平面性を確保で
きる高層建築を可能にした。また高層階へ階段で昇らざるをえなかった時代に
は、そこは貧困層や使用人が住む「屋根裏部屋」としてネガティブに扱われて
いた。しかし、エレベーターが運んでくれるようになると、高層階は富裕層や
重役がいる「スイートルーム」や「ペントハウス」としてポジティブに位置付
けられるようになる。

　現在では、高層建築のなかにショッピングモール、フィットネス、病院、住
宅などが詰め込まれ、そこで生活の多くをすますこともできる。そのため、「街」
という周囲のコンテクストに背を向け、巨大建築そのものが都市になるが、近
年ではそれを「タワーシティ」（日経アーキテクチャ 2014）と表現することもある。
また、2001 年の「交通バリアフリー法」、2003 年の「ハートビル法」などの法
律によって、低層の公共施設や交通機関へのエレベーターやエスカレーターの
設置も進んでいる。日本エレベーター協会によれば、こうした背景のなかで、
日本社会のエレベーターは 2014 年時点で 700,000 台を超え、エスカレーター
は 67,000 台になっている。では、こうした昇降機は、どのようにして近代都
市に現れ、現代都市において定着してきたのだろうか。この章では、昇降機の
なかでもエレベーターに注目して考えていこう。

第 6 章　高層建築・昇降機　　93

第2節　アトラクションとしての高層建築／昇降機

1.「見られる」高層建築から「見る」高層建築へ

　明治初期の東京は高層建築が少なかった。江戸幕府の政策によって三階以上の町家の建設が禁じられていたためである。しかし、第一国立銀行の塔屋、あるいは京屋時計店、小林時計店の時計塔が建設され、高層建築は文明開化のシンボルとして屹立しはじめる。それは「文明の威容を誇示する都市の装置であり、人びとの心を西洋の世界へとうながしたてる視覚的な記号だった。（中略）それらの塔をふり仰ぐ人びとのまなざしには、すでに上昇の欲求と都市のパノラミックな眺望への期待がこめられていた」（前田［1980］2008：221）。低層の都市空間に現れた高層建築は、近代という新しい社会のはじまりを視覚的に表現したのである。

　さらに明治20年代には「富士山」や「凌雲閣」が展望塔として建設され、人気を集めた。料金を支払って昇るこれらの展望塔は、それまで「見られる」ものであった高層建築を、「見る」ための場所へ変容させた。社会学者の加藤秀俊によれば、宗教的伝統における塔とは、聖なる世界との接点であり、人間は聖なる存在から見下ろされ、それを仰ぎ見る存在であった。しかし、明治時代の展望塔は、人間が世界を見下ろすことができる「世俗の塔」になる。これらの世俗化した高層建築からの都市へのまなざしは、都市化によって拡大し、複雑・多様になることでわかりにくくなった近代社会の生活空間を、見下ろすことで確認するという経験であった（加藤 1969：55-59）。

　日本で初めて電動式のエレベーターが導入されたのは、「浅草十二階」こと、この凌雲閣である。凌雲閣の呼びものの大きなひとつは、この電動式のエレベーターであった。凌雲閣の開業チラシには「殊に日本未曾有のエレベートルと称する安全の昇降機を備へ電気力に拠りて登覧の客を一室のまま其八階まで引上げ婦人小児と雖も少しも驚き怖るることなく安全迅速にして雲中まで引上る愉快と奇観を極めたる妙機械あり」とある。エレベーターは、高層階に至るための「手段」というだけではなく、それを利用することそのものが「目的」で

あるようなテクノロジーとして提示された。凌雲閣とは、電動エレベーターの「上昇する」という垂直移動と、高層建築から「見下ろす」という視覚体験を楽しむためのアトラクションだったのである。

凌雲閣のエレベーターは、日本の電力供給の端緒でもあった。明治 20 年に東京日本橋に火力発電所が完成し、街灯に電気が送られるようになったが、まだ建物には電力は供給されていない。そのため、電力や電動機がどのようなことを可能にするテクノロジーであるのかについてあまり理解されていなかった。凌雲閣というアトラクションは、この電力と電動力という新しいテクノロジーを宣伝するのに格好の場だったのである（細馬 2011：35-38）。しかし、凌雲閣のエレベーターは頻繁に故障し、わずか半年で操業停止になる。

凌雲閣のエレベーターが停止してしばらくは、乗用エレベーターはあまり増えていない。しかし、明治 44 年に白木屋が百貨店で初のエレベーターを設置したことをきっかけに、大正 3 年には三越にも導入され、都心やターミナル駅の百貨店、劇場などの場で徐々に増えはじめる。同年には凌雲閣のエレベーターも復活している。百貨店には塔屋が付設されることも多く、屋上庭園も設けられた。各百貨店は高層化を競うことでみずからの格式・格調を高め、そこで購入する商品やサービスが「ひとつ上の暮らし」を実現することを演出したのである。エスカレーターやエレベーターといった新しいテクノロジーは、そうした「豊かさ」という社会的な階層上昇のイメージを、非日常的なアトラクションとして経験させるモノとして普及していく（初田 1990：136）。

2. 専門職／接客業としてのエレベーター運転手

大正中期まで、東京におけるエレベーターの新規設置は毎年一ケタの増加であった。しかし、大正中期以降、年間二ケタの増加、昭和になると三ケタの増加になる。昭和 4 年には 375 台の新規設置となり、昭和 5 年末までに 1,232 台が普及した。乗用エレベーターの内訳をみると事務所、銀行、ホテル、百貨店が多く、その他には新聞社、倶楽部、料理店、学校、研究所、市場、会館、劇場、工場、療養所、病院に少しずつ設置されていた（東京市電気研究所 1931）。

つまり、戦前期のエレベーターは、限定されたエリート層である新中間層が働くような労働空間や、非日常的な繁華街の娯楽空間におもに設置されていた。したがって、かなり増加してきたとはいえ、現在のように多くのひとが日常生活のなかで頻繁に利用するテクノロジーとはいえなかった。たとえば戦前期のエレベーターは、以下のように語られている。「『昇降機扇風機』と称する一味の涼風が、膚にしみる。強い眩暈！！　そして、僕の友人Ｘは僕に語った。「むしろ僕はこの眩暈の瞬間を楽しんでいる者だ。勤め先の労苦、家へ帰ってからの猶煩わしい苦限、世界からも我からも遊離し、無間の感覚のなかを──それら建物の骸骨のなかの自分の骸骨丈になって、降っていく。それは出勤と、帰りの刻の、僕にとって一番、高貴な瞬間である」（金子 1927）。「扇風機」や「建物の骸骨」と表現されているように、この当時のエレベーターは完全な密室ではなく、スキマの多い筐体であり、上昇・下降が感じやすかった。

　また、警視庁は「昇降機取締規則」（1926 年制定・1930 年改正）を制定し、乗用エレベーター設置に際して、運転手を定め、履歴書・写真を警察に届けでることとしている。とくに第二十九条には、昇降機運転手として満十七歳以上で身体健全なもの、昇降機の運転に適当な技能を有するものと定められた。それとともに第三十一条では、運転手ではないものには運転させないこと、とある。第三十二条には、昇降機運転手に関する規定としてさまざまなことが規定されており、エレベーター内に運転手の名札を掲げる、酒気帯びや喫煙を禁じるなど、運転手がエレベーター内の定員、環境、秩序の維持に責任をもつ存在であることが示されている。そして、上記の規則に違反する設置者や運転手は、罰則として拘留や罰金などを科された。

　また運転手には、ハンドルを回転させ、エレベーターを昇降、停止、加速させる運転技能が必要であった。ごくわずかの誤差によって停止位置が大きくズレるため、昇降機の性能、乗客の数を考慮して操作しなければならない。たとえば戦前期の丸ビルで運転手をしていた人によれば、右手でハンドル、左手でジャバラの内扉、ガラスの外扉を操作する必要があり、体力仕事だったという。そして、「運転手の制服が黒の詰襟、学生帽という当時の市電の乗務員と同じ

でしたから職業としては大の花形」だった（宮島 1985：291）。

　こうして、名札を掲示し、届出がされた制服の運転手が機械装置を操作し、秩序維持を担う専門職となることで、エレベーターは運転手という責任主体を中心にしたコミュニケーションの空間になる。たとえば、当時の高層ビルのマナーを著した『安全第一ビルヂング讀本』(1926)や企業労働者の作法を定めた『執務能率読本』(1942)には、エレベーターの乗り方という項目がある。そこでは、運転手が「満員です」といったら急いでいても無理に乗り込まないこと、乗ったらすぐ運転手に「何階」ということ、それ以外のこと（道順など）は運転手には聞かないこと、乗客同士ではしゃべらないこと、エレベーターのなかでは必ず立っていること、故障時は運転手の言うことをよくきくこと、などが挙げられており、運転手を中心としたコミュニケーションの空間が成立していることがわかる。

　昭和7年になると、総数1,500台を超え、運転手が必要なエレベーター840台に対して、運転手は1,314名（男989名、女325名、平均年齢男29歳、女22歳）になる（渡辺 1990：34）。この時期になると女性運転手が増えはじめ、「エレベーターガール」が女性特有の職業として認識される。昭和4年の『職業別学校案内と婦人職業指導』は、高等女学校卒業ですぐに就くことができる職業としてエレベーターガールを挙げ、本来であれば「早くから婦人の職業として選ばれなければならないもの」であり、近い将来には男子を一掃してエレベーターガールが独占するだろうとしている。

　さらに東京市編の『婦人職業戦線の展望』(1932) は、「空へ空へと延び行く近代建築の急増につれて、スピード時代にふさわしくエレベーターの設置となった。百貨店はいうにおよばず、凡百の事務所、ビルディング等では特に客の応対により良き好感を与えるため婦人採用となり、エレベーターガールの出現となった」とする。ここでは、「こうした職業は危険とされているが、危険ではなさそうである」、「技術を要するものではないらしい」といった伝聞・推測の形をとりながら、エレベーター操作が、熟練の必要のない労働と位置付けられている。

　昭和11年の『東京女子就職案内』には「ビルディングの増加とともに婦人職業として益々有望になって参りました。殊にデパートではエレベーターの運

転は婦人でなければならなくなりました」とある。また、とくに運転技術の習得は簡単であり、17歳から20歳前後の若い女性が適当であり、必要なのは不快にさせない容貌をもち、声が美しいこととされた。実際、戦前の日本橋三越では「たとえ混雑にまぎれて胸にさはられたり、お尻をなでられたりしても決して声を出してはならないように命令され」、「特に美人を揃えた」とされる（赤羽 1972：9）。このように「声」や「容貌」というなかば生得的な能力と「若さ」という非熟練性、とりわけ女性性というセクシュアリティが重視されることによって、エレベーターの操作は、機械の操作というよりも接客サービスとみなされるようになっていった。

近代社会が都市化し、建築施設が高層化するなかで、エレベーターという新しいテクノロジーが普及し、定着していく。その過程で、新しいテクノロジーであるエレベーターを扱う専門職とされた運転・運転手の位置や意味が変容した。大正期までのエレベーターの運転は、「男性がおこなう機械操作＝熟練労働」であったが、昭和期になると「女性がおこなう接客サービス＝非熟練労働」へと変容したのである。こうして、戦後に大部分が自動運転となったあとも、百貨店・デパートには「エレベーターガール」が存在しつづけることになる。

第3節　日常化する高層建築／高速化する昇降機

1. 高層化する集合住宅／規格化する昇降機

戦前期の日本では、一部のエリート層が働く都心のオフィスビル、非日常的に訪れる繁華街のデパートにおいてエレベーターが導入された。エレベーターは限られた人びとが日常的に利用することもあるが、多くの人びとにとっては非日常的な特別な移動手段であった。しかし戦後になると、高層建築と昇降機に変化が現れる。

戦後日本における都市部への急激な人口・産業・資本の集中は、巨大都市圏を成立させ、「メガロポリス」とよばれる都市空間を作りだした。この大都市への人口集中は、土地の高度利用を促し、超高層ビルや中小ビル、とりわけ高

層集合住宅の建設を増大させた。

　まず、戦災による住宅の喪失、戦後復興期の大都市住宅の需要増大など、戦後十年にわたる住宅不足を背景に、1955年に日本住宅公団が設立された。年率10%規模の成長を続ける高度成長期のなか、住宅公団は1961年度以降の10年間で1,000万戸を建設するという目標を設定し、5年間で「一世帯一住宅」の実現を目指した。この時期の前後から数千戸規模の「大規模団地」とよばれる規格化された大型の集合住宅が建設されはじめる。1962年には「建物の区分所有等に関する法律」（通称マンション法）が制定され、民間の高層住宅の建設も拡大している。高度成長期以降、高層化した大型住宅が爆発的に増加したことにより、住居の出入りという基本的な生活動線のなかにエレベーターで昇る、降りるという経験が入り込んできたことになる。1955年に乗用エレベーターの総台数は約1,000台という戦前レベルに戻ったが、高度成長期に急増し、1970年には12,441台になり戦前の10倍に達した（『エレベータ界』1970.5 (19)）。

　さらに1963年に建築基準法が改正され、31メートルという絶対高さ制限の撤廃と容積率制限の導入が実現した。これ以降、日本最初の100メートル超の高層ビルである霞が関ビルディングに代表される超高層ビルが次々に建設される。超高層ビルの建設が可能になると、エレベーターはさらに高速化した。1950年代におけるほとんどの高速エレベーターの速度は分速150mだったが、1961年の京都国際ホテル・分速210mを皮切りに、1968年の霞が関ビル・分速300m、1978年のサンシャイン60・分速600m、1995年のランドマークタワー・分速750mと、50年のあいだに5倍の速度になっている（竹内1993）。

　また、大都市のメガロポリス化を背景にした高層住宅の増大やオフィスビルの超高層化は、エレベーター需要を急激に高め、大量生産を可能にするエレベーターの規格化が進んだ。とりわけ1960年以降、分速30〜60m、定員6〜11人、ドア形式や意匠を規格化したエレベーターが導入された。戦前の昇降機取締規則も改正され、1948年には東京都の昇降機安全条例に変化している。

　住宅公団は1960年代を通じて集合住宅の大型化・高層化を進めており、1971年度に建設した公団住宅約8万4,000戸のうち32.5%が高層住宅であった

（日本住宅公団20年史刊行委員会 1981：139）。住宅公団は、この大型化・高層化に
あわせて、公共住宅規格部品（KJ指定製品）として1960年代前半に11人乗り
分速30mの規格型エレベーター、1960年代後半に9人乗り分速45mの規格型
エレベーターを開発し、導入している（同上：212-213）。

　1970年代には、交流帰還制御型のエレベーターが開発され、定員13〜15人
分速90〜105mの規格型機種が加わる。また、1980年代にはインバータ制御
などの速度制御装置が開発・導入され、走行時間がさらに短縮され、乗り心地
性能も向上した。これらの自動式エレベーターは、マンションブームに沸く民
間の高層住宅にも導入され、戦後日本社会に爆発的に広がっていくことになる。

2. 待ち時間の焦燥／密室空間の不安

　日常生活に自動式の規格型エレベーターが埋め込まれるようになると、エレ
ベーター内部のコミュニケーションも変容しはじめる。

　エレベーターがなかなかやってこないとイライラするという経験は多くのひ
とが経験するが、それは電車やバスなどの交通機関のイライラと感じ方が違う
という（寺園・松倉 1994：65-66）。まず（1）地下鉄やバスには到着時刻があるが、
エレベーターにはないため、いつ来るか予測がしにくい。また（2）規格型エ
レベーターは自分以外の利用者も操作するため、自分で動かせるにもかかわら
ず思い通りにならない。つまり、それぞれのひとの都合で、それぞれのやり方
で利用するため、どのタイミングでエレベーターがやってくるかが不確定なの
である。そのため、ほんの数分の待ち時間で焦燥感が生まれる。現在では、複
数のエレベーターの位置や利用状況を計算しつつ、エレベーターをコントロー
ルする群管理システムが普及しているが、完全な解決になるわけではない。

　規格型エレベーターには運転手がおらず、利用者みずから階数ボタンを押し、
開閉を操作し、自動で昇降する。特殊な技能は必要なく、乗り合わせた人の誰
が昇降機の操作者になるかは順番や立ち位置によって変化する。そのため、エ
レベーターという密室空間は、秩序維持や機械操作に責任をもつ運転手という
中心のない、焦点の散漫なコミュニケーションの空間へと変容する。たとえば

運転手がいなくなることで、誰がどこに立ち、誰がパネルを操作するのか、行先ボタンは自分で押すのか、パネル前にいる人に頼むのか、どこを見るべきなのかが不安定になる。

　大規模な高層住宅に設置されたエレベーターは、高齢者、女性、子どもなど、誰もが頻繁に乗り降りし、簡単に操作できるテクノロジーになったが、さまざまなとまどいも語られている。たとえば1950年頃に自動エレベーターを売りだした頃は、手動での停止の癖が抜けないせいか、自動エレベーターの非常停止ボタンを押してエレベーターを止めてしまうということもおきたという（『エレベータ界』1968.3（10））。また、エレベーター協会の機関誌『エレベータ界』の創刊50号特集の座談会では高島平団地民生委員の女性が「はじめて8階に入居したときはエレベーターにこわくて乗れなかったため2か月くらいは階段を使っていた」という。しかし、そのうち乗り合わせた人から声をかけられ、友人になり近所づきあいの第一歩になったという。ただし、戦後日本の高度成長期において、エレベーターという密室空間は、匿名的な関係が超近接距離で発生する不安と恐れの時間と空間としても広く認識された。

　エレベーターでは、E・ゴフマン（Goffman, E.）が提起した、都市空間における**「儀礼的無関心」**というふるまいが発生する。「儀礼的無関心」とは、匿名的な関係の人びとが互いの存在を認識しつつ、お互い特別に関心がないかのように適切な距離を保つふるまいである。こうした規範が存在する公共空間では、相手をじろじろと凝視することは避けるべきだとされる。4章で扱った電車であれば車内広告や本、雑誌などの持ち運びのできる「関与シールド」を用いて、お互いに視線を外せる。しかし、エレベーターではそうした視線を外すための手段や情報が不足しており、その中途半端な時間に本や雑誌を取りだすことも不自然になる。そのため、人びとは、エレベーターのサインをじっと凝視する（Goffman 1963＝1980：145-146）。

　さらに、エレベーターの狭小な密室は、オープンスペースでは調整可能な身分・役割（上司や部下、友人や恋人、見知らぬ人）ごとの社会的距離を無化する。つまり確保できるパーソナルスペースが総じてあまりにも狭い。そのため、それ

まで大きな声で騒いでいてもエレベーターのなかに入ると静かになるように、気まずい沈黙や独特の間ができ、微妙な位置取りにやきもきすることになる。戦後に規格型エレベーターが普及することで、エレベーターは、きわめて情報が少ない密室のなかで近接した匿名的関係をつくる、なんとも不安なコミュニケーションの時間と空間になったのである。こうして冒頭の『サザエさん』のシーンのように、密室の近接状況における奇妙な沈黙が生まれる。この匿名的関係のなかでの探りあいと疑心暗鬼——社会学で「**二重の不確定性**」とよばれる状況は、それほど長くないはずの時間を無限のように感じさせる。とりわけ、窓のない密閉空間に閉じ込められ、地上から離れ空中に浮くという二点が人びとをより不安にさせた（伊黒 1966：24-25）。

　実際、1960 年代のエレベーターは、故障などによる閉じ込め、誤操作やいたずら、エレベーター内部での痴漢・暴行・強盗などがおきており、社会問題化している。日本エレベーター協会においても、利用法やマナーをより PR する必要があるとされ、1970 年に広報委員会が設置された。これ以降、協会はとくに女性や子どもに対し、マナーポスター、壁新聞、ニュース解説、ラジオ解説、劇場用フィルムなどを通じて、利用法やマナーを PR していく。「エレベーターは一瞬の小さな"社会"であるから、みんな気分よくすごせるように工夫したい」（生内 1970：15）というように、エレベーターは、規範やルールの領域とみなされていくのである。

　ただし、そうしたマナーには、法律や罰則があるわけでもなく、各施設や利用者ごとにばらつきがある。たとえば日本エレベーター協会の推奨するエレベーター防犯心得として、顔見知りと連れ立って乗るべき、少女や幼児はできるだけ保護者が付き添うこととされた。ほかにも男性は女性を先に乗せて、自分は乗らず待つという心遣いがあってよい、男性が先に待っていたらちょっと離れたところで郵便受けで時間をとるふりをしてやりすごす。あるいは、乗る人・降りる人がいるときは開くボタンを押して待ってあげる、降り際に「すみません」、「おじゃましました」という、など。このようにさまざまなマナーが語られ、工夫されていく。

さらにマナーや利用法の啓蒙には限界があるため、防犯テクノロジーも開発された。たとえば、住宅公団では窓付きの扉を規格化し、エレベーターの高速化も防犯上、効果があるとされた。また、エレベーター内での殺人事件をきっかけに、高島平団地では午後9時以降、各階、あるいは奇数階、または偶数階で強制的に停止する仕組みを導入している。しかし、こうした密室空間の不安を解消しようとする工夫は、利便性を大きく損ねてしまい、待ち時間の焦燥をさらに煽ってしまう。そのため、エレベーターは不確定なコミュニケーションの時間−空間であり続けた。

第4節 空白としてのエレベーター

1.「ヒトのまなざし」から「カメラのまなざし」へ

戦前期のエレベーターでは、匿名的なヒト（乗客）が専門的なヒト（運転手）を通して昇降機というモノとコミュニケーションしていた。しかし、戦後日本のエレベーターでは、匿名的なヒト（乗客）が直接、昇降機というモノを操作する。密室化したエレベーターのインターフェイスは、階数表示とボタンのみになり、運転手による加速・減速の操作の動きや、筐体のスキマからの動きはみえなくなる。そのため、エレベーターがどのように作動しているかが不可視になり、上昇・下降の感覚も薄くなっていく。さらにその内部は、誰と乗り合わせ、どのようにふるまうべきかが不確定な時間−空間となる。前節で述べたように、高度成長期のエレベーターにおける秩序維持は、乗車マナーや防犯心得といったヒトへの規律訓練を通しておこなわれた。

1980年代になると、ヒトへのPR活動はひと段落し、モノによる環境管理がはじまる。非常ボタンや通話装置はすでに設置されていたが、エレベーター内における監視カメラの導入が検討されるようになったのである。たとえば、25,000人規模の住民が住んでいた光が丘パークタウンでは「21世紀へ向けてのモデル都市」として防犯監視システムを取り入れ、119基のエレベーターにテレビカメラを導入した。20日間保存されるビデオとして記録され、このカ

第6章 高層建築・昇降機 103

メラを通じて 8 人の元消防士が 24 時間体制で監視を続けた（『朝日新聞』1987.4.21）。

　ただし、「テレビカメラを取り付け監視する方法があるが、これは高価であり、管理人が終日監視しなければならず、さらに乗客のプライバシーを侵害する恐れがあるなど多くの問題」（『エレベータ界』1982.17（72）：30）があるとされた。そのため、監視カメラはなかなか普及しなかった。1980 年代のエレベーター内のカメラは、特定の誰かがディスプレイを見続けることで効果をもつが、コストが高く、プライバシーを侵害する装置とみなされたのである。

　しかし、2000 年前後から、こうしたヒトの目を介した監視体制が変容しはじめる。とくに、人が乗り込む直前に撮影が開始され、大容量のハードディスクに保存できる防犯カメラが開発され、記録性能が格段に上がった。このとき防犯カメラは、つねに誰かが見ているというよりも、何かがおきてから事後的に映像データを追尾する仕組みとして用いられる。導入当初のプライバシーという問題があまり意識されないのは、防犯カメラの意味が「誰かが見ている」という人称性から、「録画されている」という記録性へと変容していったことの現れともいえる。行政や自治体はプライバシーの侵害という問題からカメラ設置に消極的だったが、この頃から住民の自己負担でカメラを設置するケースもでてきている（『読売新聞』1999.9.6）。プライバシー意識の変容とカメラの記録性能の上昇にともなって、2000 年代以降、防犯カメラの向こうにヒトがいるという意識がしだいに後退していったのである。近年のエレベーターには筐体そのものが透明化しているものも多く、外部からの視線が入るようになっており、閉鎖空間のリスクはさらに軽減されている。

2.　タワーシティとエレベーター

　建築家の宮脇壇（1978：11）は、規格型エレベーターが普及した 1970 年代末に以下のように述べている。古いエレベーターはガラガラと閉まる金色の扉で、ごとごとと上昇感覚や旅の雰囲気があった。しかし、新しいエレベーターはメタリックな塗装になり、コンピューター制御になることで「ブラックボックス

化」してしまった。そのため昔ほどの上昇感覚はなく、「旅」の雰囲気は消え、「移動感覚」だけが残った、と。もちろん、大型商業施設、観光地、テーマパークなど、非日常的な場所に設置されているエレベーターのアトラクション性はいまだに残っている。しかし、高層住宅が普及する過程で増加した、戦後の自動式エレベーターは、密室の恐怖や上昇の不安を残しつつも、垂直移動のアトラクション性を希薄化させた。さらに防犯カメラが普及し、密室空間の危険が解消されることで、現代都市のエレベーターは、安全だが微妙にすわりの悪い「空白」のような時間-空間となる。

　上昇と密室をめぐる私たちの不安や恐れを取り除き、振動や音の少ないスムーズな移動を実現することで、エレベーターは現代都市の安定した「インフラ」へと馴致される。それは、高層化する近代都市——現代のタワーシティという図の地としてエレベーターが背景化する過程だった。しかし、エレベーターを待ったり、乗ったりする際に感じられるその消去しきれない奇妙な間は、都市的経験の地のゆらぎとしていまだに揺蕩っている。推理小説のトリックやホラー作品の舞台としてくりかえし取り上げられ、近年でも映画『エレベーター』(2016)で描かれているように、昇降機の「上昇と密室」の不安と恐怖は、高層化する都市に生きる私たちのなかに存在しつづけているのである。

（田中　大介）

Book 読書案内

大澤昭彦，2015，『高層建築物の世界史』講談社現代新書：都市や都市をつくる社会がどれほど「高さ」というイメージにとらわれ、それを建造物という物質的環境として執拗に実現しようとしてきたかが理解できる。建物が「高い」ということは、ただの物理的事実ではなく、人びとの精神や社会的な制度の帰結である。

A. ベルナルト（井上周平・井上みどり訳），2016，『金持ちは、なぜ高いところに住むのか』柏書房：原題は『エレベーターの歴史』であり、W. シヴェルブシュ『鉄道旅行の歴史』に比肩しうる物質文化論、テクノロジー史、インフラ論の著作である。おもに1870年代から1930年代のアメリカとドイツのエレベーターを、多彩な資料を駆使して分析している。日本

のエレベーターに関しては細馬宏通『増補新版　浅草十二階』や同著者の『エレベータ界』（エレベーター協会の機関誌）の連載が参考になる。

【引用文献】

赤羽貞次，1972，「エレベータの常識」『エレベータ界』8（29）

Bernard, Andreas, 2006, *Die Geschichte des Fahrstuhls: Über einen beweglichen Ort der Moderne*, Fischer Taschenbuch Verlag.（＝2016，井上周平・井上みどり訳『金持ちは、なぜ高いところに住むのか』柏書房.）

Goffman, Erving, 1963, *Behavior in Public Places: Notes on the Social Organization of Gatherings*, The Free Press.（＝1980，丸木恵祐・本名信行訳『集まりの構造』誠信書房.）

細馬宏通，2011，『増補新版　浅草十二階』青土社.

金子光春，[1927] 1990，「モダーン十景」海野弘編『モダン都市文学Ⅵ』平凡社.

加藤秀俊，1969，『都市と娯楽』鹿島出版会.

前田愛，[1980] 2008，「塔の思想」加藤秀俊・前田愛 2008『明治メディア考』河出書房新社.

宮島仲次郎，1985，「丸ビルのエレベーター」かのう書房編『丸ビルの世界』かのう書房.

宮脇壇，1978，「ブラックボックス、エレベーター」『エレベータ界』13（49）

日本住宅公団 20 年史刊行委員会，1981，『日本住宅公団史』日本住宅公団.

日経アーキテクチュア編，2013，『タワーシティ』日経 BP.

大澤昭彦，2015，『高層建築物の世界史』講談社現代新書.

竹内照男，1993，「エレベーター・エスカレーターの技術的変遷」日本昇降機安全センター編『設立 20 周年記念』日本昇降機安全センター.

寺園成宏・松倉欣孝編，1994，『エレベーターハイテク技術』オーム社.

東京市電気研究所，1931，『東京市電気研究所調査報告第六号電気昇降機に就いて』東京市電気研究所.

生内玲子，1970，「エレベータ・ジャックはいやよ！エレベータのマナーを考える」『エレベータ界』5（19）

渡部功，1990，『日本におけるエレベーター百年史』日本エレベーター協会.

Ⅲ 空間インフラ

河川・橋
―― 架け／渡る ――

Chapter 7

（1884年のニューヨークの都市図とブルックリン・ブリッジ，Library of Congress）

第1節　はじめに

　都市にとって、橋とはどのようなインフラであるのだろう。川に遮られた両岸をつないで都市の内外を地続きに拡張し、人や物の移動や流通を促進させる役割もあれば、都市の風を全身で浴びられる散歩コースの一つであったり、都市の風景を構成する主要な要素であったりもする。近代における鉄道や自動車などの陸上交通の発達と現代におけるその高度化のなかで、橋は水上交通の上に架けられるだけでなく、陸上交通の上にも架けられるなど、何重にも架けら

れるものへと発展してきた。都市空間に埋め込まれ、都市景観のなかで**背景化**
される交通インフラに特化した橋もあれば、都市空間に彩りを添え、都市景観
のなかで**前景化**される空間インフラに特化した橋もある。本章では、都市のな
かで見過ごされがちな交通インフラとしての橋に光を当てつつも、**機能美**（醜）
を備えた空間インフラとしての橋にも重きをおいて、近代、現代、未来における
る都市と橋の関係を考察する。

第2節 | 近代都市の橋——機能と美の共存

　ニューヨークのイースト・リバーに架かるブルックリン・ブリッジは、自由
の女神（1886）やエンパイア・ステイトビルディング（1931）などと並んでニュ
ーヨークのランドマークの一つに数えられる吊橋である。1883年に完成し、
橋の近代を切り開いた記念碑的な橋であるといわれる。

　この橋が記念碑であるといわれるのは、橋材に鋼鉄のワイヤーロープが用い
られた歴史上初めての橋であり、それにより橋の強度が増したことで、建設当
時不可能と思われていた長径間の吊橋を実現させたことにある。今日、世界最
長径間を誇る明石海峡大橋（1998）も、構造上はこのブルックリン・ブリッジ
に始まる鋼鉄吊橋の系譜に連なる。

　橋梁史上に大きな1ページを刻むと同時に、ブルックリン・ブリッジはマン
ハッタンとブルックリンを結んで大都市ニューヨークを出現させ、さらには大
西洋と太平洋とを陸路でつなぐアメリカ大陸を出現させた。ブルックリン・ブ
リッジの架橋は、アメリカという国家とその最大の都市ニューヨークの輝かし
い時代の幕開けを告げていたのだ。

　ブルックリン・ブリッジの生みの親であるジョン・ローブリングは、ブルッ
クリン・ブリッジの完成に先立ち、「完成する構造体は大陸の偉大な産物であ
るだけでなく、時代の偉大な産物となるのだ。その強く安全に建設された構造
物の姿は、素晴らしい芸術作品として、橋梁工学の発展を示す成功例として、
そしてニューヨークのもつ進取の気性、富と力とを永遠に証明し続けるだろう」

と自信ありげに語ったという（Hayden 1976 : 115）。このように、橋梁史のみならず都市史やアメリカ史のマイルストーンになるべくしてなるよう企図されたのがブルックリン・ブリッジの架橋であった。その企画は、橋の大枠をなす構造を鋼鉄という橋材に委ねる一方で、細部の装飾にあたる橋塔に石材を用いることで実行された。鋼鉄吊橋という革新的な橋梁様式に、中世からの伝統様式をいだく花崗岩のゴシックアーチからなる橋塔をそびえさせることで、ローブリングは機能主義、工業主義に突き進もうとする橋を芸術のうちに押し留めようとしたのである。

　ある批評家は、鋼鉄が可能にしたブルックリン・ブリッジの**機能美**を褒め称えつつも、橋塔に用いられたゴシック様式のうちに精神の欠如を批判した（Trachtenberg 1965＝1977 : 111-113）。しかし、ローブリングがこの橋塔に求めたのは、まずもってケーブルと支柱を支えるのに十分な強度であったが、その最低限の実用的機能に加えて、そこにマンハッタンとブルックリンを連結させるゲートとしての意味あいを込めることにあった。これにより、港町として出発した新世界アメリカが、国土を発展させていく過程において水の都から陸の都へと展開し、世界都市ニューヨークを出現させたという歴史的事実をブルックリン・ブリッジに先取的に象徴させたのだ。つまり、ローブリングの思い描いた橋塔は、中世のゴシック寺院の精神を引き継ぐような、上へ上へと伸びゆく重厚なタワーではなく、むしろ、マンハッタンとブルックリンを連結させ世界を横へ横へと延ばして拡張していくための結合部であったといえる。

　ブルックリン・ブリッジに兼ね備えられる実用性と記念碑性、あるいは交通インフラであり空間インフラでもあるという両義性は、たとえば、東京の日本橋にも色濃く表れている。日本橋の場合には、江戸時代初頭に起源をもつ橋であるが、ブルックリン・ブリッジがニューヨークの都市化、近代化とともに誕生したのと同じように、現在架かる石造の日本橋も東京の都市化、近代化と足並みを揃えて 1911（明治 44）年に木橋から石橋に改橋されたものである。それは、増えゆく陸上交通に対応するための強度はもとより、不燃であることが重要視された結果であり、同時に伝統的な太鼓橋が廃止され、車両の通行に適した路

第7章　河川・橋　　*109*

面の平らな西洋式上路式アーチへと姿を変えた。

　ブルックリン・ブリッジが近代国家アメリカと近代都市ニューヨークの輝かしい未来へのあゆみの出発点として架橋されたのに対して、近世に端を発する日本橋を近代の橋として改架するにあたっては、単に橋に近代の装いを施すだけでなく、近世の橋のもつ意味論に終止符を打つ必要があった。なぜなら、近世における橋とは、まさに日本橋がそうであったように、陸路の端と端をつなぐことで水路との交差の生みだされる交通の結節点であり、多くの人や物が行き交う橋上や橋詰は、都市の中央広場としての機能を担った。同時に、橋は仮初に架けられるものにすぎず、あくまでも始点や終点という意味での端に留まり、こちらとあちら、この世とあの世など、異世界との接続部としての意味合いをもつものでもあった。近世の橋は、交通インフラや空間インフラというハードな面よりも、どこか儚さを備えた都市生活の営まれるソフトな場として、人びとの生や生活と密接に結びついていた。そして、それが木造であったために、大きさや耐年数において人間の身体スケールや時間感覚にとって身近な存在になり得たほか、木造であっても当時の都市の規模には十分事足りた。

　それに対して、近代都市の規模や交通量に対応する橋には、なによりも堅牢で機能性に優れていること、そしてその寿命が半恒久的であることから、モニュメンタルな性質を持ち合わせることが求められるようになった。石造アーチとして生まれ変わった日本橋の欄干には、和洋を折衷したデザインからなる麒麟や獅子の青銅彫刻が添えられた。獅子は江戸東京の守護を、鰭の生えた麒麟は水路と陸路の起点である日本橋からの飛翔を表している（日本橋開橋祝賀会 1912：154-165）。橋に**機能美**が求められ、見出されていくことは、橋のもつさまざまな機能を**背景**に押しやり、交通機能を**前景化**することであった。

第3節　現代都市の橋——機能と美の分化

　さらに現代の日本橋に目をやると、橋の上に高速道路が架橋されている姿がそこにある。この高速道路に覆われた日本橋の姿には、現代都市の成立を支え

る重要な基盤である高速道路の通る交通インフラとしての日本橋と、江戸東京という都市の象徴的な中心であることをモニュメンタルに示す空間インフラとしての日本橋の重なりを見ることができる。

この日本橋の姿が示唆するように、交通機関が多様に分化する現代都市においては、橋の上に橋が架かるなど複雑な交通空間が出現している。このことは川の上に架かる橋を前提として橋を語ることのできていた時代の終焉を私たちに改めて教えてくれる。私たちがふだんの生活で渡っている橋も、たとえば駅構内のホームとホームとをつなぐ橋、ホームと改札をつなぐ橋、駅と駅前のビルやロータリーを直結させるテラス式の橋、あるいは歩道橋など、そもそも橋と認識するまでに至らないものが多数存在する。その一方で私たちが典型的な橋として認識するのは、川の上に架かる橋であり、これらの橋は意匠を凝らしたものが多く、渡る対象としての機能と同じくらい眺める対象としての機能を受け持っている。

このように、私たちの身の回りには、河川に架かる橋のほかにも道路を渡る跨道橋や歩道橋、架道橋があるほか、鉄道を渡る跨線橋や線路橋などの多くの種類の橋が存在する。また、自動車で橋を渡る場合には道路橋、歩行や自転車で渡る場合には歩道橋、鉄道の場合には鉄道橋と橋を呼び分け、どの交通でどの障害物を乗り越えるかによって橋の構造も意味も多様となる。そして「橋を渡ること」以前に、どのような交通でどのような障害物を乗り越え、どことどことを結び付けようとするのかによって「橋を架けること」の意味も異なってくる。

道路や線路に架けられた跨道橋や架道橋、跨線橋や線路橋の多くが、河川に架けられた橋に比べると簡素な佇まいをしていることが多いのは、それらが道路や鉄道の上に別の道路や鉄道を重ねるという人為に人為を加えた結果であるためだと思われる。それに対して河川に橋梁を架けることとは、自然に対する操作であり、その結果完成した橋は社会が自然の克服に成功したことの証となる。跨道橋や跨線橋の「跨ぐ」という言葉にもよく表れているように、道路や線路に架けられた橋は等身大の技術で越えられるのが当たり前とされる橋であ

■■■■ 第7章 河川・橋　　*111*

るのに対して、河川に架けられた橋はその社会の持てる技術を駆使した末に離れた両岸をつなぎ合わせることの叶った有り難い橋として生み出される。

　さらに、自動車や鉄道に乗ってそれらの橋を渡るとき、自動車や鉄道では「橋を渡る」というモードの切り替えはおこなわれない。自動車や鉄道は今まで通ってきた道の延長で、一方の岸から他方の岸への通行を阻む障害物を乗り越えるための手段としてというよりも、これまで通ってきた道路とこれから通る道路の途中にある単なる通過点として橋を渡る。道と道とを接続するかぎりにおいて橋は道と同化し、無に近い存在となる。跨道橋や架道橋、跨線橋や線路橋が、道路や線路を軽やかに「跨ぐ」ように、自動車や鉄道も、一瞬にして橋を「通過」していく。私たちは、そこに橋があるがゆえに障害物を簡単に乗り越えることができ、そして身軽に橋を渡ることができればできるほどそれらの橋をほとんど無意識に通過し、そしてその存在が無に等しくなればなるほど橋は「橋らしい橋」から「ただの道」の領域に押しやられる。そのとき、それは都市の自然となり、都市の**背景**と化していくのだ。

　その一方で、強烈な存在感を放つ橋もある。高架橋である。ある道が、障害物に出くわしたところでそれとの立体的な交差を形作る橋とは異なり、これから出会い得るすべての障害物をあらかじめ排除するために、はじめから終わりまで立体的な道として出発して帰着する長距離の橋である。たとえば古代ローマの水道橋がその原初形態として知られるが、今日では、高速道路や鉄道にも多く用いられている。高架橋といわゆる一般的な橋との違いは、架橋される対象物にある。一般的な橋の場合には、河川や他の道路や線路等の岸や側面に橋が架けられるのに対して、高架橋の場合にはある地点からある地点とのあいだにあるあらゆるものに橋が架けられる。スケールで比べると一般的な橋が岸と岸を結ぶ点として現れるとすれば、ある地点とある地点を結ぶ高架橋は線として現れる。

　高架橋は、壁のように両側の空間を分断しないものの、中空に水平に引かれた線として目の前の風景に分断を生みだしている。たとえば、高速自動車道であればインターとインター（そして途中の各インターほか、その先々での自動車道路ネ

112

ットワークの網羅する範囲）、鉄道であればターミナルとターミナル（そして途中の各駅、さらには乗換えにより別の路線の各駅）などの互いに離れたある地点とある地点を高架橋はつなぐが、同時にそれぞれの各地点での風景を分断しもする。

　G・ジンメル（Simmel, G.）は、「橋は、その構成においてはどう見ても自然を超えているのに、しかも自然の情景に組み込まれている」（Simmel 1909＝1999：59）と指摘したが、高架橋は岸と岸とを結びつける一般的な橋に比べると、それが結ぶ範囲が長距離なだけに、しかもそれ自体が橋と認識されるかどうかもおぼつかないままに、乱暴な形で自然の風景のなかに埋め込まれることになる。その姿は「密接に、このようにあるしかないと思わせる形で、それが結びつけた河の両岸と関わりあ」い、「橋でもって、たまたまその場に存在していたにすぎない自然の景物は、ぐっと引きしめられ、統一され」、「限りなく連なる空間のなかから一部分を切り取り、これを一つの意味に叶うように特別な統一にまで形作る」（同上）というよりも、目の前の空間が遥か彼方の空間と連なることを直接的に目に見える形で強調させる性質をもつ。そのため、橋は橋でも風景に結合を呼び覚ます橋のほかにも、高架橋のように風景に収まりきれないがゆえに分裂や拡散を呼び覚ますような橋もあるといえよう。

　これらの、ややもすれば渡られる際にも見られる際にも橋であることが見落とされがちな交通インフラとしての橋とは打って変わり、渡られることがなくても見られることでその存在意義が認められるような空間インフラとしての橋梁が存在する。たとえば、庭園に置かれた橋やライトアップされた橋、リバークルーズの目玉となるような橋梁群、あるいは画像や映像メディアなどで目にする、鑑賞の対象となる橋である。具体的にはテレビ放送でレインボーブリッジが映しだされている場合に、画面をぼんやりと眺める視聴者にも自ずとその発信源が東京であることが了解されるように、実際に渡ることがなくても、視界に飛び込んでくるそれらの橋の存在自体が、目の前の光景を風景や景色、景観にまとめ上げ、意味あるものに変換するときに、それらの橋は交通インフラの領域を脱し、空間インフラの領域に組み込まれる。

　ところで、古代ローマ時代に発案され、現代まで受け継がれるも、未だ架橋

されずにいる橋がある。イタリア本土とシチリア島とを隔てるメッシーナ海峡の橋である。メッシーナ海峡の架橋に向けて本格的な研究が始められたのは19世紀後半から20世紀前半にさかのぼるが、この段階では計画にいたることはなかった。晴れて1950年以降に具体的な計画やコンペがおこなわれるようになるが、その都度、着工に漕ぎ着くことのない状態が続き、近年では2006年と2009年に新しい計画が浮上するも2013年に白紙撤回されて現在にいたっている（Denison and Stewart 2012＝2012：12）。このメッシーナ海峡大橋の建設が計画通りに進められていれば、今日現在、世界最長を誇る明石海峡大橋（中央支間1,991m、全支間長3,911m）と、世界最高の主塔をもつミヨー高架橋（2004年完成、高度343m）を抜いて、世界最長でかつ最高の橋が誕生するはずであった。

　遥か古代から現代まで受け継がれる未完の架橋プロジェクトの存在は、地形上は離れている双方の土地を連結されるべきものとして意識させる。さらには、橋梁工学の進歩により、メッシーナ海峡に橋を架けることがもはや夢物語でなくなった今日では、これらの両土地は、あたかも人為的に切り離されたままにされているかのようにみなされる。もちろん、橋が架橋されなくとも双方の土地の行き来は古来より船によっておこなわれていたほか、近年では海峡を飛び越えてイタリア本土、さらには世界各国のさまざまな都市と空路で結ばれた状態にあり、必ずしも橋の未架設な状態が両土地間の交通ネットワークを妨げているわけではない。ただそこに欠けるのは陸上交通ネットワークの生みだす両土地の物質的に固定されたつながりのみである。

　未来のある日にメッシーナ海峡の橋が完成すれば、双方の土地の結合状態が従来の分離状態に代わって優位な様を呈するだろう。海と空の交通ネットワークがこれまでに築き上げてきた双方の土地間の連結では果たし得なかった両土地間の視覚上の結合状態を橋の架橋が導きだすからだ。

　橋を架けることとは、自然の克服という反自然的な人為的操作であるのに加え、自然のなかに橋を溶け込ませてゆくという超自然的な操作でもある。この橋のもつ両義性により、橋の架橋が希求される自然の風景よりも、すでに橋の架けられた人工の風景のほうが、より好ましい自然な風景として受け止められ

る。なぜなら、「橋の構築において、人間の仕事は絶頂をきわめ」、「結びつけようとする人間の意志に、別々に離れている空間が受動的に抵抗するばかりでなく、特別なものを作りださねばならぬということが、能動的な抵抗として意志に対置される」からだ（Simmel 1909＝1999：57）。橋の完成が、切り離された両岸の結合を導きだすのではなく、あくまでも両岸は切り離されたままの状態で橋によって結合されていることが強調される。この、切り離されていることと結合されていることとの対比が不朽に併存する姿こそが橋に美的な価値を与える。

第4節　未来都市の橋──埋もれゆく橋

　最後に、「筑波研究学園都市」の橋を見てみよう。同都市は、1963（昭和38）年の閣議決定により誕生した計画都市である。全体で約280km^{2}の面積を有し、そのおおよそ10分の1の約27km^{2}の面積が筑波研究学園都市のコアを成す「研究学園地区」にあたる。「つくばセンター」とよばれるターミナル、商業施設、会議施設、音楽ホール、図書館、宿泊施設、広場などを備えた「センター地区」（「都心地区」ともよばれる）を中心に、研究・教育施設と住宅地が集積する（三井 2015）。

　「センター地区」内の各施設と住宅地区は、ペデストリアンによりネットワーク化されている。ペデストリアンは、その名の通り自動車道路と区別された歩行者と自転車の専用道路のことをいう。車道に平行して設けられる、いわゆる歩道とは異なり、自動車道路から独立してい

図7-1　道路（土浦学園線）の上を横断するペデストリアン

る点で遊歩道に近い。

　ペデストリアンが自動車道路と交差する部分では、ペデストリアンが自動車道路の上を横断する陸橋となっている（交差部が横断歩道となっている場合もあれば自動車道路の下をペデストリアンが潜るトンネルとなっている場合もある）。このことにより、ペデストリアンと自動車道路は互いの交通を遮ることなく交差している（図7-1）。車道に沿う歩道とペデストリアンとの接続路は要所要所に設けられているが、あくまでも自動車のペデストリアンへの侵入は遮断されている。

　センター地区では、自動車道路がグランドフロアにあたり、ペデストリアン道路はその上層フロアにあたる。より具体的には、自動車道路とペデストリアンとが二層となっているところに面する建物では、自動車道路とのアプローチ階が一階、ペデストリアンとのアプローチ階が二階に設置されている。または、自動車道路とペデストリアンがいずれも地上に面している場合には、ペデストリアンからのアプローチを表玄関に、自動車道路からのアプローチを裏玄関にもつ場合やその逆もある。つまり、自動車道路のネットワークが形成する都市空間とペデストリアンのネットワークが形成する都市空間は別階層に位置づけられている。または、自動車交通は都市の外皮に、ペデストリアン交通は都市の内皮に張り巡らされているとも言えよう。自動車道路とペデストリアンは互いに異なる表情をもつ都市に棲み分けている。

　車道との交差部に架かるペデストリアンの橋は、自動車交通があらかじめ優位な立場におかれている都市構造を容認しながら、それとは異なる都市空間の位相を併存させるインフラたりえている。車道に架けられた橋は、自動車交通によりいったん切断された都市の断面をつなぎ合わせつつ、新たな都市空間を創り上げている。まるで自動車交通の作り出す都市風景からは想像もつかないような、のんびりとした中庭空間がそこにあるのだ。ペデストリアンは、車道によって切断されるはずの都市の各空間をパサージュのようにつなぐことで、断片化された空間を再度つなぎあわせ、歩行者や自転車に居心地よく移動できる空間を提供している。

　筑波研究学園都市のペデストリアンにかぎらず、全国の自動車道路にはそれ

らを立体的に横断する陸橋や高架橋が多く設置されている。モータリゼーションの行き渡る都市では、自動車道路が都市の地形を形成している。自動車道路を基盤とする都市の地形の上に張り巡らされたペデストリアンは、前述の通り研究学園地区の各施設や住宅を結び、最終的には自動車道路に吸収される。しかしその起点にさかのぼると「つくばセンタービル」内に設けられた「つくばセンター広場」に行き着く。この広場には二つの橋が設置されている。いずれも石橋で、一つは反橋、もう一つは飛石である（図7-2）。そもそもこの広場は、ペデストリアンの一層下のグランドレベルに設けられている。かといって自動車道路との接続はなく、つくばセンタービルの一階部分の出入口に接し、ペデストリアンとは階段で結ばれている。この広場の反橋と飛石は、それぞれペデストリアンから流れ落ちるように設計された水路に架けられている。これらの橋は、広場の造形として設けられた水路の上に架けられた、造形としての橋であり、都市の機能を実質的に担うことのないまま、密かに広場のなかに佇んでいる。

　この二つの橋がほとんどその存在を知られることのないまま都市の中央に架けられているのは、その設計を担った磯崎新が敢えてつくばセンター広場を都市のシンボルとすることを回避した結果によるものである。本来ならば、筑波研究学園都市の中核を成すつくばセンター広場は、都市のシンボルとなるように設計されることが予想された。つくばセンター広場に当初、期待されていた

図7-2　つくばセンター広場のカスケードに架かる反橋と飛石

図7-3　カンピドリオ広場（元老院宮殿から見た広場）（S.D.S編集委員会）

第7章　河川・橋　　117

のは、まさにローマのカンピドリオの広場のように、時の権力を配置し、そこを絶対的な都市の頂点かつ中心とし、都市をシンボライズすることであった。にもかかわらず、都市計画によって生みだされる筑波研究学園都市のあり方に疑問を呈していた磯崎新は、意図的にこの都市を記念する象徴的な中心をそこに登場させることを避けたのである（磯崎 1986：22-36）。

　もともとカンピドリオの丘は、ローマの七つの丘のうちでもっとも高く、古代ローマ時代にはユピテル神殿が祀られるなど、ローマの要となる丘であった。それが現在のように整備されたのは 16 世紀以降のことである。広場へのアプローチには、コルドナータとよばれるゆるやかな勾配の階段が設けられることで、広場に近づくにつれて都市の中心へといたる昂揚感がもたらされた。そして、白黒の舗石で 12 の頂点をもつ星型のパターンが敷かれ、その場所がもつ中心性が強調された（Marchetti 2007：83-87）。このカンピドリオ広場を反転させたのがつくばセンター広場である。凹凸だけでなく、舗石の星型パターンの配色も白と黒を反転させ、ネガがポジとして生み出された（Berque 1990：160-162）。磯崎新がこれまでも周到につくばセンターをマイナスの中心、マイナスのシンボルとなるように設計したのは、批判する対象をもたず、批判される対象にもならないままにスタートした計画都市、筑波研究学園都市を批判するためであった。

　このような意図のもとで設計されたつくばセンター広場のなかに架かる二つの橋は、現代の都市空間のなかで私たちが滅多にすることのなくなった、自分の足元に川の流れる橋を渡るという橋の原初体験を疑似的に経験させると同時に、橋を渡ったとしても渡り着く向こう岸が異世界ではなく、むしろ橋も橋のつなぐ両岸も同質の世界（都市空間）に包み込まれているという事実を暗に示している。これらの橋は、もはや交通インフラとしての機能も、空間インフラとしての機能も果たしていないように見える。橋がつなぎ合わせる世界が相対的に小さくなるなかで、あるいは橋が世界のほとんどの場所をつなぎ終えた後、橋が都市と同化した姿、あるいは両岸の差異を無化させた姿がそこにある。これらの橋は、一見すると都市のなかで実質的な機能を奪われているように見え

るが、私たちに都市と橋との関係を再考させる契機を与えてくれる。

（楠田　恵美）

Book 読書案内

G. ジンメル（川村二郎編訳），1999，「橋と扉」『ジンメル・エッセイ集』平凡社ライブラリー：橋のもつ両義的な意味「結合／分離」を主題にし、人間が自然や空間に対して抱く印象や意志について、自然や空間に対して行う働きかけについて、それらによって生みだされる新たな自然や空間と人間との関係について、論じている。

K. リンチ（丹下健三・富田玲子訳），2007，『都市のイメージ』岩波書店：日常生活のなかで私たちが接する都市空間を、私たちは実際にどのように視覚的、経験的に感じ、記憶し、イメージしているのだろうか。本書では受容者の立場から都市をとらえ、その姿を明らかにしている。

【引用文献】

Berque, Augustin, 1990，篠田勝英訳『日本の風景・西欧の景観：そして造形の時代』講談社現代新書.

Denison, Edward and Stewart, Ian, 2012, *How to Read Bridges*, Ivy Press Limited.（＝2012，桑平幸子訳『橋の形を読み解く』ガイアブックス.）

Hayden, Martin, 1976，The Book of Bridges, Marshall Cavendish.

磯崎新編著，1986，『建築のパフォーマンス：つくばセンタービル論争』PARCO出版局.

Marchetti, Francesca, Castria, 2007, *Squares and fountains of Rome*, Mondadori Electa Spa.

三井康壽，2015，『筑波研究学園都市論』鹿島出版会.

日本橋開橋祝賀会，1912，『日本橋志：開橋記念』東京印刷.

S.D.S 編集委員会，1994，『S.D.S［スペース・デザイン・シリーズ］第7巻 広場』新日本法規出版，78.

Simmel, Georg, 1909, "Brücke und Tür," Der Tag. Moderne illustrierte Zeitung Nr. 683, Morgenblatt vom 15. September 1909, Illustrierter Teil Nr. 216: 1-3.（＝1999，川村二郎訳「橋と扉」川村二郎編訳『ジンメル・エッセイ集』平凡社，55-66.）

Trachtenberg, Alan, 1965, *Brooklyn Bridge: Fact and Symbol*, Oxford Univ. Press.（＝1977，大井浩二訳『ブルックリン橋：事実と象徴』研究社出版.）

水道・飲料

IV 生活インフラ

Chapter 8

——潤し／乾く——

（ミネラル・ウォーター各種）

第1節　生活に溶け込んだミネラル・ウォーター

「あ、やられた」と思ったのは、すっかり飲んだ後だった。

ミネラル・ウォーターは好んで飲んでいたので、「い・ろ・は・す」のみかんフレーバーが出たときのことはよく覚えている。水だと少し物足りないが、お茶でもない気分のときに、しつこくない程度にちょっとした味があるとベストだ。すっきりしていて、これこそ求めていたもの、と感じたが、「17kcal/100mℓ」の表示を見て、思わずうなってしまった。カロリーの値もさることながら、そ

れでもミネラル・ウォーターを欲している自分に、である。

　「い・ろ・は・す」は、その独特な、潰して小さくなるボトルや環境保護への意識の高さから、500mℓサイズのペットボトル・ミネラル・ウォーター界のなかでは先進的な位置を占めている。2016年3月号の『総合食品』によれば、前年の2015年に発売されたフレーバー・ウォーター「もも」が2か月間で4,000万本を売り上げるヒット商品となった。フレーバー・ウォーターが急成長すると同時に、大元のミネラル・ウォーターの販売も拡大していく好循環が生じているようだ（総合食品研究所 2016）。

　日本の家庭でミネラル・ウォーターが飲まれるようになったのは、比較的最近のこと、おおむね1980年代以降である。飲用水に関するその頃の時代背景で言えば、1960年代から続く環境意識の高まりとともに、「水道水はにおいや味の点で飲めたものではない」という認識が世間に広く共有されていた。そうした世論の声を受けて、旧厚生省は1985年に、水温（20℃以下）、残留塩素（0.4mg/ℓ以下）、硬度（10〜100mg/ℓ）、遊離炭酸濃度（3〜30mg/ℓ）といった指標群からなる「おいしい水の要件」を公表した。ボトル入りのミネラル・ウォーターはそうした流れのなかで、「おいしい水」として家庭に入り込んでいく。比較的早く進出した銘柄で言えば、ハウス食品の「六甲のおいしい水」が1983年に（現在は、アサヒ飲料から「アサヒ おいしい水 六甲」として販売されている）、サントリーの「南アルプスの天然水」が1991年に発売されている。

　それから30年余りの時が経ち、ミネラル・ウォーターはすっかり私たちの生活の一部になった。ミツカンが継続的に行っている「水にかかわる生活意識調査」によれば、ふだん家庭で飲んでいる飲用水を調査したところ、水道水と答えた人が66.7％で依然としてもっとも多いが、市販のボトル入りミネラル・ウォーターを飲んでいると答えた人も23.8％と全体の4分の1弱を占め、日常的にミネラル・ウォーターで喉の渇きを潤している人も多くなってきている（ミツカン水の文化センター 2015）。

　出先ではコンビニエンス・ストアや自動販売機で購入し、家庭では2ℓ入りの大きなペットボトルを冷蔵庫に入れておく。今や、ミネラル・ウォーターが

手に入らない状況を想像することが難しいくらいに、私たちの社会にはミネラル・ウォーターが溢れている。当たり前にあって、**当たり前にアクセスできる**こと。それが社会のインフラとして機能することの最初の条件である。

第 2 節 　軟水の国産水、硬水の輸入水

　ミネラル・ウォーターへのアクセシビリティが向上したことに伴って、近年の動向では、国内生産されたミネラル・ウォーターの出荷数と、輸入されたものとのあいだに大きな違いが見られるようになった。日本ミネラル・ウォーター協会の統計資料によると、国内生産のミネラル・ウォーターは1980年代以降、右肩上がりで成長し、2015年には300万kℓの大台を超え、さらなる販路の拡大が見込まれている。他方で、輸入水のほうは、ここ数年は35万kℓ程度の需要で安定しはじめている（図8-1）。

　同じ水と言っても、国産水と輸入水のあいだには質的な違いがある。よく知られているのは硬度の差だ。硬度というのは、ミネラル・ウォーターの名前の由来にもなっているミネラルの含有量のことで、カルシウムとマグネシウムのイオン濃度を炭酸カルシウム濃度に換算して合計したものが使われている。その数値が小さいものが軟水で、大きいものが硬水である。一般的な用法では、硬度が0～100mg/ℓ未満のものを軟水、100mg～300mg/ℓ未満のものを中硬水、300mg/ℓ以上のものを硬水としている。

　先ほどの「おいしい水の要件」の一つが硬度100mg/ℓ未満のものであったように、日本の天然水や水道水の多くは軟水にあたる。ミネラル・ウォーターに含有されるミネ

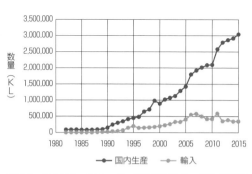

図 8-1　ミネラル・ウォーター類の国内生産、輸入の推移
　　　　（日本ミネラルウォーター協会（2016）より筆者作成）

ラル分は、雨や雪として地上に降った天然水が地中で濾過されているあいだに溶け込んだものである。日本は国土が狭く、急峻な地形が多いため、天然水が地層を通過する時間も短く、ミネラル含有量は相対的に少なくなる。たとえば、「南アルプスの天然水」は硬度が約30mg/ℓで、東京の水道水は季節変動を加味すると、およそ50〜100mg/ℓ程度である。

　それに対して、とくにヨーロッパがそうであるように、大陸が大きく、天然水が降り注いだ地域と取水する地域のあいだに大きな距離がある場合には、天然水が地中を通過する時間が長くなるため、溶け込むミネラルの量も相対的に多くなり、硬水となる。フランスのミネラル・ウォーターとして有名な「エビアン」の硬度は304mg/ℓ、もう少し極端な例では、同じくフランス産のミネラル・ウォーターで、美容水としても有名な「コントレックス」は1,468mg/ℓである。

　その硬度の差が、利用される状況の違いを生みだしている。日本において日常的な飲用水の利用を考えると、古くから慣れ親しんでいて、水道水に近い感触の軟水のほうが好まれる傾向がある。そのまま飲むにしても、煮炊きに使うにしても、普段使いの水道水と極端に違わないほうがよい。国内生産のミネラル・ウォーターが「ちょっといい水」として成長を続けてきた背景には、そうした水特有の物理化学的な性質がベースにある。

　逆に、そうした普段使いが自然なものになる以前には、輸入水の舶来品的感性が販路を開拓する上でとても重要な役割を果たしていた。そもそも「ただの水」にお金を出すという行為自体が、私たち日本人にとってはあまり馴染みのないものだった。ヨーロッパではレストランやカフェで水を商品として注文し、代金を支払うことが自然なこととなっているが、日本では現在でもそうであるように、「お水ください」は「水を買います」という意味ではない。輸入されたミネラル・ウォーターを買って持ち歩くということは、とても新鮮で、それだけでファッション的な**記号的価値**をもっていたのである。エビアンがここ数年発売しているデザイナーズボトルは、そうした歴史的な感性の上に展開されたものと言えるだろう。

第3節 | 国産水の価値の循環的強化（ポジティブ・フィードバック）

　ファッション的感覚を帯びた輸入ミネラル・ウォーターと、それを後追いする国産水という構図のなかで、徐々にミネラル・ウォーターが家庭に進出していくのであるが、国産水優位の状況が生まれる上で、大きな転機となった出来事が二つある。

　一つは、1996年にそれまで自主規制されていた500mℓサイズ以下のペットボトルの国内生産が解禁されたことである。それまで日本では携帯可能な小型ペットボトルに関しては、ゴミの増加を懸念して業界全体で生産を自粛していたが、1995年に容器包装リサイクル法が施行されたことにより、消費者ニーズに応える形で自主規制が廃止された。それによって、自動販売機で販売される飲料の多くは缶からペットボトルに変わっていき、現在のような、フタができ、持ち運び可能な小型ボトルが主流となる。図8-1に示した推移でも、1996年にミネラル・ウォーターの輸入が落ち込み、それに変わって、国内生産量が増えたことが確認できるだろう。国産ミネラル・ウォーターの急激な伸びはこのあたりからはじまっている。

　もう一つは、非常時への備えとして、ミネラル・ウォーターを備蓄する需要が新たに発生したことである。近年の出来事で言えば、東日本大震災が起きた2011年の需要の急激な伸びがそれにあたる。歴史をさかのぼると、1999年の需要の伸びもコンピューター2000年問題による社会の混乱に備えて、食料や水などを備蓄した動きの一環であることがわかる。1996年の小型ボトル解禁で、ペットボトル入り飲料が日常的に飲まれはじめたところに、それが備蓄でき、非常時にとても有用であるということへの気づきが重なっていくわけだ。

　ある意味ではここ数十年の日本社会の歴史は災害にどう対応するかということを学んできた歴史でもある。東日本大震災の際には、カップめん100万食、飲料水100万本、携帯電話17,000台、ストーブ800台などが企業の善意によって被災地に提供された（『読売新聞』2011.3.21朝刊）。災害時の初期対応としてペットボトル飲料を供給するということは、今では常識の範疇に入りつつある。

また、直接の被災地域ではないところでも、先々の物流への不安が高まり、スーパーやコンビニエンス・ストアなどの小売店で、多くの生活必需品が買いだめされる事態となった。とくに、関東近県では、福島第一原子力発電所で起きた放射能汚染の影響で、水道水から基準値を超える放射性ヨウ素が検出され、それまで水道水に寄せられていた安心・安全のイメージが大きく揺らいだ。その分だけ相対的に、現地でボトル詰めされたミネラル・ウォーターの安全性への関心が高まり、とくに、乳児の粉ミルクを作る際には、海外の硬水よりも国内の軟水が好まれたこともあって、国産水のミネラル・ウォーターは非常時に安心して飲めるという認識が社会のなかに定着しつつある。

　このように辿って振り返ってみると、国内生産のミネラル・ウォーターは歴史的な経緯のなかで、その価値が循環的に強化_{ポジティブ・フィードバック}されていったことがわかる。水道水はまずいといった状況から、ミネラル・ウォーターが「ちょっといい水」として家庭に入り込み、小型ペットボトルの国内生産が解禁されて、ペットボトルからドリンクを飲むという行為が社会のなかに幅広く普及するなかで、災害時の初期対応や備蓄に有効であることも気づかれていく。

　その上に現在の私たちのミネラル・ウォーターの利用形態がある。平常時の水道、非常時のミネラル・ウォーターという形で、飲用水の循環を機能的に分離し二重化していることを頭の片隅におきつつ、日常的には「ちょっといい水」として気軽に楽しむようになってきたのだ。

第4節　「ただの水」と「ちょっといい水」の振り子運動

　平常時と非常時の二重化という点から言えば、日常的な飲用水の供給は過剰供給の状態にあるとも言える。「まずくて飲めない」と言われたあの頃に比べれば、東京の水道水もかなり改善されてきた。東京都水道局がそれを逆手にとって、水道水をペットボトルに詰めて「東京水」として売り出したときにはさすがに驚いたが、たしかに、商品として成立するくらいに水質が改善されてきているとは言えるだろう。だから、日常的な飲用水の利用という点では、水道

第8章　水道・飲料　　125

水もミネラル・ウォーターもどちらも選択できる状況にある。その意味で言え
ば、渇き／潤すというよりは、社会はいつでもとても潤っているのだ。

　もしそうであれば、疑問が一つ浮かんでくる。ではなぜ、私たちはミネラル・
ウォーターを好んで飲むのだろうか。あるいは逆に、ミネラル・ウォーターを
好んでいるのなら、なぜ私たちはミネラル・ウォーターだけを飲もうとしない
のだろうか。選択の自由が与えられたなかで、私たちはミネラル・ウォーター
に完全に依存することなく、適度な付きあい方をしているように思えるのだ。

　もちろんそこには価格の差という経済的な要因も関係しているだろう。もし
値段が高くて日常使いに耐えないのであれば、ふだんは水道で済ませ、ちょっ
としたときにミネラル・ウォーターを楽しむという使い方もある。けれども、
近年、ミネラル・ウォーターは価格破壊が進んでいて、セール時には 2ℓ サイ
ズのペットボトルが 100 円を切る水準で販売されている。また、重くて持ち運
べないという場合には、ネット通販を利用して箱買いすることも、比較的安価
になった大容量サーバーを購入することもできる。もしも、単純にお値段が主
要因であるのだとしたら、価格が低下していくにつれて、飲用水の利用は水道
水からミネラル・ウォーターに徐々に転換していくと予想されるが、現状では
必ずしもそうなっているわけではなさそうだ。もっとミネラル・ウォーターの
利用特性に即した説明が必要だろう。

　では、私たちはどのような時にミネラル・ウォーターを好んで飲んでいるの
だろうか。ミネラル・ウォーターの利用特性についての研究はそれほど多くは
ないが、そのなかで貴重なデータを提供しているものに、高橋・森髙・池山
(2006) による「市販飲料水に対する女子大生の識別と嗜好特性 (2)」と、大
貫・棚橋・佐藤・峯木 (2007) による「市販飲料に対する学生の嗜好と摂取状
況——第 2 報——」がある。

　高橋・森髙・池山 (2006) は 1〜4 年次の女子大学生を調査対象に、食品に関
する知識が異なる学年間で、ミネラル・ウォーターに対する意識に変化が生じ
るのかを検討したものである。なかでも、本章の関心からは、ミネラル・ウォ
ーターの摂取頻度について調査した項目が興味深い。高橋らの分析によると、

各種飲料が摂取される場面には、それぞれ特徴がある。平常時にはお茶が他の飲料に比べて有意に高い頻度で摂取されているが、スポーツ時とお風呂上がり時には、それにスポーツドリンクとミネラル・ウォーターが加わる。

また、東京と仙台地区の栄養士養成施設の学生を対象に、飲料に関する摂取状況を調査した大貫・棚橋・佐藤・峯木（2007）によれば、同じ学生を対象に夏と冬に2回調査し、摂取状況と季節との関連を統計的に分析したところ、ミネラル・ウォーターだけが夏と有意な相関を示した。

二つの調査結果からは、私たちがミネラル・ウォーターをとくに好んで摂取する具体的な状況が浮かんでくる。一日のサイクルのなかではとくにスポーツやお風呂上がりの後、季節で言えば夏、つまり、喉の渇きを潤すだけではなく、火照った身体をクールダウンさせたいと感じるような時だ。

逆に言えば、ミネラル・ウォーターで火照った身体を冷やした後は、お茶系飲料のような、何か別のものが欲しくなる。ミネラル・ウォーターは水道水を代替するものであると同時に、お茶やスポーツドリンク、そして水道水も含めた多様な飲料のなかで、数ある飲料のひとつ one of them であるという位置を保っている。

飲み物全体から見たら、もっと魅力的な飲み物がたくさんあるから、ミネラル・ウォーターはただの水にすぎない。しかし、水というカテゴリーで見れば、水道水よりもちょっといい水にはちがいない。飲み物と水という二つのカテゴリーのあいだを行ったり来たりする結果、「ただの水」が「ちょっといい水」に、「ちょっといい水」が「ただの水」に、ミネラル・ウォーターの意味も行ったり来たりする。ちょうど楕円軌道を描くように、「ただの水」と「ちょっといい水」のあいだには相互に引力が働いているのである。

■■ 第5節 ｜ おいしい水の記号化と水の郷の Win-Win 関係 ■■

そうした振り子運動を作りだす上で、「おいしい水」「天然水」「南アルプス」「六甲」といったミネラル・ウォーターに貼り付けられたラベルは、山のイラ

ストとともに、「純粋な冷たい水」を示す記号として機能している。ミネラル・ウォーターが記号性を帯びていることは、「ミネラル」の含有量を示す硬度を見てもわかる。「南アルプスの天然水」の硬度が 30mg/ℓ で、東京の水道水の硬度が 50〜100mg/ℓ だということは、むしろ水道水のほうがミネラル分を多く含んでいるということになるからだ。

　ごく単純に、ミネラルを含んだ純粋な冷たい水、ということであれば、物理化学的には冷蔵庫で冷やした水道水が一番よい、ということになってしまう。記号として機能するということは、そうした物理化学的な組成ではなく、ほかの商品と差別化される際のイメージの水準が重要になっている、ということだ。「おいしい水」「天然水」「南アルプス」「六甲」というラベルは、「山から来たつめた〜い水」というイメージを作りだす記号なのである。

　実際、私たちがミネラル・ウォーターとよんでいるものは、正確には「ナチュラル・ミネラル・ウォーター」として定義されているもので、自然のなかから地下水として汲み上げられた自然水のうち、一定のミネラル分を含んだものをさす。だから重要なのはむしろ「ナチュラルである」ということのほうである。

　自然から採取した水に「おいしい水」「天然水」というラベルを貼り、売りに出す。ミネラル・ウォーターを商品として出荷するというのはまさにそういうことなのだが、では、その資源は誰に帰属し、誰が管理すべきものなのだろう。田畑に分配する水の管理が歴史的にそうであったように、本来誰のものでもないはずの自然物を占有する局面では、採取した自然物の帰属関係が争点の一つになる。売りに出しているその「天然さ」はいったい誰のものなのか、ということである。

　ミネラル・ウォーターも例外ではない。山梨県北杜市白洲町には、サントリーの「南アルプスの天然水」と、コカ・コーラ社の「森の水だより」という大きな銘柄の取水地が集中し、企業による地下水採取をどう規制するべきかがくりかえし問われてきた。なかでも、山梨県が 2005 年に設置した「ミネラル・ウォーターに関する税」検討会は注目に値する。

中村康彦の『ウォーター・ビジネス』によれば、初めは地元の山梨県も「うまくやっているな」という程度の感じで商売を見守っていたが、自然が養った地下水資源を、無料で使いながら利益を上げている企業活動にしだいに行政も無関心ではいられなくなり、ミネラル・ウォーターに1ℓ1円くらいの税をかけることはできないかと検討を始めたという（中村 2004）。

翌 2006 年に提出された『「ミネラルウォーターに関する税」検討会報告書』によると、当時の山梨県では、県内の地下水を原材料とするミネラル・ウォーターは、全国シェアが 41％と日本一の生産量となっていた。その一方で、山梨県の森林は、林業の不振や林業労働者の減少・高齢化などの進行によって、森林の管理水準の悪化・荒廃が進んでいるという現状があり、ミネラル・ウォーターに課税して、それを水源涵養に係る施策に要する費用に充てることが検討された。

それに対して、ミネラル・ウォーター産業は、地下水資源や森林整備から受益を得ている点においては他の産業も同様であるので、ミネラル・ウォーター産業の受益だけが特別大きいわけではないと反論し、課税の公平・中立性の観点から、結果的に税の導入は見送られることとなった。

ミネラル・ウォーターは自然から採取したものなので、その製品の物理化学的な組成という点で言えば、作りだしたのはまさしく山梨県を中心とする自然環境そのものである。だから、その資源管理の責任について、具体的に言えば、ミネラル・ウォーターを過剰採取して枯渇させてしまわない社会的責任がミネラル・ウォーター産業にはある。

しかし、商品が「おいしい水」として売れるという点で言えば、たとえ物理化学的においしい水の条件を備えていたとしても十分ではない。新井・福石・原山（2011）の「山梨県白洲町の地下水をめぐるポリティカル・エコロジー」によれば、1984 年に当時の環境庁が「名水百選」事業を始めたときに、白洲町では尾白川が 1985 年に選定されたが、当時の雑誌記事に尾白川や白洲町が取り上げられることはほとんどなかった。

白洲町がおいしい水の郷として有名になったのはむしろ、サントリーの「南

アルプスの天然水」などで取水地として紹介され、工場見学者が安定的に訪れるようになったからである。ミネラル・ウォーターが売れることで、おいしい水の郷として白洲町の知名度が上がり、それによってさらにミネラル・ウォーターが売れ、多額の固定資産税を納める企業として町の財政に寄与するという、循環的な強化過程がここにも生じている。流行りの言葉で言えば、白洲町とミネラル・ウォーター産業は、ミネラル・ウォーターが枯渇しないかぎりは、Win-Win の関係にあるのだ。

第6節　「ちょっといい水」の冗長性_{リダンダンシー}

　ミネラル・ウォーターが主たる飲用水になる途には、いくつかの点で留め金_{ストッパー}がかけられている。そのうち大きなものの一つは、ミネラル・ウォーターの需要総量が商品としてのステージを劇的に変えるほどに増加するとは考えられていないということだろう。順調に売り上げが伸びていくとしても、需要が供給を生み、供給が需要を生むような幾何級数的な増加ループは想定されておらず、拠点を破壊しかねないような急激な増産も予定されていない。白洲町がある山梨県の地下水位観測でも大きな変動は確認されておらず、常時監視を続けていくことは必要であるが、今すぐに何か行動をおこすべきような状況にはない。

　その裏側にはもう一つの留め金として、水道水の大幅な水質向上がある。先述のミツカン水文化センターの「水にかかわる生活意識調査」によれば、水道水を 10 点評価で表したときの平均点は、東京圏で 1995 年に 5.37 だったものが、2015 年には 7.3 にまで伸びており、大阪圏でも同様の上昇傾向が確認できる。もともと軟水で生活利用に適していた水道水が、「まずくて飲めない水」から飲める水へと水質改善されたことによって、万人がミネラル・ウォーターを常時飲用するというような事態にはいたらなくなった。フレーバー・ウォーターのような形でミネラル・ウォーターの新しい楽しみ方が提案されはじめたということもその効果の一つだろう。

　水源である山を丸ごと買い占めてしまおうという発想が日本で生まれにくい

のもそのあたりに理由がある。ミネラル・ウォーターは地下水から、水道水は川の水から取水したものであり、どちらも自然の力によって運ばれた水の流路を、人の力でほんの少し動かしたものだ。水道水の浄化能力が向上すれば、地下水との違いは程度の差になり、ミネラル・ウォーターの需要と供給が自己言及的な増加ループに入らないかぎりは、需要は一定の幅に収まる。だから、飲用水として利用することを想定して山ごと地下水を買ったとしても、占有したことに大きな意味が発生しにくいのだ。

日常生活のなかで起きていることもそれと同じである。飲用に適した水資源が豊富で、飲用水としても、飲料としても、代替的な選択肢が数多く想定できる状況では、それがなくてもなんとかなるという意味で、冗長性が発生しやすい。だから、「ただの水」と「ちょっといい水」のあいだを行ったり来たりしながら、気づいたときには棚の奥に吸い込まれているということが起きる。ダムのように大きく蓄えられるのではなく、むしろそうした微分された形で、ミネラル・ウォーターは社会のインフラを構成しているのだ。

ちょっといい水だから家庭においてもらえるけれども、争ってすぐに消費されてしまうような、すごくいい水ではない。そして、ただの水へと意味が回帰していくなかで、そこから発生した冗長性が、将来の渇きへの備えとして、あまり意識されることもなく吸収されていく。ただの水でもあることは決して悪いことではない。身近で手軽で、忘れてもいいからこそ、いつか助けが必要になるその日が来るまで、ひっそりと待っていることもできる。そうして生まれた一つ一つの小さな溜めが、ボトルに詰められた天然水を分散配置された都市の水瓶に変えていくのである。

（池田　和弘）

Book 読書案内

渡部一二，2004，『図解・武蔵野の水路——玉川上水とその分水路の造形を明かす』東海大学出版会：台地の東縁の湿地帯に開かれた江戸の町は、井戸水に塩分が混じるため、真水を得るのに苦労した。その江戸の町の大水道になったのが多摩川から四谷まで続く玉川上水で

ある。本書の豊富な図解を元に、江戸東京最古の水道インフラをフィールドワークしてみよう。

山本早苗，2013，『棚田の水環境史——琵琶湖辺にみる開発・災害・保全の1200年』昭和堂：同じ水の供給を考えても、都市と農山村では内実がかなり違う。農山村では多層的な水のネットワークが人びとの関係のあり方を規定する。琵琶湖周辺の棚田における人びとの営みを環境社会学的視点から描いた本書は、都市的生活がなにかを考えるよいきっかけになるだろう。

沖大幹，2012，『水危機——ほんとうの話』新潮社：本書は水と人間社会が織りなすさまざまな交渉の様を、水の循環という自然科学的な側面から記述し直したものである。こうした試みを水文学（すいもんがく）という。食料の輸入を仮想的な水の貿易に見立てるバーチャルウォーターの考え方はとても興味深い。

【引用文献】

新井智一・福石夕・原山道之，2011，「山梨県白洲町の地下水をめぐるポリティカル・エコロジー」『E-Journal GEO』，5（2）：125-37.

「ミネラルウォーター」に関する税」検討会，2006，「ミネラルウォーターに関する税」検討会報告書，（2016年11月30日取得，https://www.pref.yamanashi.jp/zeimu/documents/67152563306.pdf）

ミツカン水の文化センター，2015，「第21回（平成27年度）「水にかかわる生活意識調査」結果レポート，（2016年11月30日取得，http://www.mizu.gr.jp/images/main/chousa/ishiki/2015/kekka2015.pdf）.

中村康彦，2004，『ウォーター・ビジネス』岩波書店.

日本ミネラルウォーター協会，2016，「ミネラルウォーター類 国産、輸入の推移」，（2016年11月30日取得，http://minekyo.net/publics/download/?file＝/files/content_type/type394/1/201603251357461337.pdf）

大貫和恵・棚橋伸子・佐藤靖子・峯木真知子，「市販飲料に対する学生の嗜好と摂取状況—第2報—」『東京医療保健大学 紀要』，1：7-16.

総合食品研究所，2016，『総合食品 2016年3月号』.

高橋真美・森高初恵・池山豊，2006，「市販飲料水に対する女子大生の識別と嗜好特性（2）」『日本調理科学会誌』，39（5）：302-9.

エアコン

——暖め／冷やす——

(『天国と地獄』© TOHO CO., LTD.)

第1節　『天国と地獄』

　黒澤明による映画『天国と地獄』(1963年)は、大手製靴会社の常務・権藤と、その息子を誘拐しようとして、誤って彼の運転手の息子を誘拐してしまった若きインターン・竹内、そして刑事たちとのあいだでくり広げられる、緊張感あふれるやりとり、巧妙なトリック、そして苦悩や葛藤を含む人間ドラマを主題とするサスペンス劇である。謎なのは、犯人が、とくに接点もないようにみえる権藤を、執拗に追い詰めようとすることだ。竹内を駆り立てた動機とはなん

だったのか——それは、丘の上に立つ優雅な権藤の邸宅を、低地の木造長屋の住まいから日々眺めているうちに芽生えてきた、深い嫉妬であった。冬は寒くて寝られず、夏は暑くて眠れない長屋が「地獄」であるのにたいして、快適な空調が効いた権藤邸は「天国」と映る。電話のなかで、こちらの室内の様子がわかるという相手の口ぶりに、思わず「そこから見えるのか?」と問いかける権藤にたいして、竹内はこういう。「よーく見えるよ、どっからだって見えるよ、丘に上にお高く構えやがって。今日はこっちはうだってるんだ。ここはそれこそ、地獄の釜のなかさ。不快指数100。でもそっちは冷房完備。涼しすぎるくらいだろ」。

　熱い空気がじっとりと淀む「地獄」と、適度な室温が保たれた「天国」。だがじつのところ観客のほうでは、映画の途中まで、権藤邸が「天国」であるとは気づきにくい。冒頭の場面から、物語はずっと権藤邸のリビングを舞台に展開されるのであり、たしかに部屋の広さや調度品、仕立てのよさそうな家族の服装から、並外れた裕福さは感じ取れるものの、皮膚感覚で体感する快適さは観る者には伝わらない。場面が転換し、外回りの刑事たちが汗を拭きながら街中を歩いたり、病院を歩く竹内のシャツが汗ばんでいたりするのをみて、初めて観客はうだるような暑さと、不快さを視覚的に理解するのであり、そこから翻って、権藤邸のリビングの涼しさと快適さを思い知るのである。ここから示唆されるのは、快適さはそのものとしては描くことが困難であり、それはいわば不快さの陰画としてのみ描出されうるという点である。

　現在の都市空間を生きる私たちは、エアコンの快適さをなかば自明視しつつある。住居やオフィス、商業施設、交通機関、等々、私たちが日常生活を送る空間は、ほとんど空調が完備されている。私たちが外気に触れて暑さや寒さを感じるのは、自宅から駅まで、駅からオフィスや学校まで、等々、通勤や通学の途中での、いわば**空調のネットワーク**が途切れる隙間においてである。あるいは故障や節電などでエアコンが切られているときも、空調の隙間に出会うだろう。それが「地獄の釜のなか」にふれる瞬間だとすれば、私たちは屋内空間にいるかぎり、日常的に「天国」に住んでいるのにちがいない。耐久消費財の

世帯普及率の推移をみると、映画が製作された1963年の時点でのエアコン普及率は1.3％にすぎず、自宅に空調が備わっている快適な「天国」は、ごく限定されていた。快適さの、歴然たる階層間格差があったのである。けれどもその数値は、とくに70年代から80年代にかけて急激に上昇し、2016年の段階では普及率は92.5％にまで達している。

　空調の偏在から遍在へ。あるいは**快適さの民主化**。このようなエアコン装置の普及にまつわる歴史的プロセスを問い返してみることは、私たちの過ごす都市空間を、インフラの自明性の厚みを問い返す形で再考することにつながるだろう。

　快適さは、そのものとしては描きにくい。このことは、理想的な空調のあり方にもかかわっている。暑くもなく、寒くもなく、湿度が高すぎも低すぎもしない、そのような気候条件を整えてくれる空調装置の理想型は、それ自体として意識されず、環境に溶け込むような装置であるだろう。**図と地**の対比でいうなら、図として浮かびあがることなく、地に沈み込んで透明化するのが、望ましい空調装置のあり方である。インフラとは一般に、図としての人間の諸々の活動の条件を支える、地の部分を構成するものであり、それ自体が意識されないときに、インフラとしての機能を十全に実現させる（本書序論を参照）。しかしエアコンは、その吹出し口を生活空間に露出させ、私たちの身体に冷気や暖気を吹きかけてくる機器であり、その点で、地として徹底しない面がある。家族間でのリビングの設定温度をめぐる攻防。オフィスの空調の風が直接あたる席を避けようとする女性社員。地下鉄駅の空調機のまえに陣取る中年男性。不快さを避け、快適さを求めようとする私たちの生理的な身体性は、露出したインフラとしてのエアコンに対峙しつつ、日々、快適さをめぐる、いじましくも切実な微調整を要請する。

　地の水準から顔を突きだして、図の水準に浮かびあがるエアコン。この両義性はそのまま、器具（equipment）か設備（facilities）かという、エアコン装置の両義性に結びつく。一方においてエアコンは、家電製品として、テレビや冷蔵庫、洗濯機などと同列に並べられることもある。だが他方、換気扇や照明装置、

第9章　エアコン

給湯器など、建物に付属する設備機器という側面ももっている。消費財のオプションとして購入が可能だが、しかし、設置には専門的な技術者の手が必要となる。

　透明化しきれない中途半端なインフラ。家電ならざる家電。器具と設備の中間物。以下でささやかな空調の技術社会史を試みるにあたり、記述のひとつの軸として、このようなエアコンの**両義性**と、それゆえに私たちの**身体性**とのあいだに生起する、微細な交渉過程という点に注目することとしたい。そのときエアコンの普及史は、単純な上昇を描く線的な物語とは異なる、独特の社会性の膨らみの変遷として出現するだろう。

第2節　人間的環境の非人間的起源

　エアコンとはエアー・コンディショナーの略称であり、空調とは空気調和の略語である。そして空気調和とは、室内の温度・湿度・清浄度・気流からなる空気条件を、その空間の目的や用途におうじて最適な状態に制御すること、と定義される。

　空調装置の開発と普及の歴史をさかのぼると、私たちにとって意外な事実が二つ明らかになる。第一に、エアコンを自明視する私たちは、空調とは、もっぱら人間の快適さのためにあると考えがちであるが、しかしその祖型をなすのは、人間ではなくモノのための装置であった。第二に、エアコンといえば、私たちはすぐに冷房を連想するが、初期の空気調和の主要な課題は、温度よりもむしろ湿度の制御であった。エアコンの父とよばれるウィリス・キャリアが1902年、最初に開発したのは、ニューヨークの印刷工場用の温湿度調整装置であった。そしてまた、日本で最初に導入された空調の事例は、1907年、富士紡績の保土ヶ谷工場に採用された、アメリカから輸入されたキャリア社製の空調装置であった。

　紙も糸も湿気に敏感に反応する。ゆえに印刷にも紡績にも、湿度の管理が重要となる。人間の快適さのためではなく、まずはモノの製造工程における品質

確保のために、空調は導入されたのである。人間の快適さのための空調は、こうして蓄積された産業用空調の知識と技術が、二次的に応用されたものにすぎない。エアー・コンディショニングという言葉を造りだしたステュアート・クレイマーは、紡績工場で使われていた、機械工程のまえに糸を湿度の高い空気にさらす作業をさす「ヤーン・コンディショニング」という用語をもとに、その言葉を発想したのだという。素材をコンディショニングするかわりに、クレイマーは、それがさらされる空気自体のコンディショニングを提案したわけである（Cooper 1998：19）。

　人間的な環境の、非人間的な起源。この点に関連して、もうひとつのエピソードを紹介しておこう。大阪金属工業株式会社（のちのダイキン）は、戦前期から冷凍装置の開発を手がけていたが、新冷媒であるフロン式冷凍機の開発への取り組みは、軍需用、すなわち潜水艦に導入するための、無害な冷媒への需要にもとづいていた。1939 年に実施されたフロン式冷凍機の潜水艦実験の成功を契機に、大阪金属工業は、戦艦や巡洋艦、航空母艦、そして潜水艦用に、海軍にたいして冷房装置を納入しはじめる。とりわけ居住環境が過酷な潜水艦では、居住区域全体に冷房が施されることとなった。さらに特殊な軍需用途に向けて、小型の冷凍機が開発されたが、その用途のひとつは特攻兵器の魚雷「回天」であった。きわめて狭小な操縦室の冷房用に、0.5 馬力冷凍機キットが製造されたのだ（日本経営史研究所編 2006：19-20）。

　潜水艦は、外部から隔絶された究極的な自閉的環境であり、その空気条件は必然的に人工的に調節される必要がある。窓を閉め切ってエアコンを効かせたリビングやオフィスが、ひとつの自閉的環境であるとすれば、自閉と空調というカップリングにおいて、潜水艦は、いわばリビングやオフィスの極端な範型となる。現在の私たちが快適に過ごす、リビングやオフィスを冷却している空調装置の、その技術的系譜の一端には、孤独に海中をすすむ回天を冷却していた 0.5 馬力の冷凍機があるのだ。

　外界との連続性の切断と、内部環境の自律化——じつのところ空調技術が都市空間にもたらしたインパクトの中心は、この点にある。たとえば空調技術の

登場以前、かつての私たちは、夏の暑さをしのぐうえで、伝統的な納涼の技法に依拠していた。それは外的な自然環境とうまく交渉しつつ、小さな涼しさを引きだし、集めてくるような作法であった。すだれやよしずを張って直射日光を避ける。打ち水をする。ふすまや障子を簾戸に替えて、風を呼び込む。夕方に路地に縁台を出し、団扇であおぎながら夕涼みをする。そこでは居住空間と外部空間とはシームレスにつながっており、その連続した環境のうちに斑状に点在する涼しさを、うまくより分けて享受していたのである。

空調技術は、この連続性に切断をもたらす。外気との共棲ではなく、外気の遮断のうえに、内部環境の快適さは成立する。(なお、涼しさをもたらす古典的テクノロジーとしての扇風機は、この切断を前提としない点で、空調技術と大きく位相が異なる。それは自然の風の技術的模倣であり、外気との共棲という伝統的な処し方の延長線上に位置する)。空調技術によって、建築空間は、外部に接する開口部の大小多寡を気にせず、その容積を自在に設定しうる権能をえる。たとえば高層ビルや地下街やショッピング・モールなどは、そうした切断の産物にほかならない。そこでは、いわば連続性は内部化される。空調機器を増設しさえすれば、開口部なしに、どこまでもシームレスに連なる空間を構築することができるのだ(エアコンがモール的な連続空間を可能にするという点については、建築家のレム・コールハース(Koolhaas R.)が「ジャンクスペース」(Koolhaas 2000＝2015)で指摘している)。

とするなら『天国と地獄』の竹内が抱いた嫉妬の正体も、また別の角度から眺められるかもしれない。すなわち、雑然とした木造長屋のリアリティに埋め込まれ、周囲との連続性から逃れられない自分にたいして、権藤一家は、同じ街に暮らしていながら、猥雑な外界を優雅に遮断して、丘の上でカプセル状に快適に浮かんでいるようにみえる。空調の涼しさというよりも、空調が可能にするそうした切断ぶりにこそ、竹内は猛烈な嫉妬を覚えたのではないか、と。

■■ 第3節 快適さの民主化 ■■

戦前期日本での空調の導入事例は、ほとんどが紡績工場をはじめとする産業

用空調であり、一般用空調（ないし快適空調）は、銀行や劇場、映画館、百貨店など、ごく一部の施設に限られていた。さらにまた、それら限定的な施設においても、戦局の悪化にともない、民需用の空調は使用が制限されることとなった。戦後になり、まず空調設備が整えられたのは、進駐軍の接収ビルならびに関連施設であった。それに引き続いて劇場、映画館、百貨店などに空調が復活してくる。1950年代後半から60年代にかけては、ホテルや病院など大規模施設をはじめ、オフィスビル、喫茶店やバーなどの飲食店、キャバレーなどの風俗営業、パチンコ店などの娯楽施設、等々に空調機器が導入されるようになる。当時は冷房装置それ自体が珍しかった時代であり、エアコンの所有はときに誇示的に喧伝され、顧客誘致の手段として用いられていた。図と地の対比でいうなら、エアコン装置は図として顕示され、衆目を集めていたのである。その一方、個人宅には、よほどの富裕層しか導入が見込めなかった。さきにふれたように『天国と地獄』が製作された1963年の時点で、エアコンの世帯普及率はわずか1.3％であった。

　この時期において、都市空間を俯瞰するなら、空調の効いた場所はごくまばらに点在する状況であった。やがてそれらの点と点をつなぐ、線としての空調が登場しはじめる。すなわち交通機関の空調だが、まずは一部の特急列車や特急バス、観光バス、タクシー、等々がエアコン装備を導入しはじめる。興味深いのは、初期の冷房バスや冷房タクシーの一部が、特別料金の設定を試みており、その徴収をめぐって論争や騒動が生じていた点である。この時点で交通機関の冷房は、付加的なサービスなのか、当然のサービスなのか、その地位をめぐってせめぎ合いが生じていたのだ。

　60年代後半になると、特急電車にくわえ、通勤用の車両にも冷房を採用する動きが出てくる。冷房の日常化である。以降、国鉄ならびに私鉄各社は、互いに競うように車両の冷房化率を上昇させていく。注目すべきは、国鉄の冷房化率に、路線によって待遇の差が生じていた点であり、いわば快適さの地域間格差があった。首都圏ではまず山手線に、続けて東海道線、横須賀線、中央線特別快速に冷房が入る。これらの線区が優遇される一方で、東北・高崎線、京

第9章　エアコン

浜東北線、総武線、常磐線など、北と東の各線への冷房車の導入時期は相対的に遅れていた。

こうした普及速度の不均等を抱えつつ、ともあれ都市空間における空調のネットワークは、点から線へ、そして線をつないだ面へと、大小の破断を含みながらも、しだいに水平的に拡張していく。と同時に、人びとの快適さと不快さの閾値は、それら空調の連鎖の拡大と並行して、集合的な水準で変容を遂げていく。これまでは我慢のできた暑さが、耐えがたい暑さへと変わってくるのである。普及がすすんでいない段階では、空調の効いたスポットが、稀少な都市空間のオアシスだった。それにたいして普及がすすみ、切れ目のない空調の連鎖が形成される段階では、そのネットワークの途切れる隙間が、耐えがたい不快な瞬間として出現する。

■ 第4節 | 家電としてのエアコン

当初はごく一部の富裕層にしか手が届かなかった空調装置だが、やがて一般家庭にもエアコンが導入される時期がやってくる。空調業界の業界誌では1968年の時点で、比較的所得の低い階層にも、簡易型エアコンの売りあげが伸びていることが報告されている（『冷凍と冷房』1968.8：29）。その要因として、値段が手頃になったこと、空調にふれる機会が増えてきたことにくわえ、一般電気店がエアコンに関心を示しはじめたことが挙げられる。電気店がテレビや冷蔵庫などの販売網に、エアコンを組み入れる傾向が出てきたというのだ。従来はメーカーから施工会社を介したルートしか存在せず、一般消費者の目にエアコンは、そもそも購買可能なオプションとして認識されていなかった。それがいまや、テレビや冷蔵庫と同じ平面に並ぶ家電商品として、店頭にディスプレイされ、選択肢のひとつに浮上してきたのである。空調のネットワークが準拠的な環境となりつつある人びとにとって、自宅が、その網目の途切れる不快な環境になりはじめていた。エアコンは夏期の必需品という感覚が、しだいに浸透しはじめる。エアコンの世帯普及率は、1970年には5.9％であったのが、

75年には17.2％、そして80年には39.2％にまで達する。

　高価なためエアコン装置の購入には躊躇があるが、しかし涼しさ、快適さだけは自宅に取り入れたい。そうした過渡期の需要に的確に応えたのが、1972年に登場したコイン式クーラーというビジネスモデルである。「冷た〜い空気売ります」をキャッチフレーズに、エアコン本体を無料で貸し、コイン投入口に100円硬貨を入れると1時間稼働するという仕組みで、一躍人気を博した。コイン式クーラーの成功は、100円と1時間の涼しさを等価交換するという直截さでもって、快適な「空気」という商品を購入することに、消費者の側が順応しつつあることを証拠立てていた。

　一般世帯への普及が広がる1960年代から70年代にかけての広告は、家電製品としてのエアコンが、快適さをめぐる当時の欲望を、どのように形象化していたのかを物語ってくれる。

　1965年の三洋電機「サンヨーエア・コン」の広告（『朝日新聞』1965.4.29夕刊）は、店頭に並ぶ商品群から特定のエアコンを選択するという状況が成立する以前の、いわばエアコンのプレ家電時代の広告として興味深い。そこではまず、エアコンとはたんなる「冷房機」ではなく「空調機」であるとする、啓蒙的なメッセージが掲げられる。さらに特徴的なのは、商品それ自体の機能や性能の説明よりも、購入方法の説明に力を費やしている点である。メーカー独自の月賦や銀行タイアップのローン、相談先となる専門店の紹介にスペースを割いているが、ここでは「何を選ぶか」という以前に、そもそも「いかに買うか」が指南されている。

　1969年の「日立ルームエアコン」の広告（『朝日新聞』1969.12.17夕刊）では、「未来派エアコン」という商品のコンセプトが打ちだされ、「特許ドライ回路」という特徴的な機能が宣伝されている。この段階では「いかに買うか」ということは問題にならず、「何を選ぶか」という商品間の**差異化の論理**が働いている。さまざまなメーカーの機種が並ぶなかで、他との積極的な違いを生みだすべく、コンセプトと機能の特殊化が目指されるのだ。機能のアピールという手法は連鎖反応を引き起こし、「静粛性」や「薄型」や「冷暖房切り替え」といった目

新しい機能をあるメーカーが打ちだすと、他のメーカーもすぐに追随して同様の機能を付加していく。

1979年には、各メーカーが互いに競い合うように、マイコン回路を導入したエアコンの新製品を発表している。「三菱エアコン霧ヶ峰」の広告では、「カンが頼りの冷房から、マイコングリーンサイン冷房へ」と謳われている（『朝日新聞』1979.3.27夕刊）。あらかじめ室温を適切に設定しておくと、あとはマイコンが自動的にその温度を保持する仕組みで、それは従来のカン頼りの温度調整よりもよほど正確だとアピールされる。

他社でも同様に「自動回路」や「安眠回路」を導入しているが、室温の自動制御というテクノクラシー的な夢想は、この時期のエアコン業界において、マイコン回路という技術的基盤を得て、やや過剰な膨張の動きをみせる。広告によっては、エアコン本体よりも、各種のボタンやスイッチ、タイマーや表示パネルが詰め込まれた、コントロールパネルのクローズアップ写真のほうが、大きく取りあげられる場合も出てくる。こうした広告は、当時のエアコンにおいて、冷暖房や除湿という機能よりも、人工的な室温の制御をいかに緻密に果たしうるかという、いわば制御への意志こそが、フェティッシュな形で追求されていることを示している。

エアコンの広告には、装置に内在する両義性が滲みだしている。商品の差異化の方向性は、基本的には高機能化・多機能化という形をとるが、それは最適な空気条件を整える透明なインフラとして、地へと潜り込むことを一方で求めながら（静粛性やスリムさや自動制御）、他方、そのことを、他の商品群との差異を示す図として際立たせるという、矛盾する要請を抱え込んでいた。本体よりも重点的に宣伝されるコントロールパネルという倒錯は、インフラを広告することに潜む、この矛盾のひとつの帰結であるだろう。

第5節　人工気候という夢

空調システムには大きく二つの種別がある。個別空調か集中空調かという種

別である。前者は、空調を必要とする部屋ごとに空調機器を設置する形式であり、後者は、熱源機器を一か所に集中設置し、各部屋のユニットに冷温水を送るという形式である。その「集中」を、ビル単位を超えて、地域単位に拡張するとき、地域冷暖房という発想がもたらされる。地域冷暖房とは、地域内の建物にたいして一元的に冷暖房を供給するシステムであり、エネルギーの効率的利用が大きな利点とされる。

　個別のビルを超えた都市全域にわたる人工気候の徹底——それは高度経済成長期において空調技術者の夢となるが、その夢は、1970年の大阪万博においてひとつの好個の実験の機会を見出す。大阪万博は、それ自体が未来都市の実験場として広く認識されていたが、空調技術者たちは、そこで大規模な地域冷房の実験を試みるのである。

　空調業界の業界誌では、その構想がつぎのように紹介されている。「未来都市の実験場として演出された会場で、一きわ注目されているものに、当工業会をはじめ関係機関が全力をあげて取りくんだ地域冷房施設がある。万博は従来何か後世に残るモニュメントや技術を残している。ロンドンの水晶宮、パリのエッフェル塔しかりである。EXPO'70はそれが情報関係の技術と地域冷暖房であるというのが科学者のみるところである」(『冷凍と冷房』1969.11)。万博会場では、空調用冷水を一元的に供給する地域冷房システムが構築された。それにより各パビリオンでは個別に空調施設を設ける必要がなくなり、冷房装置の運用にかかる全体的なコストも低減することが目論まれたのだ。この万博での実験的施設の成功を画期として、それ以降、新宿副都心や丸の内などに、大規模な地域冷暖房システムが敷設されることとなる。

　とはいえ地域冷暖房は、空調技術者が思い描いていたほどには、じっさいの都市空間に広く実装されることはなかった。個別的に設置された既存の冷暖房施設を地域冷暖房に転換するには、膨大な初期コストがかかってしまう。それゆえ、大規模再開発やニュータウンの開発など、地域全体の冷暖房システムを丸ごと導入する場合をのぞいて、地域冷暖房というオプションがとられることは稀だったのである。

実現をみないままに、しかし、都市全域にわたる人工気候という技術的夢想
は、さらに加速する。その夢想から生みだされたのが、ドーム都市という思考
実験的な構想である。1970 年代なかばの空調業界の業界誌には、海外文献の
紹介という形で、ドーム都市を扱った論考が掲載されている。「都市をドーム
で保護することのメリットはすでによく知られており、建物を個別に空気調和
をする必要がなく、これにより従来の建物を個別に冷暖房する場合に比べてエ
ネルギーの総需要は大幅に減少することや、戸外でも年中快適であり天候の変
異がないことである。最も重要なポイントはこの方式を使えば砂漠や南極、北
極のような過酷な気候の地域にも都市建設の可能性が出てくる点である」（Field
1974 = 1975 : 25）。

　この実験的なドーム都市の構想は、技術社会史家のヴォルフガング・シヴェ
ルブシュ（Schivelbusch, W.）が、ヨーロッパの照明技術をめぐる社会史で注目
した「太陽の塔」を想起させる。それは、パリ万博に向けたモニュメンタルな
塔の競技設計において、ギュスターヴ・エッフェルの案の対案として最終段階
まで残っていた案であり、強力な照明装置を備えることで、パリの都市全体を
くまなく照らし、文字通りの「光の都市」を実現しようとする構想であった。
この案は、都市全域を照らしうるだけの強力な光源がえられないという技術的
理由で、エッフェルの案に敗退することとなったが、シヴェルブシュはここに、
テクノロジーに内包される論理が先鋭化し、夢想の域に達するときに出現する、
過剰さを帯びた技術的な記念碑の姿をみてとっている（Schivelbusch 1983 = 1988）。
ドーム都市の構想もまた、この「太陽の塔」に類した**技術的記念碑**にほかなら
ないだろう。

■ 第6節 ｜ 快適さのパーソナル化

　エアコン装置が普及しはじめた 1960 年代より、「冷房病」という言葉が登場
し、一種の流行語となる。冷房の効いた喫茶店や映画館、オフィスなどに長時
間滞在していると、身体に不調が生じるという訴えが多発し、冷房は体に悪い

という言説が流布したのだ。だが専門家によると、該当する医学上の病気は存在しないという。「冷房病といっても、特に定義はないんです。冷たい風にあたりすぎて、胃腸、神経障害、カゼ、生理不順、はだ荒れなどを起した場合、これらをひっくるめて冷房病といっているにすぎない」（『朝日新聞』1973.6.7 朝刊）。一方、エアコン業界にとって「冷房病」の言説は、エアコン装置の普及の障害とみなされ、その対策に苦慮していた。日本電気工業会が1968年に実施した消費者調査でも、エアコン需要はテイク・オフの段階にさしかかっていることが指摘されながら、同時に「未保有世帯におけるルーム・クーラーの非購入理由を構成している主要因の中心は、健康に対する強い不安感である」と分析されている（日本電気工業会 1968：60）。

　専門家や技術者にとって、「冷房病」言説の流布は、誤解ないしは誤用にもとづくものであり、一般の啓蒙を要する状況とみなされた。まず、そこには空気調和という概念についての無理解があり、ひたすら冷やせばよいとの誤解がある。また、外気温と室内の温度差は5℃以内が適切であるという科学的な「正しい」温度設定の考え方が、十分に浸透していない。「〔……〕冷房と言うとむやみに冷やすことだと考える人が多い。映画館ですっかり冷やされてリュウマチになったという友人もいる。外気温と室内温度差は5℃位が適切ということが、まだ我われ日本人にたたき込まれていない。その為メーカーでも、それを知りながらとにかく冷えるものというユーザーの要求に負けている場合もあるようである」（『冷凍と冷房』1969.5：41）。すなわち空調にまつわる科学的知識の啓蒙不足がユーザーの誤解と誤用を生み、それが「冷房病」言説に結びついているというのだ。

　だがオイルショックを境に、ひとつには「省エネ」の観点から、また空調の普及にともなう知識の浸透もあり、むやみに冷やすことは抑制され、適度な温度帯での設定が定着することとなった。ここに、快適さの新たな基準が生じることとなる。すなわち、涼しさがそのまま快適さなのではなく、適切な温度帯を前提としつつ、個人差におうじたピンポイントに適度な涼しさが重要になってくるのだ。快適さである涼しさは、度が過ぎると寒さに転換し、それは新た

な不快さを呼び起こす。交通機関において通勤電車に「弱冷房車」が登場したことが、この新たな快適さの登場を証拠立てているだろう。JR東日本では1987年に「弱冷房車」を導入しているが、これは冷房化率が100%に達した瞬間に「寒すぎる」という声があがったことに対応したのだという（『朝日新聞』1987.8.1朝刊）。ここで生じているのは、いわば快適さの民主化を超えた**快適さのパーソナル化**であるだろう。

　空調の全面的浸透と並行して、「冷房病」という語り自体は減少する。だがそれは、寒すぎたり暑すぎたりする、空調機器と個々の身体性のあいだの不均衡の問題が、消失したことを意味するわけではない。それはいわばパーソナルに対処すべき問題として了解され、処理されることになったのだ。たとえば女性誌のファッション情報ページでは、夏の定番企画として、オフィスでのエアコン対策が紹介される。「アイテム研究　オフィスの冷房対策に、おしゃれな重ね着に断然役に立つ「カーディガン」がほしい！」（『MORE』1995.8）。「OL着こなし講座夏編　外は灼熱、中は冷房！　でも会社では「きちんと見える」がお約束！」（『MORE』1999.8）。外の暑さと室内の寒さに対応しつつ、かつ「おしゃれであること」という女性性のコードと「きちんと見えること」という会社社会のコードを、多重的に均衡させること。オフィスで働く女性たちは、こうした複雑な連立方程式に、日々、最適な解を出すよう強いられていることが、これらの記事から示唆される（その意味では快適さの民主化はまた、**空気の画一化**でもあった。暑がりや寒がりなど、個別の体質や好みの分布があるなかに、空調技術は、一定の規範的な温度と湿度の帯域をもたらす。女性や高齢者の一部など、その帯域から漏れ落ちてしまう者たちは、個別の対応を強いられることとなる）。

　室内空間に吹出し口を露出させ、冷気や暖気を吹きかけてくるエアコン装置は、私たちの生理的な身体性とのあいだに、微細な交渉過程を生起させる。日々移り変わる体調や服装によって寒すぎたり暑すぎたりする、快適さと不快さの微妙な均衡を、私たちは空調機器と協働しながら、くりかえし調整する。カーディガンを羽織ったり、ブランケットをひざに掛けたり。エアコンの吹出し口の方向を変えたり、冷房とドライ運転を切り替えたり。私たちは、なかば無意

識的にこれらの技法をくり出しているのだが、これは空調の効いた環境に長年住み込むなかで学習した、習慣化された技法である。冷房環境が自明化するなかで、私たちは、みずからの身体性と空調機器を協調させ、快適さを達成する技法を身につけてきたのだ。

　ここには、いわば身体のインフラ的次元というべき水準が指摘できる。つまりインフラとは、意識されざる地の水準に沈み込むことで、その機能を十全に実現させるものだが、私たちの身体もまた、意識されざるバックグラウンドの作業として、空調装置との微細な交渉を絶えずくり広げる、そのようなインフラ的な次元を形成し、保持しているといえる。とするなら「冷房病」とは、空調装置という新規のインフラ装置に遭遇した、私たちの身体が、いまだインフラ的な次元を形成しえない段階で生じた、齟齬の感覚を名指した言葉だともいえるだろう。

　最新型のルームエアコンでは、体の部位ごとの温度をセンサーで検知し、表面温度を体温計並みの0.1℃単位で計測して、ピンポイントに快適な状態を実現するという機能を搭載している。これは個人を単位とする快適さのパーソナル化を超えた、身体のパーツ単位での快適さをめざす動きであるだろう。だがこうなってくると、室内の空気条件をその空間の目的や用途におうじて最適な状態に制御するという、空気調和の定義それ自体を、エアコン装置が内破しているようにも思われる。そうしてむしろ、ここでは、クレイマーがエアー・コンディショニングという造語を発想したきっかけである「ヤーン・コンディショニング」の原義に、つまり部屋全体の空気条件の調和を図るのではなく、直接的に素材それ自体のコンディショニングを図るという、空調の起源そのものに、コンディショニングの概念が遡行しつつあるのではないだろうか。とするなら、空調技術の系譜における、あの人間的な環境の非人間的な起源が、いまやエアコンをはじめとする環境制御の世界で、露骨なしかたで回帰しつつあるのかもしれない──そのとき「天国」は、どこまで「天国」であり続けるだろうか？

（近森　高明）

Book 読書案内

B. レイナー（堀江悟郎訳），2013，『環境としての建築——建築デザインと環境技術』鹿島出版会：近代建築の流れのなかで、空調や換気、照明や採光などの環境技術と建築デザインとがどのように互いに交渉し融合してきたのか、建築の歴史を、環境技術という視点から読み替える試み。

Cooper, Gail, 1998, *Air-conditioning America: Engineers and the Controlled Environment, 1900-1960*. Johns Hopkins University Press. ：20世紀アメリカにおける空調技術の誕生と普及のプロセスを、産業用空調と一般用空調の両面において、技術的・産業的なディテールと社会・文化史的な文脈とを互いに突き合わせながら包括的に論じた、魅力的な技術社会史。

【引用文献】

Cooper, Gail, 1998, *Air-conditioning America: Engineers and the Controlled Environment, 1900-1960*. Johns Hopkins University Press.

Field, A. A., 1974, "The Domed City," *Heating/Piping/Air Conditioning*. 1974.7.（=1975, ダイキン工業（株）技術開発室抄訳「ドーム都市——未来都市の構造と可能性」『冷凍と冷房』170：25-27.）

空気調和・衛生工学会編，1991，『空気調和・衛生設備技術史』丸善．

Koolhaas, Rem, 2000=2015,「ジャンクスペース」太田佳代子・渡辺佐智江訳『S,M,L,XL＋——現代都市をめぐるエッセイ』ちくま学芸文庫．

日本電機工業会，1968，『ルーム・クーラーに関する消費者調査』日本電機工業会．

日本経営史研究所編，2006，『世界企業への道——ダイキン工業80年史』ダイキン工業．

Schivelbusch, Wolfgang, 1983, *Lichtblicke: Zur Geschichte der kunstlichen Helligkeit im 19. Jahrhundert*. Carl Hanser Verlag.（=1988, 小川さくえ訳『闇をひらく光——19世紀における照明の歴史』法政大学出版局．）

Ⅳ 生活インフラ

トイレ・ゴミ

——溜め／出す——

Chapter 10

（コンビニのゴミ箱）

第1節　そうだ、コンビニで捨てよう

　「これ、どこに捨てよう」と思ったときにまっさきに思いつくのは、最近は**コンビニのゴミ箱**ではないだろうか。1980年代から街中に急増したコンビニは、私たちの生活様式を多くの面で変えていった。24時間モノが買えるということから始まる変化の諸断面のなかでも、「ゴミ箱の位置を示す」という機能をもつことができたのは、コンビニにとっては幸運な出会いであったと言ってよいだろう。その効果として、私たちにお馴染みの光景になったものも数多くあ

149

る。たとえば、愛煙家の方々が朝の通勤時に集まるのは決まってコンビニの灰皿である。コンビニで買った缶コーヒー片手に通勤ラッシュの断煙に備えた一服をするのは、今や朝のお決まりの風景になっている。昼過ぎになれば、学校帰りの高校生が菓子パンやアイスを買いにきて、食べながら友人と談笑したのち、個包装の袋やアイスの棒を捨てて帰っていく、などなど。店舗の前にゴミ箱や灰皿があることは、そこでおこなわれていることがなにか悪いことではなく、許容された行為なのだという感覚を私たちに与えている。

　もちろん、コンビニといえど他人の店舗には違いなく、ゴミを大量に捨てればモラルの問題になる。しかし、店側にとっても、多少のゴミであれば、むしろゴミを捨てに立ち寄った人びとを入り口の扉の向こうに誘導することができ、安上がりな販売促進でさえある。あまりに当たり前の光景になっているので、ふだん気づくことはないが、写真を目の前に振り返って考えてみると、小売店舗の前に巨大なゴミ箱がいくつもおいてあるという光景は、他ではあまり見かけることはないのではないか。スーパー、デパート、ショッピングモールなど代表的な商業施設のいずれにおいても、店舗の前にゴミ箱がおいてあるということはまずありえないことだ。ゴミ箱には美しくないものを入れるのであるから、店舗の陰にさりげなくおいてあるか、あるいは、もっと奥の、それこそ「不浄」を示すアイコンであるトイレの横あたりが本来の定位置だろう。その意味でもやはり、コンビニは小売店舗でありながら、購入、消費、廃棄のプロセスをすべて示してしまうという意味で、現代の消費社会の物質循環（マテリアル・フロー）の象徴になっている。

　社会学で使われる「消費社会」という概念には、多数の商品が構成する差異の秩序を利用して、特定の商品を購入／消費する私（たち）を他者（たち）との違いとして指し示すという、記号的消費の考え方が入っている。しかし、コンビニの前で消費して廃棄される商品たちには、そうした記号的消費の感覚はほとんど付随しない。むしろ、モノの消費を通して他者との違いを示すことから消費が解放されるにつれて、価値をあまり気にせずに気軽に消費し、捨てたらまた買えばよいという、消費の気楽さ／商品価値の希薄さが前面に浮き上がっ

てくる。コンビニとそこで売られている商品にネットワーク・シティのインフラ性を感じるのはおそらくそのせいだろう。言うまでもなく、もっとも典型的な例はビニール傘である。さらに言えば、コンビニ店舗の入り口に備え付けられている傘立ては、不要になったビニール傘が廃棄される場所になりやすいものだ。

　消費と廃棄が、廃棄と消費が、さしたる抵抗もなく順接していけばいくほど、**私たちの所有／非所有の感覚**は薄く引き伸ばされていく。気軽に買えるということは、その商品がもっている機能を手放したという感覚を薄れさせていき、手に入れたことの喜びも感じにくくなる。ペットボトルの水は街中のどこでも気軽に買うことができ、たとえ飲みかけで捨てたとしても、また買えばよいものだ。そこに水の、あるいは、どこでも水が飲めることのかけがえのなさを感じろと言うほうが無理というものだろう。

　だから逆に、ゴミを簡単には捨てられない状態に陥ってしまうと、「要らないモノがここにあるんだけどな」という**居心地の悪い感覚**に襲われる。そこにはすでに消費材としての利用しやすさや手軽さはなく、かさばってガサゴソいい、どこにしまってよいものやら決めかねては、しばらく手にもってどこかにゴミ箱がないかとキョロキョロと見渡してしまう。それこそ、コンビニがどこかにないかと無意識にサーチしては、なんとも落ち着かない気分になるものだ。

　お祭りで買って食べたりんご飴の棒、アメちゃんを包んでいた小さなビニール、飲み干して空になったペットボトルもそうだろう。ゴミ箱が比較的身近なところに完備されている私たちにとっては、道端に投げ捨てるなどということはもはや暴挙以外のなにものでもない。分別しないで捨ててしまってよいのかしら、というような、うっすらとした規範意識を外出先でさえもってしまうのは、きっとコンビニのゴミ箱が分別仕様になっているからだろう。私たちは、ゴミがざっくりと分別された状態で、正常に私たちの手を離れたことをもって、自分の責任の完了としたくて仕方がないのである。

　ゴミが捨てやすいということはそうした責任感覚と裏表の関係にある。ここまでは私たちの責任だと思えるから、捨てることで適切に処理したことになる

■■■■　第10章　トイレ・ゴミ　│　*151*

し、逆に言えば、そこから先は私たちの関心の外にしてしまえるからこそ、モノを気軽に手放すこともできる。誰か他の人やサービスがあるから自分ですべてに責任をもつ必要はなく、またそうすることも求められていない。コンビニのゴミ箱というのはまさにそうした意味で、現代社会の消費生活における「ここから先は任せることができる」という了解の結節点を物質的に表すものなのだ。

第2節 イベント後のゴミのヒッチハイク

　情報社会のノードには機器を通過する情報の上限としてスループットの概念があるように、都市を通過していくゴミの量にも、その許容量に物理的な、あるいは、社会的な上限がある。それを超えてしまうと、捨てる側と回収する側のあいだで「任せる／任せられる」の相互了解がうまく成立しなくなる。具体的な出来事で言えば、花見のような季節行事がまさにその良い例である。

　現在の日本で典型的な花見はソメイヨシノの花見である。ソメイヨシノの場合、開花から散り終わりまでがおよそ二週間で、その短い期間に多くの人が時間差なく花見を楽しむという構図になる。東京で花見の名所として有名な上野公園ではその間におよそ 200 万人の人出があるため、公園を管轄する東京都は大型のゴミ箱を 30 か所に設置して、それぞれの場所で来場者が分別してゴミを捨てるように呼びかけている（東京都公園協会 2014）。しかし、200 万人に対してゴミ箱 30 か所では、膨大なゴミ捨て需要にゴミ箱の数が追いついているとは言えず、ゴミ箱の周辺や花見をしていたその場所にそのままゴミをおいて帰る人が多いのも事実である。また、花見の場合、お酒を飲む人も多いため、トイレ需要も多く発生する。

　ゴミ箱の位置、トイレの場所、追加のお酒やおつまみが売っているところなどを事前にしっかり把握しているかどうかが有能な幹事の試金石になっているが、振り返って考えてみれば、日常生活ではこれらはすべて、コンビニが第一オプションになっているものばかりである。

大規模イベントの際には、日常的にはコンビニが担っていた、外出時のゴミ捨て場、急なトイレ需要、喉の渇きの癒し、安価なビニール傘の供給源、といった都市生活のリスクヘッジが一時的に無効化される。もちろん、これらはどれもコンビニだけが担えるなにかというわけではなく、同等の機能を果たす**機能的等価物**はいくつかある。たとえば、駅のゴミ箱、トイレ、売店はほぼコンビニと同じ機能を果たすことができ、出先でコンビニの場所がすぐにはわからない場合には、駅を目指すことが多い。

　大規模イベントの際にも、トイレや売店は駅構内や駅前の商店街を利用することができるが、ゴミ箱に関してはイベントに際して臨時設置されたものを除けば、常設置されているものはさらに容量が小さいため、結果的には代替手段としてうまく機能しないことが多い。大規模イベントの際にゴミ問題がとくにクローズアップされるのはそのためである。花見の例で言えば、お酒やおつまみはなければ諦めるしかなく、トイレは我慢しても行くしかなく、雨の場合は帰ればよい。これらはそういった形で処理することができるが、ゴミだけはどんな形であれ、モノとしての存在が残り続けてしまう。だから、ポイ捨てという形で例外処理が発動されやすいのだ。

　本人にとっては、これはあくまで例外処理であって、もし十分な容量をもったゴミ箱がもっと近くにあれば（もっと図々しく言えば、自分のところに来てくれるのならば）、適切に捨てただろうと言うだろう。実際そのような感覚をもってイベント会場でゴミをポイ捨てして帰ってきた人も多いのではないかと思うが、逆に言えば、責任感覚を失っているというわけでもないため、個人の道徳心に訴えかけてもなかなか問題の解決にはいたらないところがある。

　そこで、責任感覚を失っているわけではないという社会心理的な条件と、ゴミとゴミ箱のあいだに距離があるという物理的な条件をうまく組み合わせた解として、大規模イベント後のゴミ拾いをイベント化する手法と、遊び化する手法が今の日本では試されている。

　イベント化に関しては、ワールドカップ・サッカーでの日本人サポーターによる試合後ゴミ拾いが有名である。読売新聞が報道したところによると、2014

年ブラジル大会の際に日本人サポーターは試合会場で青いゴミ袋を膨らませて日本代表に声援を送ったのち、試合後にその青いゴミ袋に観客席のゴミを入れて片付けたという。これを開催国のブラジルのみならず、世界各国が報道してその道徳心をたたえたことが日本で報道されたことも、記憶に新しいところだろう。こうした試合後のゴミ拾いは、日本がワールドカップに初出場した1998年フランス大会から続けられているという（『読売新聞』2014.6.18 電子版）。

　遊び化のほうは、まだ先駆的な例ではあるが、2015年のハロウィンイベントの際に、東京都がカボチャのランタンを模したゴミ袋を配って、スペシャルサポーターとしてアーティストのきゃりーぱみゅぱみゅさんを起用し、「クリーンなハロウィン」を呼びかけた例がある（図10-1）。この半透明のオレンジ色のゴミ袋は膨らませるとカボチャをくり抜いてつくるランタンのように見える（『読売新聞』2015.10.20 朝刊）。

　どちらの例もゴミ袋の色や形状を工夫して、袋を持ち歩いてゴミを集めることの負担感を軽減している。その上で、ワールドカップは応援に使った袋を再利用し、試合後のゴミ拾いまでを時間的にイベントの内部とすることで、ハロウィンのほうは膨らんでいくゴミ袋をイベントの小道具にし、ゴミ拾いの成果を意味的にイベントの内部とすることで、ゴミとゴミ箱のあいだにある隙間をポイ捨てして例外処理させずに、うまく縫い合わせることに成功している。このあたりの処理の仕方も都市のネットワークっぽさが出るところだろう。都市がヒトとモノの、あるいは、モノとモノのつながりの集積であるとするならば、それぞれのつながりの裏や横には別のつながりがあり、その先にはさらに別のつながりが控えている。イベントのゴミ回収はたしかに困難な課題だが、ゴミを回収することそれ

図 10-1　東京都が配布したカボチャのゴミ袋（ゴミ袋は 2016 年バージョン）

自体が直接もっている道徳的な意味のつながりだけではなく、選手のユニフォームと同じ色の袋を膨らませて応援したり、さまざまなキャラクターと街角で写真を撮る際の小道具になったりしながら、位相を異にする**複数の意味のつぎはぎ**をうまくヒッチハイクして、結果としてゴミがゴミ箱に向かうのであれば、それもまた効果的な処理方法の一つにちがいない（ネットワークをつぎはぎの解決として考えるという発想は、佐藤（2001）に着想を得ている）。

第3節 江戸時代のゴミ処理は廃品回収

　複数の意味ネットワークがある程度行き当たりばったりに、適度に隙間をもちながら連動して動いていくという意味では、外出時のゴミの始末と対になるもう一つのゴミ回収ルートである、家庭ゴミの回収にも同じようなところがある。たとえば、トイレから出る廃棄物であるし尿は、現在は下水道を通して浄化処理されているが、江戸時代には農作物を育てる優秀な肥料として高値で取引されていた。そうした有価物ルートが走るなかで、その横では、現在の私たちの生活と同じように一般廃棄物が舟に載せられて都市の外へと運ばれていった。有価物と廃棄処分という二つの処理の仕方が複雑に絡みながら並存する状態は、江戸から東京へと変わっていくなかで、いくつかの意味の変化をともないながら今日にいたるまで続いている。今度はその意味の変化を時代ごとに追いかけて、ゴミやトイレに付随する意味の層の重なり方、ずれ方をみてみよう。

　東京のゴミやトイレの処理の仕方を清掃行政の立場から歴史的にまとめた本に『東京都清掃事業百年史』（東京都 2000、以下『百年史』と略記する）がある。700ページにも渡る大著で、江戸東京の清掃事業の全体の歴史と、収集運搬、廃棄物の処理法、埋立処分場の変遷などの個別の部門史からなっており、江戸東京のモノの出口処理を考える上では大変貴重な本である。

　『百年史』によれば、江戸でゴミの処理が行政の仕事となったのは、17世紀のなかば頃からである。徳川家康による江戸開府が1603年であったことを考えると、近世の江戸が始まってからかなり早い段階で自然発生的なゴミ処理方

法では立ちいかなくなったことがうかがえる。当時の江戸の町は、隅田川、神田川、日本橋川などとつながった数多くの堀が掘られていて、町人は家のすぐ近くの川や堀、あるいは、空き地にゴミを捨てていた。しかし、江戸の町にとっては川や堀は物資の運搬にかかわる水運の要であったため、往来上の問題が発生することとなる。言うならば、江戸は町が始まると同時にネットワークのつぎはぎ問題にぶつかるのである。

　そこで、江戸幕府は1655年に、ゴミは川に捨てずに船で永代浦へ捨てに行くこと、ならびに、川を埋めて河岸を広げることを禁じるという町触を出した。江戸東京の歴史においてゴミ処理法に関して出された行政令のなかでも、最初期のものの一つである。永代浦というのは現在の江東区富岡八幡宮の先にあたる。

　ゴミを遠くに捨てて往来を確保すること、という単純なお触れではあるものの、この時点ですでに、江戸前海の内奥にある都市という地理的条件と、廃棄物処理という都市行政的行為が複雑に交渉しはじめていることがわかる。たとえば、川を埋めて河岸を広げることを禁じたということは、捨てられたゴミを利用して河岸を広げていた者がいるということを示唆している。水運の荷揚げ所を拡大するための資材として個人が可処分することができる所有物であるかのように扱うか、あるいは、幕府のお触れのように江戸の新田開発に用いて公共インフラの資材とするか、捨てられたゴミがそのあいだを意味的に揺れ動いているさまが見てとれる。江戸東京は太田道灌が作った旧江戸のインフラをもとにしながらも、実質的には徳川幕府の開府をもって新しく作られた今なお開発中のニュータウンとしての性格をもつ。だから、堀にちょいと捨てられたゴミでさえも、商売の拡大や新しい都市建設の素材へと、次の利用可能性の意味ネットワークに合わせて拡張子変更されていくのだ。

　トイレのし尿処理のほうはさらに露骨に資源として扱われた。し尿も当初は川や堀に流していたようだが、近郊農村の肥料として優秀であることに気づかれると、有価物として農民が回収しにくるようになった。当時の江戸の町人は町屋住まいで、トイレ（雪隠）は共同便所だったため、その管理は大家の仕事

だった。ただし、それは大家にトイレの管理責任があるというよりは、大家が便所のくみ取り権をもっていて、し尿を処分した代金がそのまま大家の収入になるという形である。『百年史』によると、代金の支払いは金銭でおこなう場合と現物でおこなう場合があったようだが、現物の場合には、大人一人のし尿代が１年に大根 50 本、なす 50 個くらいになったという。

つまり、一般ゴミとし尿のどちらの場合でも、ゴミを処分するというよりは、使えるものは使い、使えないものは置いていくという感覚に近い。たしかにその点ではよく言われるように、江戸の町はリサイクルが進んでいたと理解することもできるが、むしろ、経済行為として成立するかどうかが焦点となっていて、今で言うところの廃品回収業に近い形で動いていたと考えたほうが妥当だろう。現代の廃品回収業も「壊れていても回収します」と放送しながら車を流しているが、実際に壊れたものをもっていくと「売り物にならないので」と回収を拒否されることも多い。江戸のゴミ処理の基本モードはむしろこの形式に近い。

■■ 第４節 │ 近代の衛生化されたゴミ回収へ

そのため、実際の歴史的経緯でも、廃品回収ばかりして掃除をしないということが事件となった。江戸時代の市中の清掃業は、江戸城御堀のゴミを回収するという名目で幕府から独占を認められていた塵芥屋株仲間が担っていた。その株仲間が、明治に入ってから東京府に対して既得権の確認をおこなった際に、株仲間が清掃よりも資源回収事業に力を注いでいるということが問題として浮上している。これを契機として、江戸時代より続く株仲間は解散となり、御堀の清掃は府の道路掛の仕事となった。江戸東京の歴史において、ゴミ処理が行政の責任範囲になったのはこれ以降のことである。

とはいっても、明治前半には江戸時代からのゴミ処理方法が大きく変更されることはなく、ゴミを一定の場所に集め、選別し、肥料にできるものは農家に、燃料、有価物はそれぞれの回収業者に売るなど、従来通りの有価物売買を基本

■■■ 第 10 章 トイレ・ゴミ │ *157*

とする方法が引き継がれていた。それが徐々に変化しはじめるきっかけとなったのが、コレラの流行である。

　コレラは糞尿や吐瀉物、あるいはそれらを扱った汚染されたゴミを適切に処分せずに放置することによって広がっていく伝染病として、江戸末期からたびたび江戸東京で流行をくりかえしていた。『百年史』によると、1900 年（明治33 年）の汚物掃除法によって、ゴミは市が責任をもって処理するものとなり、公共事業としての処理において、できるだけ迅速に搬出し、焼却などの無毒化処理などをおこなうべきとされた。これによって現在まで続いている行政によるゴミの回収、運搬、焼却という近代的ゴミ処理システムの雛型ができあがることになる。

　とくに本章に関係する範囲で注目すべき点は、個別回収をおこなうに際して、各戸にゴミ収集用の蓋付き容器を設置するように求めたことである。この蓋付き容器は「塵芥箱」とよばれ、『百年史』によると戦後まで街中でよくみられたという。店先に大きなゴミ箱があるという現在の私たちがよく知るコンビニの風景は、軒先に塵芥箱が点々と設置されていたことの歴史的記憶だと言えるかもしれない。実際に戦後の住宅地の様子を写した写真（図 10-2）を見ると、各戸の前に回収用の統一規格の大きなゴミ箱が置かれているさまは、駅前に密集して過剰に配置されたコンビニの群のように映る。

　現在の私たちのビニール袋による家庭一般ゴミの回収方法は、こうした門前に点々と設置された共通規格の塵芥箱の改良形（バージョンアップ）である。そのきっかけとなったことの一つは美観と衛生上の問題であった。車でゴミを収集回収していく上では、ゴミ箱が共通規格であることも、門前に置いてあることもたしかに理に適ったことではあるのだが、当時は回収する時間が決まっておらず、常設されたゴミ箱が不規則な時間帯に開け放たれるため、都市の美観を著しく損ねていた。また、ゴミの回収に際しては、清掃作業員が建物に固定されたゴミ箱に直接手を突っ込まなくてはならなかったため、衛生上の問題も大きかった。

　そこで 1961 年に導入されたのが、各戸で大型の蓋付き容器にゴミを入れ、一か所に集めて定時に回収するゴミ収集方法である。ただし、単身者の多い住

図10-2　各戸に備え付けられた共通規格のゴミ箱（東京都 2000：171）

宅地などを中心に、容器に入れずに紙袋やビニール袋でゴミを出す例が後を絶たなかったため、1986年以降はこれを追認する形で、容器と袋の両方を認めて現在にいたっている。

　こうして、江戸から東京へと時代を重ねていくにつれて、ゴミ処理の方法は、「使える／使えない」のコードによってモノを判定して回していく廃品回収型の処理から、ゴミを汚物とみなし、焼却処理することによって衛生的な近代都市を建設しようとする廃棄物行政へと軸足を移していった。その意味では、焼却埋立処分を基本としながら、同時にリサイクルを進めていくという現在のゴミ処理の基本モードは、近代都市東京の上に近世江戸を再接続する試みであると理解することもできるだろう。

第5節　「使える／使えない」の情報化社会

　そこで、「江戸はとてもエコロジカルな都市で……」といった言説が出現するわけだが、実際に江戸から明治にかけておこなわれていたことは、モノを「使える／使えない」で仕分けして、次の用途をみつけた者がもっていくということであって、モノを循環させる(リサイクル)という生態学的(エコロジカル)な目的が目指されていたわけではない。その方向で考えるよりもむしろ、近代的な都市の生活のなかで、ゴミと「使える／使えない」が再接近する局面を探ったほうが面白いだろう。

第10章　トイレ・ゴミ　　*159*

たとえばそれは、出されたゴミから使える情報を瞬時にサーチしてしまうというふるまいに見られる。よくあるのは、燃えるゴミとして出されたビニール袋の横を通り過ぎる際に、儀礼的無関心を装いながらも、その短時間で拾える範囲で隣人の情報を回収していくというものだ。情報といっても、住所や氏名のような直接的な個人情報はここではあまり重要ではない。それよりもむしろ、ゴミを出す時間から推察される生活リズムや、ゴミの出し方からわかる社会的マナーへの感度のような、すれ違う隣人の匿名化された行動パターンをその痕跡から察知するのである。こうした能力は、隣人との付き合いを最小限にしながら、自分も相手も自由な個人として尊重して生きていく都市住まいの人びとにとって、生きていく上での必須のスキルの一つでさえある。

　あるいは、少し範囲を広げて言えば、隣人が捨てていくゴミの内容物はその街の生活情報を多分に含んでいる。ゴミ出し用の半透明の袋としてよく使われるスーパーのレジ袋でさえ、駅までの通勤通学の経路で、どのスーパーのレジ袋がゴミ袋に使われているのかをざっと見渡すことによって、その街でどのスーパーが使えるものとして評価されているのかを統計的に知る手がかりになる。燃えるゴミよりも個人の特性が反映されにくいビン・缶類でさえも、缶ビールの種類やワインボトルの数から、その地域の平均的な暮らしぶりを知ることができる。あるいは、コンビニの入り口に置かれているゴミ箱の数は、そのコンビニが所在している行政区のゴミの分別の仕方の模範的分類になっている。つまり、ゴミやゴミの出し方はその街の生活の基本モードを知る裏側のサーチエンジンなのである。

　近世江戸の基本的なモードが「使える／使えない」で物質的に回していくものであったとすれば、近代都市東京では、行政の責任で回収し、焼却して衛生的に処理するか、原料のレベルにまで砕いてリサイクルするという思考がとられている。現代の私たちはその両方を通過した先で、近代的にモノに還元されたゴミに対して、情報の形で「使える／使えない」の操作をかけるということをやっているのだろう。イベント後のゴミ回収でなかなかゴミ箱に到達せずに放っておかれるゴミに、カボチャのランタンのような別の意味をかぶせていく

ことも、モノと情報が分離できる均質な空間を前提にした上で、その組みあわせ方の「使える／使えない」を考えていくという応用問題になっている。

　たとえばそれを、消されるべき個人の情報をゴミに積極的にかぶせていくという方向にもっていくこともできる。東京新聞が伝えるところによると、一人暮らしの高齢者を対象にしたゴミ出し支援制度を作る自治体が増えているという（『東京新聞』2016.5.25電子版）。高齢者のお宅のゴミをボランティアが代わりにゴミ集積場までもっていくというサービスで、ゴミがきちんと出されているかどうかを確認することで、地域での見守りにつながるということだ。こうした地域での見守りとカボチャのランタンに共通する点は、ゴミとゴミ箱の距離を、あるいは、ゴミ出しとゴミが回収されるまでのタイムラグを、別の意味ネットワークでつなぐ可能性を作り出しているということだろう。

■ 第6節　ゴミの記憶、あるいは、ゴミとして落ち着かせるということ

　こうしたゴミに関する情報や意味の操作可能性は、ゴミである（であった）という来歴に新しい用途を上書きするという形で、私たちが生活する江戸東京のインフラそのものにも直結している。かつては江戸前海とよばれ、現在は東京湾とよばれている地域の広い部分が埋め立てによって成り立っていることはよく知られている。しかし、東京湾の内奥が江戸時代から現在にいたるまでのゴミの埋立処分地であることは多くの場合、あまり意識されていない。江戸幕府が1655年に永代浦にゴミを埋めはじめてから、江戸東京は360年にわたってゴミや土砂を素材として土地の拡張を続けてきた。江戸時代から戦前にかけての処分地は地盤が安定してきており、現在は住宅地として用途変更されている。

　そうした上書きの現代版が、戦後のゴミ処理に使われた中央防波堤内側埋立地における、「海の森」プロジェクトである。「海の森」は21世紀の新しいエコロジカルな東京を象徴するものとして、埋立処分が完了した処分地の上に海岸性の樹木によって森林形成をするというプロジェクトだ（図10-3）。海の森の

■■■ 第10章　トイレ・ゴミ　　*161*

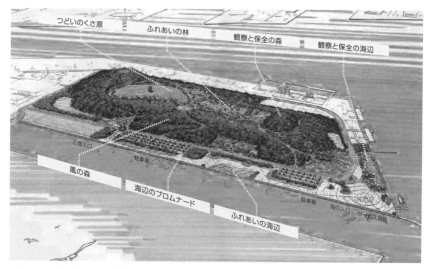

図10-3　海の森(仮称)構想鳥瞰図(平成17年2月東京都港湾審議会答申)(資料提供:東京都港湾局)

ウェブサイトにはこう書いてある。「森をつくろう。東京に新しい風を生む森をつくろう。それは、私たちのための森じゃない。50年後の、あなたの子供のための、海の森。大丈夫。焼け野原だって都市になった。ゴミの島だって森になります」。私たちのゴミを埋め立てた処分地は50年の時を超えて、生物多様性にあふれた都民の憩いの場へと形式変換(コンバート)していくのだ。

　かつて永代浦とよばれた江東区の一角が江戸東京における最初の埋立処分地であったという記憶が失われて住宅地として上書き保存されたように、地面の下にゴミがあるという海の森の来歴も、時間とともに徐々に失われていくのかもしれない。しかし、そこには戦後日本の歴史を通過してきたことによる微妙な屈折の痕跡が残されている。永代浦は安定した地盤を獲得して住宅地に転換することに成功したが、ゴミの総量が増大した戦後以降の埋立処分地は、公共的な用途に使われる公園として整備されることによって、かつては埋立処分地であった土地で、民生的な利用には適さないという記憶を間接的に保存している。

　戦後の東京を象徴する埋立処分地である夢の島には、今は野球場を中心とす

162

るスポーツ施設と熱帯植物園がおかれている。公園とスポーツとエコロジーという組み合わせは、現代社会においてゴミの落ち着き先の隙間を縫い合わせる際に用いられる便利な意味論的パーツになっている。完成まで50年の時を見込んで「私たちのための森じゃない。」と宣言した海の森でも、その時間の隙間を埋めるかのように、2020年の東京オリンピックの水上競技場が建設されることが決まった。さらにそれまでの隙間には、若者のあいだで人気の高いカラーランイベントである「COLOR ME RAD」が開催されている。正確には「COLOR ME RAD」のほうがオリンピック開催決定よりも先なので「結果的には」と言うべきだが、それこそ結果的に振り返って見れば、空いていた隙間を埋めるかのように、別の用途が発見されて、ゴミを意味的に拾っては次に受け渡していっているのだろう。

　そこまで考えてみると、次の場所に落ち着かせることができずにガサゴソいったあの出先のモノの感触は、現代におけるゴミの触り方としてはかなり異質な経験だと言える。私たちはゴミをなにかの意味的ネットワークにのせて受け渡していくことに慣れている。というか、コンビニのゴミ箱であれ、カボチャのランタンであれ、あるいは、ゴミの上に森が作られていくことでさえも、受け渡していく次の意味的ネットワークに乗っかったということをもって、そのモノが今の私にとってはとりあえず要らないものとして落ち着いたということを、軽く、あくまでも浅く認識させていくのである。

　だから、ガサゴソいう感触に落ち着かない気分になるのも無理はない。そこではモノの意味が宙吊りされた状態で、ただ私たちだけが取り残されてしまうのだから。むしろこう言ったほうがいいだろうか。そこで見出されているのは、剥き出しになったモノではなく、モノをゴミとして落ち着かせることができずに、剥き出しにされてしまった私たち自身の姿なのである。

（池田　和弘）

Ｂｏｏｋ　読書案内

川添登，1982，『裏側からみた都市——生活史的に』日本放送出版協会．：人びとが限られた

空間に密集して住むようになれば、食糧や物資が大量に必要になるだけでなく、生じた廃棄物の処理も問題になる。表側のきらびやかさと、裏側の猥雑さ。古今東西の諸都市がその二つをどう組み合わせてきたのかを歴史パノラマにして描き出す。

稲村光郎，2016，『ごみと日本人——衛生・勤勉・リサイクルからみる近代史』ミネルヴァ書房：廃品回収によってゴミを処理していく社会では、ゴミが処理できるかどうかがその時々の経済や社会情勢に左右されるようになる。本書は明治から戦時期にかけてのそうした影響関係を緻密に追いかけており、都市とゴミの問題系を社会のなかで考え直すよい緒になる。

杉本裕明，2015，『ルポ にっぽんのごみ』岩波書店：ゴミ箱に入れたゴミがどこに運ばれて、どう処理されているのかを詳しく知っている人はあまりいない。本書は著者が全国を訪ね歩いて、ゴミの行方を多方面から追跡した記録である。日本のゴミ処理の全容をつかむのによいだろう。随所に見られる裏話も面白い。

【引 用 文 献】

佐藤俊樹，2001，「ネットワークと公共性——近代とそのオールタナティヴ」『法哲学年報』，2000：84-97.

東京都，2000，『東京都清掃事業百年史』，東京都清掃局総務部総務課.

————-, 2015，「Halloween & Tokyo」，東京都ホームページ，（2016 年 8 月 16 日取得，https://andtokyo.jp/halloween/）.

東京都公園協会，2014，「上野公園 お花見 Q&A【お花見ルール関係】」，（2016 年 11 月 30 日取得，http://www.tokyo-park.or.jp/announcement/038/pdf/140326ueno_qa_rule.pdf）.

東京都港湾局臨海開発部海上公園課，2015，「海の森」，（2016 年 11 月 30 日取得，http://www.kouwan.metro.tokyo.jp/kanko/rinkai-guide1/park/seaforest/uminomorileaflet2016jp.pdf）.

Ⅳ 生活インフラ

病　院
―― 生まれ／死ぬ ――

Chapter 11

（トルコの世界遺産，ヒエラポリス近郊のネクロポリス）

第1節　はじめに

1. 都市化する病院

　たとえば引越して見知らぬ都市に住むことになったとき、近くに病院があればとても安心だろう。駅前で地方選挙のビラをもらえば必ずと言っていいほど病院の誘致や拡充のことが書かれている。今日、病院というインフラストラクチャーの整備状況は「住みよい都市」の不可欠な指標になっている。

　最初に一つ、簡単に観察できることを述べよう。最近は大きな病院へ行くと

売店の品揃えのよさが目を引く。かつては必要最小限のものしかおいていなかったが、最近ではコンビニエンスストアが入るようになった。理容室もずいぶんオシャレになって、食堂は喫茶店やコーヒーショップにとって代わられている。よく見ると庭園があって、遊歩道も整備されている。こうしてみると壁の絵も、どこか美術館のようでさえある。行き交う人びとも医療従事者や事務員だけでなく、階によっては保育士、各種機器のセールスマンやメンテナンス業者、清掃係、郵便配達員、保険業者や経営コンサルタントと思しき人を見かけることがある。郊外のショッピングモールのように無料送迎バスが発着をくりかえす光景を見ることもあるだろう。

　病院といえば、かつてであれば白い壁に見慣れぬ機械、そして白衣の医者たちに窓口に一人だけ事務員がいるといったイメージで、都市生活からは隔絶していた。だが、近年では、病院そのものが一つの都市のようであり、ますます都市に溶け込んでいる。

2. 病院という空間

　ここで、二つの点に注意したい。一つは、じつは病院がとても特殊な空間だということである。そしてもう一つは、私たちが思い浮かべる病院がこの社会のなかに出現した日付がきわめて新しいということだ。どういうことか、はじめに病院という空間の特殊性から触れていこう。

　外来窓口から入って私たちが経験する病院とはいったいどのようなものだろうか。まず、待合室には、ほとんど私語を禁じたような厳粛な空気がある。ある、というのは言いすぎにしても、大きな声で話すのを場違いとする圧力はゆるやかに感じられるのではないか。つぎに、名前をよばれて診察室に入ると、患者は一転して、自分がなぜここに来たのかをすすんで一生懸命に話すのだが、どうやら医師はそれをすべて聞いているわけではないらしい。医師は、多くの発話のなかから医学的に有意味なサインだけを選びだし抽出するために、しばしば患者の目や気持ちよりも言葉のはしばしに注意を払っている。だからときに上の空にみえたりする。そして更衣室は、カーテンで仕切られていたり個室

があったりするのだが、これほど私たちがすすんで裸になる場所は珍しいのではないか。最後に診察台や手術台にのぼるとき、私たちは究極のプライバシーたる肉体の内奥を他者にさらけだす。

　そして、患者と病院の関係がここで終わるとはかぎらない。ある者は帰宅できるが、そうでない者はそのまま病院に収容されることになる。病棟では、疾患の種類に応じて、あるいは必要な看護の種類に応じて患者が分類され、そこで一定の規則にしたがって検査、経過観察、治療を受ける。寝て起きて食事をするのだから闘病生活と言ってもいいのだろうが、あくまで生活はコントロールされている。しばしば医師が、自分自身が入院患者になったときに「初めて病院がなんであるかを知った」と感想をもらすけれども、ある介護職員が難病で入院したときに述べたつぎの感想はより正鵠を射ているだろう。「介護施設では職員のほうが利用者のもとへ行くが、病院では患者が動いて検査室をまわらねばならず、忙しくて疲れる」――入院生活というと静かなイメージがあるが、それは静かにしているだけでなく、止めおかれているのだ。だから、そうでない場合には激しく動くよう強いられる。病棟が生活する場所というよりも生活をコントロールされる場所というのはこの意味においてである。いま、傍点を打った箇所がすべて能動性／受動性に関係することに注意してほしい。

　病院には、そこで子どもが誕生するといった明るいイメージもあって、それは間違いなく喜びに満ちたものであるけれども、それが「病院＝病気を治療する場所」といった図式にあてはまらない点は留意したほうがよい。産科が病院に組み込まれたのは近代に入ってからの出来事なのだ。そうした出生にかかわる産科とともに、地下には必ず霊安室が置かれている。そして多くの外来患者が往来するのは病院の下層部だけで、上層には入院患者たちの世界が広がっている。病院――とりわけ大病院、総合病院――というインフラストラクチャーは、まさにこれらの総体である。

　このように病院という空間では、発話の規則が入念に方向付けられ、患者の主体性や受動性の様式が厳格に定められている。しかも、出生から死までをトータルに管轄下においている点で、それはきわめて特殊と言うべきだろう。冒

第11章　病　　　院　　　*167*

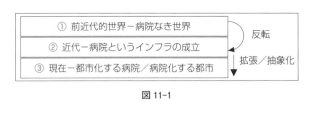
図 11-1

頭では、現在、病院が都市に溶け込みはじめていると述べたが、そうした親しみやすさが増している一方で、よく考えると非常に非日常的な特殊性とのあいだに大きなギャップがあることを最初に確認しておきたい。いま、都市にむかって溶けだしているなかはそれほど普通のものではないかもしれないのだ。

この特殊性については、二つめの注意点、そもそも近代以前には巨大病院のようなインフラストラクチャーが存在しなかったこと、その代わりになにがあったかを念頭におくことによって、より際立つにちがいない。以下では、第一に、前近代的世界を簡単にデッサンし、そのうえで第二に、前近代的世界とのコントラストにおいて近代的病院の成立とその性格を追いかけていきたい。そして第三に、現在に立ちもどって、病院というインフラストラクチャーに集約された諸機能が、**病院の都市化／都市の病院化**とともに社会の全域へとあふれ出ていく様相にふれることにしよう。

図 11-1 を念頭におきながら読みすすめて頂きたい。

第2節　古代都市

1. ネクロポリス

ここで本章のトビラに掲げた一枚の写真を見てほしい。これはトルコの世界遺産、ヒエラポリス近郊、旧城壁の外側に広がる**ネクロポリス**を筆者が撮影したものだ。ヒエラポリスはローマ帝国の温泉保養地として栄えた植民都市で、ネクロポリスとはようするに共同墓地をさす一般的な名称である。このネクロポリスの規模はひどく巨大で 1,000 墓ほどが残されている。褐色の岩肌が独特の情感を漂わせている。

唐突に思われたかもしれない。だが、このネクロポリスが生きていた時代に

は、私たちが知るような病院は存在しなかったのである。この点をこの写真とともに脳裏に焼きつけてほしい。

　ローマに先立つ古代ギリシャの時代、宗教と医療の区別が曖昧だった時代には、神殿で夢治療（信仰治療）などがおこなわれた。病院ではなく神殿である。その呪術性を批判し、「観察」の重要性を説いたヒポクラテスが活躍した場所も病院ではなかった。その後、中世キリスト教の時代以降、貧しく病める人びとに恩恵を与えるべく施療院が各地に建てられたが、それは治療というよりも収容のための施設であって、その間、富裕層は医師を自宅によぶなどして診察を受けた。われわれの目から見れば、長らく貧者のための「治療なき施療院」と富者の「病院なき治療」とが両極分解した時代が続いたのである。医療と病院がセットになるのは必ずしも自明ではなかったのだ。

　その代わりになにがあったか。たとえばネクロポリスなどがあったのである。今日風に共同墓地とはよばずに「死者の都」と言い換えれば、その意味も際立つだろう。つまり、古代にあっては死者もまた都市の構成員なのであって、都市の構成員たる死者の住まうべきインフラストラクチャーとしてネクロポリスが建造されたのだ。

　まずはネクロポリスのイメージを念頭において、私たちに親しくなった病院という存在の自明性を揺るがそう。あの病院は、社会学が大いに注目する近代のありようと深く関係しているのである。

2. 死者の崇拝

　古代の全貌にふれる余裕はないので、いまは「死者の崇拝」だけに絞り込んで、その意味するところを確認しておきたい。19世紀の歴史家、クーランジェ（de Coulanges F.）は『古代都市』のなかで、古代人（古代ギリシャ人）にとって死者は神だったと書いている。その原理原則から氏族連合や所有の規則までが派生していくという。「死者はその家族に専属する神で、家族だけがこれに祈願する権利をもつ。これらの死者は土地の所有権をもつ。彼らは小さな塚の下に生き、家族以外の者は彼らと交わることができず、また誰にも彼らが領有する土地を奪う権

利がなかった。古代人にあっては、墓の破壊や移転は許されなかった」というのである。

　だから、遺体を埋葬しないことは魂に対する重大な罰の意味をもっていた。ソフォクレスの悲劇『アンティゴネー』では、オイディプスを追放して王位についたクレオーンが、彼に敵対して討ち死にしたオイディプスの息子の遺骸を野ざらしのまま捨ておくことを命じたが、それは死刑以上の極刑だったのだ。それに対してオイディプスの娘、アンティゴネーが公然と兄を埋葬したのは「地上の法」ではなく「神の法」を実現するためだと語られる。死者とそれを埋葬する行為と墓地というインフラとは、それほど神聖なものだった。

　ふたたびクーランジェによれば、改革者ソロンの時代には、「つねにもっとも多数なるものと協議せよ」との神託が下ったとき、それを人びとは「死者こそ生者よりはるかに多数であるから、神がこの言葉によって死者を意味すると考えた」という。こうしてみると、古代民主政の意味も少し違って見えてくるかもしれない。そして死者たちは神となってそれぞれの都市を守護した。悲劇『コロノスのオイディプス』では、追放後のオイディプスが神と和解し、入滅するまでが描かれているが、オイディプスは死後、まさにアテナイの守護神となった。クーランジェもそのことにふれている。

　では、以上の「死者の崇拝」をもう少しだけ掘り下げて、近代と比較しうる含意を引きだしておこう。第一に、死が過剰に意味づけられているのは見ての通りだが、これほどまでに生者に影響を与えるとすれば、むしろ死者は死んでいない。死者は死んでなお新たな生命を獲得するのであって、その生命は決して消え去ることがない。むしろ世界は生命で満ちているとさえ言えるだろう。近代直前まで西欧世界を支配したアリストテレス的世界観を**生気論**とよぶが、それは古代人の死生観を集大成したものだった。

　第二に、とはいえ死の尊重は、否が応でも誕生の価値を、少なくとも相対的に引き下げる。アテナイ政府には路上の遺体を片づける仕事があったというが、その遺体の多くは幼児のものだったと推定されている。あのオイディプス王もまた、不吉な神託を受けた父王によって生まれてすぐに遺棄されたのだった。

第三に、疫病は、死者と生者の双方からなる都市を襲うものとみなされていた。人びとを、ではなく「都市を襲う」のだ。健康な者と病者の双方を含む人間たち全体が守るべき対象なのではない。穢れた存在は「都市を守る」ために追放されねばならなかった。だから、ハンセン病患者たちはたとえ感染しない場合でも周辺へと追いやられたし、都市テーバイが疫病に襲われた際、オイディプス王は穢れの根源を探索し、それが自分だとわかったとき、彼は自分自身を追放することでテーバイを「救った」のである。

■■ 第3節 ｜ 近代的病院の成立とその性格

　以上がことごとく反転していくのが近代化のプロセスだ。私たちのよく知る病院はまさにその過程でこそ誕生したのだが、ここではフーコー（Foucault, M.）による議論を導きの糸にしながらいくつかのステップを踏んで概観しよう。

1.「死の蒸発」とその意味

　フーコーは、その著書『臨床医学の誕生』のなかで、近代医学成立の黎明期に「死は蒸発（気化）した」と書いている。とても不思議な表現だが、まずは初歩的な意味でつぎのように理解できるだろう。

　古代以来、死が生に外在していたことを思いだそう。死者は死んで神となり、生者たちの外側から力を行使した。中世のペスト禍の際に流行した絵画のモチーフ「死の舞踏」図も、ドクロという死のシンボルが万人のもとへ外から訪れるというものである。そうした「大いなる死」が失効したという「世俗化」の意味で、まずはこの言葉を了解できるだろう。が、むろんそれだけではない。

　では、死はどこへ行ったのか。フーコーによれば、死は、「細かな死、部分的な死、連続的な死……」へと変容したという。近代医学は、古代の夢治療のように「信仰」によって真理を導きだすのでなく、また、それを批判したヒポクラテス医学のように「（病気の）観察」によって真理を導きだすのでもなく、目のまえにある屍体を切り裂く「解剖実験」をすべての起点とするようになっ

■■■ 第11章 病　　院 ｜ *171*

た。結果、ある臓器や細胞やその機能などの衰えが、すべてそれぞれ死に転落していくサインとなる。脳が死んでいても心臓がまだ生きているように、あるいは心臓がとまっても細胞は生きているというように、死は部分的に、いたるところでおきるものと把握されるようになったのだ。いたるところにあるということは、どこにもないのに等しい。たしかにひとは死ぬのだが、これが死だ、という絶対的な瞬間の自明性を、近代医学は見失うところから出発しなければならなかったのだ。

　これを古代における「死者の崇拝」と対照させてみよう。「死者の崇拝」は、先ほど述べたように生気論的世界観を背景としていたが、「死の蒸発」はその逆をもたらした。生はいたるところでたえず死にいたろうとし、死の先にはなにもない。あるのは死化のプロセスだけだ。するとどうだろう、フーコーはこう言う、「生の闇は、死の明るみにおいて消え去ってしまう」と。「大いなる死」が消失したあと、生と死の対立が消え、死は生のなかに折り畳まれて偏在するようになる。つまり、世界は死で満ちているというわけだ。生気論と対になる世界観を機械論とよぶが、そこにある一種の冷たさは、こうしたまなざしにも端を発しているかもしれない。

　ともあれ近代医学は、聖性のはく奪された屍体をひたすら凝視した。それは古代以来の、モノとしての屍体をめぐる畏敬や追悼のコミュニケーションをすべて切り捨てることを意味していたが、屍体をモノと見切ることこそ近代医学が成功する条件でもあった。そして、大量の屍体を収集するには医師が個人的に努力するのでなく、組織的な研究体制を整備する必要があった。その際、特定の病者を追放したり階級の垣根があったりしたのでは研究がすすまないのであって、むしろすべてを一か所に集め、病気を相互に比較しながら生と死と病いの分類図を完璧に近づける必要があった。さらに、観察や実験の結果は組織で共有して、何度も反復して確認する必要もあった。かくして病院というインフラストラクチャーは、医学の変貌が内側から要請するものとして登場してくることになる。

2. 人口・公衆衛生・労働者の医学

とはいえ、いくら医学の新しい視座や世界観が巨大施設を要請したとしても、ただちに近代的な病院が成立したわけではなかった。旧来の施療院は衛生状態がひどく悪く、多くの病者が集まってむしろ病気になりやすい場所でもあったから、施療院こそが病気を生みだしている、巨大施設など解体したほうがよいとの批判も根強かった。

ここで、「人口」という概念の発見が重要な意味をもってくる。もちろん人口がいつの時代にも存在しているのは当然だが、ここで言っているのは人口が、権力のはたらきかけるターゲットとして浮上してきたということだ。フーコーによれば、前近代の王権はその姿を民衆に見られることによって、そして民衆に死を与えることによって力を誇示してきた。しかし近代の権力は、みずからの姿を隠し、民衆の姿のほうをこそ明るみに出し、数と質とを調べ上げ、丸裸にして監視する。そうやって権力に見られた民衆の総体が「人口」である。権力にとって一人一人は問題ではなく、総体としての人口こそが富や力の源泉なのである。人口は、雑草のようにそこにあるのではなくて、環境を整え水をやり育成することによってこそ刈り取るべき収穫を生みだすのだ。こうやって人口にはたらきかける権力のありようを、フーコーは「**人口の生政治学**」あるいは「**生権力**」とよんだ。

このとき疫病は、もはや「都市を襲」わず、「人口を襲う」だろう。人口が、都市と疫病のあいだのクッションになる。直接攻撃されない都市は、性急に特定の誰かを追放したり殺害したりする必要はない。人口の総体としての生を維持できればよいのであって、それは都市環境、インフラストラクチャーの整備によって達成されるだろう。こうして上下水道の整備をはじめとする公衆衛生が権力の主要な課題として浮かび上がってくる。そもそも産業革命期のロンドンや江戸期の江戸など、多くの人口が行き交い密集する大都市は、おしなべて病気も数多く行き交う場所であり、平均寿命は低かった。人びとをそこへ吸引すると同時に多くの人びとが死ぬので「蟻地獄効果」という表現さえあった。だから、公衆衛生は、当初は当然ながら医学とは関係のない一都市政策として

構想されたのだが（腐臭を放つ墓地が郊外へ追いやられたのはこのときだ）、病院——われわれの知っている収容・調査・治療のための巨大施設——は、この近代都市の公衆衛生テクノロジーを組み込むことによってこそ、旧来の施療院に対する批判を駆逐しえるだろう。

　いまひとつ、イギリスでの経験を述べねばならない。前項でふれた、屍体収拾に端を発する組織的な研究体制の整備は、当時は後進国でありながら旧い王権のもとで官僚制が高度に発達したドイツにおいて最初に実現された。フーコーはこれを「**国家医学**」とよんでいる。それに対して都市環境や施設のインフラストラクチャーに介入するのがフランスの「**都市の医学**」である。そして、イギリスには「**労働者の医学**」があった。産業革命の中心地であるロンドンで労働者が多く住むスラム街の環境が劣悪だったことは、エンゲルス（Engels, F.）の報告（『イギリスにおける労働階級の状態』）によってよく知られているが、イギリスでは、フランスのようにインフラを整備するだけでは足りず、さらに施設に収容された労働者がそのままでいることは資本にとっての損失であると考えた。むしろ病者はふたたび労働市場に復帰して賃労働を担ったほうが有益であるとし、より積極的に個々に介入する医療政策が試みられた。しかも、労働者には、劣悪な環境と過酷な労働に対する不満から暴動をおこす危険がつねにあったので、労働市場への復帰には暴動を抑止する効果が見込まれた。つまり「労働者の医学」には、暴動の危機を抑え込んだうえで、同時に彼らを健康体にして働かせようとする二段階の狙いがあったのである。

　このとき都市にとって危険なのは、疫病よりも、富を生みだすと同時に暴動をおこしかねない人口のほうだった。病院は、これらの課題を処理するものとして成立し、近代的な生権力の最前線を担うことになる。

3.　建築としての病院

　これまでは世界観や視座の転換、さらには近代的病院を成立させる諸条件をみてきたが、ここで、物質としての病院建築の側面に少しだけ光をあてよう。

　近代初期の病院改革——それは既存の施養院を改変するというよりも、もは

や病院そのものを創出する過程とみたほうがいい——では、監獄や精神病院を
モデルとして、個々の病室を放射線状に配置し、医師の執務室から一望できる
パノプティコン（一望監視施設）型の円形病院がいくつも構想された。先ほどの
フーコーの分類でいえば、ドイツの「国家医学」の思想にそうものである。そ
れは、疾病を分類するという近代医学の要請に従うとともに、監視者の労力を
節約しながら効率的に管理する建築様式であり、そこでは病者とは病いそのも
のだった。明治期日本の場合も診察室と病棟とを渡り廊下でつなぐ様式が考案
され、病者を区別し一定の区域に押し込めることが重視されていた。

　が、病院建築の真の近代性が現れるのは空調設備をいかに配置するかの問題
においてであった。パノプティコン型の円形病院でも通風は考慮され、また、
立地も日当たりのいい場所でなければならないとされていた。だが、それだけ
では「病院へ行けば患者が死ぬ」という状態を改善できなかった。そのために
はフランスの「都市の医学」で注目された公衆衛生を、都市全体においてだけ
でなく、病院というインフラストラクチャーの内部でも実現しなければならな
かった。ここでカギを握ったのが蒸気機関を利用した空調設備である。蒸気機
関を利用すれば清浄な空気を機械的・強制的に病院空間の全域にもたらすこと
ができる。そうすると病院が必ずしも円形である必要はない。それまでは感染
を防ぐために病室相互に距離をおくことに配慮してきたが、空調が最大限機能
するには部屋はむしろ密集していて構わない。しかも、最初期の空調設備には
パイプが長すぎると熱をもってしまうという問題があったから、なるべくパイ
プを効率的に配置するために、それまでヨコ長に配置されるのがつねだった病
室をタテ方向へと積み上げていく様式が出現することになる。かくして公衆衛
生を病院内で実現するために導入されたテクノロジーは、やがて病院を高層建
築へと変貌させていくことになる。病院建築は、高層ビルを模倣して巨大化した
のではない。そうではなく、医学とテクノロジーの要請が巨大化を促したのだ。

　そうすると初期のパノプティコン型の管理方式はどこへ行ってしまうだろう
か。ここで、医師が、病人＝病いを目視しうる環境のもとで直接管理する方式
は破棄されざるをえない。しかし、医師は患者そのひとではなくデータを把握

■■■ 第11章　病　　　院　　　*175*

していればいいのだ。その代わりに、病院組織のヒエラルキー構造の末端において、看護師が患者に直接かかわる比重が高まっていく。高層建築と化した病院のなかで多くの労働を担うのが看護師であり、今度は「看護単位」という設計思想が出現し、その看護師がなすべき労働の性質や必要に応じて病室が配置されていくのである。イギリスの「労働者の医学」は患者に対して適用されるだけでなく、それと平行し、病院を一個の（看護師の）労働の空間として再編成することでもあったと言うべきだろう。

その後、1980年代の第二次医療技術革新はX線やレーザーメスといった工学レベルでの新たな検査・治療技術をもたらしたが、それらを実装することが病院というインフラストラクチャーを文字通り重厚なものにしていった。病院は端的に「お金がかかる」ものとなったのである。かつてヒポクラテスの倫理は個人の倫理だけを問題にし、金銭は視野の外にあったけれど、いまや病院というインフラは不可避的に経済力の指標となったのだ。

4. 治療・研究・教育の三位一体

では、このような過程をへて成立した近代的病院とはいったいなにをする場所なのだろうか。治療を受ける場所という答えはもはや素朴すぎるだろう。以下ではこれまでの議論を踏まえながらその特徴を前近代とのコントラストにおいて確認し、概括しておこう。

まず、医療を意味するmedicineという英語には内科という意味もある。外科はsurgeryだ。もともと「観察」を重視したヒポクラテスの時代には肉体を切り裂く外科治療は医療の周辺のものとみなされ、あるいは医療に数えられないこともあった。このように前近代の医療では、肉体の自然治癒能力にはたらきかける養生術、今でいう内科が中心だったのだが、それが近代になると屍体を切り裂くことこそ医学の原点と考えられるようになるというのはすでに述べた通りだ。そこへ機械論的な視座が加わると、肉体は、より積極的な外科治療によってこそメンテナンスしうるとの考えが生まれてくる。ごく最近まで、とにかくわからないときには肉体を開いてみるといった態度が医師のなかに少

なくなかったし、外科は医療の花形だった。近代医療における内科と外科の地位逆転——第一に確認しておきたい特徴がこれである。

あわせて医師の地位が上昇する。それはつぎのような順序で進行した。まず、実験中心の研究・治療体制は組織的に遂行されねばならず、ここで初めて組織に組み込まれた「正統な免許」をもつ医師が登場した。彼らは、免許をもたざる雑多な伝統医療を排除し、専門家集団を形成する。このとき、患者はもはや一対一の関係において医師と対座するのでなく、背後に権威ある集団を控えたその一員たる医師を仰ぎ見るような位置におかれることになる。さらに20世紀に入ると次々と医療技術革新がおこり、徐々に医療はシロウトには手の届かない高みへ上っていく。すると手も足も出ない患者は「お任せ医療」の状態になる他なかっただろう。かつてであれば場合によっては医師より優位に立ちえた患者の地位は、こうして従属的なものになっていく。医師患者関係の地位逆転——これを第二に確認しておこう。

しかし、いくら医療専門家集団が優越するようになったからと言って、患者に対してその人のためにならないこと——たとえば無理な外科手術——を好き勝手にできるだろうか。むろん、してはならない。が、できる状態はつねに存在したのであり、近代医学において「患者その人のため」というのは医療行為の目的のひとつ、不可欠でありながら数ある目的のひとつに過ぎないのだ。

17〜18世紀のイギリスの医師、T・パーシヴァルは、医師には患者に対する義務と同時に社会に対する義務があるとした。こうやって医師と患者の一対一の関係に社会への配慮を重ね合わせる視座は、古代のヒポクラテスには存在しない。また、18世紀のフランスの医師、C・ベルナールは、「医療行為とは日々の実験である」と言った。これは、ごく普通の内科診療であってもデータとして蓄積されること、その治療が成功しようが失敗しようがデータたりうることを意味している。近代医学が屍体解剖から真理を生みだすというのは事態の半面で、そこで見出された真理は膨大な症例、統計学的データのなかで確証されなければならなかった。だから、病院で診察を受けるということはすでにそれ自体で他の誰かのためになっているのである。パーシヴァルの言う「社会に対

する義務」は、当人の思惑を超えてさまざまに解釈されうるだろうが、それは一人一人の患者を超えた患者全体、あるいは人口全体に益すること、すなわち医学の発展なのだ——そういう理解は打ち消し難く医療のなかに存在しえた。

　第三に、いまやこう言っていいだろう、近代的病院における医療行為とは治療であると同時にデータ収集であり実験＝研究であると。さらに言えば、その治療の現場こそが医学生たちにとっては最大の教育となる。それだけでなく、患者自身もまた治療を通じてたえず教育を受けているのであって、そうした教育効果の射程は個々の医師患者関係を超えて社会全体へとのびている。ようするに、近代的な医療行為において**治療・研究・教育は三位一体**となっているのだ。その絶妙で危ういバランスが崩れたとき、人体実験の問題が出現する。それがナチスであり、戦後アメリカで起こったタスキギー事件などであった。

　近代的病院がなにをする場所かと言えば、それは一言で言って人びとの「統治」に他ならない。それは追悼・癒し・予言とはちがったタイプの、患者という人口の一部分に対して医療専門家集団が特定の様式で働きかけ、その効果が患者個人だけでなく人口全体へも波及することが期待された権力の行使である。公衆衛生がそうであるように、病院は社会秩序を創出・維持・調整する装置の重要なひとつである。それは、恒常的にデータを収集しながら個々の患者を超えた人体のメカニズムについての理解をたえず深化させ、それを規範として社会に流通させる。その効果が信じられるかぎりにおいて、人びとの医療への期待は高まり、そうした期待を背景に医療への投資は加速されていく。近代化の過程で病院が暴動を抑止する機能を担ったのは歴史の一コマにすぎないだろう。いまや歴史はその先へすすみ、誰が生まれ誰が死ぬか、そうした問題に裁定を下す場所ともなっている。

　かつて古代ギリシャではしばしば幼児が遺棄されたというが、いまや生をターゲットとした病院は、かつて産婆とよばれた助産師の営み（しばしば伝統的な知にもとづく営みだった）をみずからのうちへ取り込んでいく。これを**「出産の医療化」**という。重心が死者から生者へ、そして生まれくる次世代の者たちへと移動しているのである。また、人びとは徐々に畳の上で死ななくなり、死もま

178

た病院に取り込まれていく。これが「**死の病院化**」である。そうやって病院の
プレゼンスが上昇していくなかで、都市を流通する身体の最終到着駅たる葬儀
場は長らく「迷惑施設」とみなされ、ゴミ処理場や障がい者施設と並ぶ「**施設
コンフリクト**」の代表例であり続けた。古代では重要だったネクロポリスとい
うインフラストラクチャーから近代的病院へ——このようなインフラストラク
チャーの交代劇のなかに、近代——すなわちわれわれの時代——がなんである
かの一断面を見るべきだろう。

　たしかに多くの人びとは病院とは無縁に過ごしているにちがいない。だが、
冒頭でふれたように「病院があると安心する」というときには、われわれは権
力としての医療の圏内にいるのである。

■ 第4節 ｜ 現代——病院を超えた医療の拡大

　現代はそうした近代の延長上にあるが、どうやら決して小さくはない転調の
渦中にあるらしい。最後に、医療と病院の現在にふれておこう。

　近代医療は病院医療という形態をとることによって、病いは運命であり受け
入れるしかないといった「病いの旧体制」を覆し、決定的に勝利し、今日ます
ます都市に溶け込んでいる——冒頭で述べたのはそういうことだった。溶け込
み過ぎて、あたかも大昔からそこにあって今後もずっとそこにあるかのように
さえ見える。けれども、そうではないこともくりかえし述べてきた。私たちが
見慣れた医療器具のことごとくは日付が新しい。むしろそれらは日々更新され
ており、あっという間に古びてしまうにちがいない。そうかと思えば地方では
病院閉鎖の危機が叫ばれ、再編の足音も聞こえている。工場がなくならないよ
うに病院も決してなくならないだろうが、労働の中心がブルーカラーからホワ
イトカラーへと移動したように、病院もまた変貌しつつあるのだろう。

　その変貌の様相を「病院を超えた医療の拡大」と表現できるように思われる。
ここでは二つの局面にふれておこう。

1. 病院のネットワーク化、グローバル化

まず、近代医学が屍体や患者を一か所に集め、組織的に実験や観察をする施設を必要として、それに適合的なインフラが病院（大病院、大学病院）だったことを思いだそう。このとき、一人の医者の行為は他の医者に結びつけられていた。そうした連鎖を延長していけば、一個の病院はもともと他の病院に結びつく可能性を孕んでいたと言えるだろう。そうした**病院のネットワーク化**は、最初は学会レベル、データレベルで実現した。しかし、個々の医師患者関係——つまり人間関係——は置き換え不可能と考えられ、戦後に医療を分析した社会学者、パーソンズ（Parsons, T.）の時代（彼が、有名な医師患者関係論を論じた章を含む『社会体系論』を発表したのは1951年である）でさえ、まだ「セカンドオピニオン」（主治医以外の第三者に意見を求めること）は医師と患者の信頼関係を損なう医療倫理に反するものとみなされていた。

だが、今日、そうした医師相互、病院相互の垣根は急速に取り払われている。むしろ、一病院内のチーム医療だけでなく、病院相互のチーム医療＝ネットワークが目指され、一部では実現しつつあるのが現状だ。その際、ネットワークに組み込まれるのは病院というユニットだけでなく、地域の訪問看護ステーションや保健師、ソーシャルワーカー、そして家族など、きわめて広範にわたっている。このネットワークに組み込まれたとき、家族という場は「在宅」と呼称されるだろう。

こうした現象が、医師と患者の硬い関係を突き崩して出来したのは、従来の巨大な病院が限界に達したからである。そもそも一人の人間を一個の病院がまるごと抱え込むのは無理なのだ。しかも「お金がかかる」。逆に言うと、ネットワーク化によってこそ病院は、生と死をめぐるあらゆる要求に応えねばならないという呪縛から解放され、特定領域の専門性だけで生き延びられるだけでなく、患者に対して全責任を負う負担や経済的な負担からも解放されることになるのだ。むろん、それが無限に多様化する患者のニーズに応えようとする医療の側の努力の結果であることまで否定する必要はない。また、病院のネットワーク化は、それまで病院に囲い込まれていた業務が少しずつ「下へ、下へ」

と委託されていくことを意味するが、そこに患者と家族の側によるケア能力の奪還のチャンスを見出すこともできるかもしれない。ただ、それまで肥大化し続けてきた病院医療は、ここで一転して、一個の病院のプレゼンスを相対的に低下させるわけだが、それは決して医療の縮小なのではない。そうではなく、これは医療が病院を超えて拡大していく局面なのだ。そして、そうした医療は医師と患者の硬い関係性に立脚するのでなく、ゆるい関係、アドホックにつながったり切れたりする、交換可能で寸断された関係をあらためて織り直したものとなっていく。

　同様のネットワーク化は国際的な規模でもおきている。世界都市相互、各世界都市にある大病院相互のネットワーク化は、近年メディカル・ツーリズムという言葉で注目を集めている。これはもともと途上国の患者が先進国へわたって先端的な医療の恩恵を受けるといった形で始まったものだが、最近では、先進国の患者がより安価な医療を求めて渡航する傾向が強まっている。もっとも原始的な形態としてはアンダーグラウンドな臓器売買などを想起するかもしれず、自国では法的に不可能な医療（たとえば安楽死）を求めて渡航するケースさえあるのだが、非合法領域の拡大は回避しなくてはならず、途上国の側でも外貨獲得のチャンスを確立したい思いはあるだろう。そうした背景のもと、あらためてコントロール可能な正規のルートが開拓されつつあるのが現状である。

　こうしてネットワーク化やグローバル化がすすんでいくと、患者の身体は、病院という物質的なインフラを出入りするというよりも、医療のネットワーク空間を流通する存在になっていく。かつて諸機能を集約していたインフラストラクチャーの特権性は後退し、抽象的なネットワークが偏在する形態へと変貌しつつあるのだ。ただし、注意しなければならないのは、経済格差を利用したグローバルネットワークには、発展途上国の多くの人びとが参入できないということである。先進国でもまた、患者がネットワークを活用できるかどうかは必ずしも自明ではないだろう。つまり、移動する時間や費用があるかどうか、情報を適切に理解しネットワークを利用する能力があるかどうか、患者の身体が医療のネットワーク空間を流通していくためにはそうしたことが試されるの

第11章　病　　　院

だ。そうした試金石に躓いたとき、患者がネットワークの外部へ廃棄されてしまう。

2. リスクの医学

もうひとつ、ふれておかねばならないのが「**リスクの医学**」である。

近代医学の黎明期には、解剖はむろんのこと、他の症例と照らし合わせる作業も手仕事だった。その場合、研究が一個の病院を超え出ていく可能性はそもそも労力の点で限界があり、その蓋然性は低かった。そうした壁を一気に除去したのが情報テクノロジーの発展である。今日、電子化されたカルテに記載された患者の情報は膨大な量にのぼる。そして、それを瞬時に計算し統計処理するソフトもすでにごく日常的な存在になっている。そうすると、医学的真理の源泉たる屍体と統計的データとを比べてみて、圧倒的に後者のほうが医学の関心を引くようになっていく。しかも、それらの膨大な情報には、肉体の生 (life) だけでなく生活 (life) のことも含まれていて、日常生活のすべてが病気を構成する要因として関連づけ可能になるのである。フーコーに倣って言えば、われわれの生活はたえず病化しているように見えてくる。生活習慣病が注目されるようになったのはこうした事態に対応している。そしてこの視角からすれば、肉体でなく日常生活のなかにこそ病気のリスクがあるのであって、それを解明するのが医学の役割ということになる。そこで問題なのは病院に入ってからではない、あるいは病気ですらない。病院に入る前の生活こそが問題であり、ここでもまた、日常生活にまで医療の対象が拡大すること（医療化）と病院のプレゼンスの相対的な低下が同時におこっている。

他方で私たちの日常生活も、ことごとくが電子化されている。時間と場所、生活履歴、交友関係、趣味や行動、それらが自分で気づかないことまで含めて瞬時に可視化できたりする。それを医療情報と照らし合わせる作業はもはや医師に課せられた仕事ではない。自分自身の生活情報と医療情報とを照合する作業は日常的にひとりひとりが遂行すべきタスクとなるのだ。

かつてパーソンズは「**病人役割**」を定義して、それは日常生活における社会

的義務を免除するもの、そして医師の指導に従って健康回復に努める義務を負うものとした。そうした定義が「病院に収容された患者」にのみ該当することを指摘するのはたやすいだろう。しかし、かつて病院において健康回復を義務とする受動的な客体だった患者には、逆に言えば、苦しい日常生活を脱出する「病気になる権利」が残されていた。実際、「病気になって解放された」ケースは決して少なくない。ところがいまや、リスクの医学では事情がまったく変わってしまう。銘々が病院の外で、日常的に「健康になる義務」を遂行する能動的な主体たることを呼びかけられるのである。これを「病人役割」に対して「**健康役割**」という。

第5節 おわりに

　膨大なタイムスパンを扱ってきた本章を最後にまとめよう。

　人間は、ただ世界のなかに生まれ落ちるのではなく、みずから世界を制作し、そのなかで生きる動物でもある。広義のインフラストラクチャーとはその制作された世界のことであり、狭義にはその物質的な表現ということになるだろう。また、人間は必ず死ぬ動物でもあるから、その死をどう理解して位置付けるかは原初以来の課題だった。その集合的表現のひとつがネクロポリスだった。だが、ネクロポリスにおいて崇拝の対象とされた死と死者は、新たに登場した近代医学のまなざしのもとで蒸発してしまう。そして、代わりに社会の中心におどりでてきたのが病院だった。病院は、病者だけが行くべき例外的な場所なのではない。そうではなく、近代人が作りだした、みずからの生きる世界の重要な表象なのだ。その病院が、物質的なインフラの域を超え、存在感は低下させながらも、機能としての医療は生活全体へ拡張しつつあるのが現代である。冒頭では、病院が都市に溶け込んでいると表現したけれども（病院の都市化）、それは都市のいたるところが病院たりえること（都市の病院化）と表裏の関係にある。

　この最後の局面については、医療が私たちの日常を包囲する息苦しさのほうを強調した。しかし、いまおきていることは息苦しいことばかりだろうか。パ

キスタンやアフガニスタンで活動する国際的な医療 NGO、ペシャワール会は、まさに「病院なき医療」の一例である。彼らは 2000 年以来、赤痢患者の急増に対応するため清潔な飲料水を確保しようと灌漑事業や農村復興に取り組んでいる。もし先進国の医療を一方的に供給するだけなら、それは植民地医療となんら選ぶところがない。しかし、ここでおこなわれているのはそうしたことではない。生きるために必要な原的な世界＝インフラストラクチャーをゼロから作り出そうとしている、そう言えるのではないか。そこにあるのは**連帯のための医療**と思われるのだ。同様の事態は先進国内でも見つけられるかもしれない。病院を超えた医療の拡大の可能性のひとつがこれだろうと示唆しつつ、本章を閉じることにしよう。

(庄司　俊之)

Ｂｏｏｋ 読書案内

I. イリイチ（金子嗣郎訳），1979，『脱病院化社会』晶文社：医原病などのキーワードを生んだ社会学的医療批判の古典だが、彼の他の著作『ジェンダー』とともに、議論の粗さと強すぎる価値前提のために今や黙殺されることも多い。しかし、ものわかりのいい是々非々の態度に行き詰まりを感じたら、こういう古典を批判的に読み直すのもいいかもしれない。

立川昭二，2003，『生と死の美術館』岩波書店：古今の美術作品を医学史家が読み解いたエッセイ集で、古代から現代までの死生観や医療の変遷を流麗な文章で味わうことができる。ややロマンチックすぎるが、近代医学の衝撃やその興隆とともになにが失われたか、視覚的にもイメージでき、脳裏に焼きつく。西欧編と日本編の二部構成になっている。

R. C. フォックス（中野真紀子訳），2003，『生命倫理をみつめて――医療社会学者の半世紀』みすず書房：医療社会学の第一人者による回想的自伝。彼女の研究対象や問題意識の変遷を追いかけることができる。彼女は長らく「最高の医療」の最前線たるアメリカにおいて臓器移植を参与観察してきたが、のちに国境を超える医師団などに関心を移していった。そうした言葉では表現されていないが、病院というインフラの内部と外部が鮮やかに対照されていると読むことができる。

【文　　献】

Ariès, P., 1975, *Essais sur l'histoire de la mort en occident du moyen âge à nos jours*, du Seuil. (＝ 1983, 伊藤晃, 成瀬駒男訳『死と歴史 : 西欧中世から現代へ』みすず書房.)

de Coulanges, F., 1864, *La cité antique*, chez Silberman. (＝ 1995, 田辺貞之助訳『古代都市』白水社.)

Engels, F., 1845, *Die Lage der arbeitenden Klasse in England : Nach eigner Anschauung und authentischen Quellen*, In Marx Engels Werke 2, 1990, Diez Verlag. (＝ 1960, 岡茂男訳「イギリスにおける労働者階級の状態」,『マルクスエンゲルス全集 2, 1844-1846』大月書店.)

Foucault, M., 1963, *Naissance de la clinique : une archèologie du regard medical*, Presses Universitaires de France. (＝ 1969, 神谷美恵子訳『臨床医学の誕生』みすず書房.)

Foucault, M., 1977, *El nacimiento de la medicina social*, Revista centroamericana de Ciencia de la Salud 6: 89-108. (＝ 2000, 小倉孝誠訳「社会医学の誕生」, 蓮實重彦, 渡辺守章監修『ミッシェル・フーコー思考集成 VI : セクシュアリテ／真理』, 277-300, 筑摩書房.)

Fox, Renée C., 2001, *Conversation in Japan : interview made on 12 and 27 April 2001 Tokyo, The human condition of medical professionals : lecture made on 26 April 2001 in Tokyo.* (＝ 2003, 中野真紀子訳『生命倫理をみつめて : 医療社会学者の半世紀』みすず書房.)

Goffman, E., 1961, *Asylums : essays on the social situation of mental patients and other inmates*, Doubleday. (＝ 1984, 石黒猛訳『アサイラム : 施設被収容者の日常世界』誠信書房.)

Herzlich, C., Pierret, J., 1984, *Malades d'hier, malades d'aujourd'hui*, Payot. (＝ 1992, 小倉孝誠訳『〈病人〉の誕生』藤原書店.)

五十嵐太郎・大川信行, 2002,『ビルディングタイプの解剖学』王国社.

Illich, I, 1976, *Limits to medicine : medical nemesis : the expropriation of health*, Calder & Boyars. (＝ 1979, 金子嗣郎訳『脱病院化社会 : 医療の限界』晶文社.)

Jonsen, A. R., 2000, *A short history of medical ethics*, Oxford University Press. (＝ 2009, 藤野昭宏, 前田義郎訳『医療倫理の歴史 : バイオエシックスの源流と諸文化圏における展開』ナカニシヤ出版.)

美馬達哉, 2012,『リスク化される身体 : 現代医学と統治のテクノロジー』青土社.

Morris. M., 1981, *The reenchantment of the world*, Cornell University Press. (＝ 1989, 柴田元幸訳『デカルトからベイトソンへ : 世界の再魔術化』国文社.)

村川堅太郎, 長谷川博隆, 高橋秀, 1993,『ギリシア・ローマの盛衰　古典古代の市民たち』講談社学術文庫.

中村哲, 2007,『医者、用水路を拓く : アフガンの大地から世界の虚構に挑む』石風社.

Parsons, T., 1951, *The Social System*, The Free Press. (＝ 1974, 佐藤勉訳『現代社会学大系 : 14　社会体系論』青木書店.)

進藤雄三, 黒田浩一郎編, 1999,『医療社会学を学ぶ人のために』世界思想社.

立川昭二, 2003,『生と死の美術館』岩波書店.

V 電気インフラ

電柱・電線

―― 立て／埋める ――

Chapter 12

(「見えてはいるが、気づかれてはいない」電柱と電線)

第1節　ワイヤードシティ

　ワイヤードという言葉がある。ワイヤレスの対義語で、物理的なケーブルでつながれた放送や通信の方式を意味するが、国土中に約3,500万本の電柱が林立し、電線が縦横無尽に張りめぐらされた私たちの都市空間は、ネットワークシティであると同時に、文字通りのワイヤードシティだといえる。同じく生活を支えるガスや水道の管路が、地面に埋め込まれた不可視のインフラであるのに対して、架空電線のネットワークは、いわば**剥き出しのインフラ**だ。だがそ

186

の剝き出しの有線接続ぶりは、日常的に私たちの意識にあまりのぼらない。私たちが都市を眺めるとき、私たちの意識のフォーカスの少し手前に、電線は走っている。たとえば建物の写真を撮ろうと、カメラを構えたとたんに、それまでは気づかなかった電線が邪魔であることを発見したりする。社会学の方法論のひとつであるエスノメソドロジーでは、ふだん人びとが何気なくおこなっている日常的実践のあり方を「見えてはいるが、気づかれてはいない」というフレーズで特徴付けるが、私たち日本社会の都市居住者にとって、電柱と電線はちょうどそのようなあり方をしている。

近年、電線の地中化を推進する動きが本格化している。2020 年の東京オリンピックを見据え、都市景観の向上を図ろうというわけだが、それらの運動がまず手を着けるのは、林立する電柱と錯綜する電線が、そもそも「問題」だという意識の啓発である。「見えてはいるが、気づかれてはいない」以上、それをまず「問題」として認識させる手続きが必要となる。そのため、無電柱化を推進する民間プロジェクト（〜上を向いて歩こう〜無電柱化民間プロジェクト）では、とあるイラストを発表した。北斎の富嶽三十六景『凱風快晴』に、電柱と電線をシルエットで描き加えたイラストであり、せっかくの絶景も、電柱と電線のせいで台無しになってしまう、という趣旨だ。

ところがインターネット上では、このイラストについて、一部で「むしろ格好いい」と評判になった。電柱と電線をめぐる、このすれ違いの意味を、まずは考えてみたい。

無電柱化を推進する運動が主張するのは、「景観面」「安全面」「防災面」でのメリットである。第一に、電柱と電線は街並みの景観を損なう。規範として示されるのはヨーロッパの街並みである。ヨーロッパの感覚では、電線は、ガス管や水道管と同様に、地中に埋めるのが当然と考えられている（ロンドン、パリなどヨーロッパの主要都市や、シンガポール、香港などアジアの主要都市では電線地中化率はほぼ 100％であるのに対して、日本では東京 23 区で 7％、大阪市で 5％にとどまっている）。第二に、電柱は円滑な通行を阻害する。とくに高齢者や子ども、障がいをもつ人びとにとって、歩行スペースを占拠する電柱は障害物となり、事故の誘因と

なりうる。第三に、災害時には、倒れた電柱や切れた電線がリスク要因となる。電柱が倒れると、道路をふさいで避難が困難になったり緊急車両が通れなくなったりするし、切れたケーブルが地面に落ちると感電の危険が生じる。また地震による停電や通信遮断という面でも、架空線のほうがリスクが高い。

　以上のように無電柱化を推進する側が主張する論点は、いちいちもっともであり、じつに「大人」な見解である。それに対し電柱や電線の「格好よさ」を訴える声には、いささか「子ども」っぽさを否めない。

　無機質な人工物としての電線と電柱は、一面で「格好いい」。庵野秀明のアニメ『エヴァンゲリオン』や、松本大洋の漫画『鉄コン筋クリート』に好んで描かれたモティーフであり、ある種のフェティシズムを刺激しうる。臨海コンビナートの、複雑なパイプが描く造形美を愛でる「工場萌え」とも、一脈通じるだろう。あるいは下町の情緒を称揚する昭和ノスタルジーという文脈でも、電柱と電線は、懐かしい風景のアイコンとなる。そこでは電柱と電線は、無機質どころか、街の温かみや親密さを連想させる道具立てとなる。いわゆる「日常系」アニメでは、電柱が日常性の記号として、お決まりのように風景描写のカットに挿入される。夕焼け、電柱、ヒグラシの声という定番のセットは、そんな情景をじっさいに経験していない者にも、なぜか懐かしい「あの頃」を想起させるシグナルとして機能する。

　電柱フェティシズムも電柱ノスタルジーも、しかし、やはり「大人」の論理に対しては分が悪い。公共性にもとづく「大人」のロジックに対して、「格好よさ」あるいは「懐かしさ」という、主観的かつ個人的な趣味性をもとに、電柱や電線を擁護するのは、いささか無理筋であるだろう。

　なるほど「電柱をなくそう」という主張に対して、「電柱を守ろう」というのはやや無理がある。だがしかし、一見すると「大人」にみえる「電柱をなくそう」という主張にも、思わぬ陥穽がありはしないだろうか。電柱や電線を引き剥がしてしまえば、真の美しい日本の都市があらわれるという想定には、どこかナイーヴなところがありはしないか。

　いや、あるいはそもそも、電柱と電線の存在を問題にするときに、**公共性の語**

りか**趣味性の語り**か、という二項的な構図になってしまうこと自体を、問い返す必要があるのではないか。公共性の語りに思わず反発して、つい「電柱を守ろう」と口走った瞬間に、その語りから漏れ落ちてしまうもの——そこに電柱と電線が私たちの都市空間にとってもつ意味(の厚み)が潜んでいるように思われる。

電柱と電線という、他の先進諸国には見られない剥き出しのインフラ。それが私たちの都市空間にとってなんであるか／なんであったかは、公共性の語りからも趣味性の語りからも、微妙に滑り落ちてしまう。それゆえこの裂け目の由来と、こぼれ落ちてしまうものの位相を、以下では探ってみることとしたい。それは電柱と電線が、この社会の都市空間のなかに占めてきた歴史的な地層の厚みをさかのぼることで、浮かびあがってくるだろう。

■ 第2節 ｜ 3丁目の電柱

公共性の語りでは、電柱や電線は、美しい景観を損なう要因として邪魔もの扱いされ、趣味性の語りでは、逆に、独自の景観をつくる要素として称揚される。ところが、公共性の観点から電柱の価値と機能をアピールし、その存在を擁護するという、現在の視点からみれば不思議なポジショニングのCMが、80年代初頭に流されていた。広告主体は東京電力である。CMのなかでスポットを浴びる主役はまさに電柱そのものであり、電柱の視点から（！）街の動きを見守り、眺めるという構成をとっている。

場所は東京下町の商店街(ロケ地は東池袋にある日出優良商店会)。時刻は夕方。通学路を歩く小学生や、アパートの二階で洗濯物を取り込む若い男性、八百屋で買い物をする主婦、等々、街の人びとの日常的営みを、電柱は見つめている。電柱に貼りつけられている、通学路をあらわす「文」や「徐行」という標示のクローズアップ。電柱に付属する変圧器のカットイン。やがて夕闇が濃くなると、商店街の一帯に電気が灯される。通りがかりの少年がふと見上げると、街灯がぱっと点く。

一連の映像の背景に流れているのは、みなみらんぼう作詞・作曲の「3丁目の電柱」という歌である。「ぼくは、3丁目の電柱です／雨の日、風の日、街

角に立ち／通りを見てます、ながめています／夕焼けお空はイワシ雲／そろそろ　あかりをつけましょね」。最後にナレーションがかぶさる。「電気を確実にお届けするために、電柱はみなさまの近くで働いています」。

　注目すべきは、このCMの独特のポジショニングである。当時は、都市の交通や防災機能、美観を損ねるという理由で、電線の地下化の必要性が訴えられはじめた時期だが、電力会社としては、コストのかかる地下化はなるべく回避したい。そこで電柱のイメージアップを図ろうとしたわけだが、正面から電柱を称揚するのは難しく、どうしても中途半端さが発生してしまう。一方では電気のある日常を陰ながら支え、各種標示により交通安全を担うなど、「役に立っている」という機能性をアピールし、公共性を担保しようとするのだが、それだけでは説得力が足りない。そこで同時に下町ノスタルジーという趣味性にも訴えかけるのだが、とはいえ電柱と郷愁のカップリングも、描き方が不安定であり、いまだ安心して浸れる世界観を形成しえていない。つまりは公共語りと趣味語りのいずれもが不徹底であり、両方の中途半端さが相まって、なにを目指しているのかわからない浮遊感を生みだしているのだ。

　だが、この落ち着きの悪さこそが考察の手がかりとなる。剥き出しのインフラとしての電柱と電線をめぐって、公共性の語りと趣味性の語りが二項的な構図として出現する、その少し手前の地点にあったものを、このCMは指し示してくれる。この浮遊感を出発点に、電柱と電線が、都市空間とのあいだにとり結んできた関係性の履歴を遡行してみたい。

■ 第3節 ｜ 異物としての電線と電柱

　現在でこそ自明視され、日常的には意識されない存在だが、明治期に導入された当初、電柱と電線はひとつの**異物**として、きわめて人目に立つ存在であった。それは伝統的かつ民俗的な意味世界に突如闖入してきた、異質なテクノロジーであり、旧来の都市や田園の空間秩序を脅かす邪悪なモノとしてまなざされた。電線と電柱が、かつてモノとしていかに際立った存在であったか、その

諸相を眺めてみよう。

　日本における電気通信の嚆矢は、1869年に横浜の灯明台役所と裁判所のあいだに試験的に設置された設備であり、ついで横浜裁判所と東京築地運上所とのあいだに電信線路が建設され、一般の公衆電信を取り扱うようになる。その後の電信ネットワークの建設速度は、当時の技術水準を考えると、異様なほどスピーディであった。主要幹線としての東京一長崎間は1873年に落成し、その二年後には東京一青森間が完成をみる。さらにその翌年には四国および九州の幹線が成立し、1879年には、北海道およびその連絡線を含む全国主要地域の電信ネットワークがほぼ完成する。このように建設が迅速であった背景には、電信が情報伝達のための中立的な技術ではなく、地方での反乱や蜂起に中央政府がすばやく対応するための、軍事的・警察的なテクノロジーであったという事情が関係している（吉見 1995）。

　情報が瞬時に伝達される新奇なテクノロジーに対する脅威と畏怖から、人びとは、電線と電柱というモノに、ある種の禍々しさを感じとっていた。導入当初には、電信技術はキリシタンの魔術であり、電線には処女の生き血が塗られているといった噂が出回ったり、夷狄より伝来した汚らわしいモノとして、架空線の下を通るときに、わざわざ頭上に扇子をかざすといった行動がみられたという（日本電線工業会編 1959：12）。

　また他方では、中央政府による地方支配の道具としての政治的性格に対する反感と警戒心から、電信関連の施設や設備は、旧士族や民衆による毀損や妨害の対象となった。電信局が襲撃されたり、電信線が故意に切断されるという事件が明治初期には多発している。「電信の父」とよばれる寺島宗則が、横浜の知事を務めていた当時、とある面談中に下役人から市内の電信線が切られたとの報告を受けたとき、寺島は悠然と「仕方がない、政府は繋ぎ役、人民は切り役として当分は繋いでいればよい」と述べたとのエピソードが残っている（日本電線工業会編 1959：12）。

　電線のモノとしての性格は、一面で、その**危険性**において露わになる。高圧電流の流れる電線は火災を発生させるリスクがあり、裸線になにかのきっかけ

で触れてしまうと、人体に甚大なダメージを与える。不可視の電気の危険性を人びとは、ときに生じる電気火災、感電による怪我や死亡事故の報道から思い知らされる。

たとえば1897年には「電気に触れて焼死す」という記事がみられる（『朝日新聞』1897.8.9）。工夫が電線修理のため電柱にのぼり、電線の破損箇所を修繕していたところ、誤って工場用の500ボルトの電線に触れて感電し、電線から体を引き離せないまま、発火した火が着物に移り、全身が炎に包まれて無惨にも焼死にいたった経緯が、こと細かに報じられている。当時はまだ感電死も珍しいケースだったため、詳細に報道されていたのが、電気が普及する大正期になると、頻繁に事故が生じるようになり、ごく簡潔に「感電即死」「感電して惨死」とだけ報じる記事が増えてくる。たとえば1922年の『朝日新聞』には、この一年間だけで「電柱に登り感電焦死　一時の戯れで」「物騒な往来　人と馬に感電」「二人死傷　電気装飾中　感電して墜落」「感電墜死」「墜落惨死す　屋根上で感電」「感電即死　電灯工夫の粗漏から」「工夫二名が感電して即死」といった多数の記事が出ている。

危険性をもつ一方、公共空間に無防備に吊された電線は、その気になれば窃盗の対象となりうる。良質の銅線である電線は、インフラであると同時に、換金可能なモノとしての側面ももつ。「電線切断の賊」「電線二百貫目の泥棒」「電線泥棒捕はる　五十余回の切断」「電線の大泥棒　五人組一網打尽」といった記事は、明治末から大正、昭和初期にかけてしばしば登場する。倉庫や変電所を狙うケースもあるが、架空されている現役の電線を切断するケースも多い。戦後になっても、とりわけ1950年代から60年代初頭にかけて「電線ドロ」の報道が目立つ。

電柱と電線はまた、異様な形態をとることで、そのモノ性を際立たせる。とりわけ複数の線条を束ねるケーブルが開発される以前の、裸線で電話回線をつないでいた時期には、回線の数だけ線条が必要となるため、多数の腕木と線条をそなえた、複雑きわまる巨大な電柱が街中に出現することになった。幹線路では、300条もの電話線を架線した、高さ70尺（約21m）に達する電柱があったという（丸茂　1996：302）。当時の新聞では、そうした異形の電柱と電線は「ソーメン屋の開業」

「花魁のかんざし」という表現によって揶揄された(鈴木・三浦 1998：121)。

　生活空間に露出している、モノとしての電線と電柱。それは毀損の対象となり、火災や感電事故の誘因となり、盗難のターゲットとなり、その醜さが非難の対象となる。そのように、ふとした瞬間にモノとしての性格を際立たせながら、しかし電柱と電線は、しだいに都市空間の一部として自然化していく。ガス管や水道管が地中に埋め込まれ、無意識的なインフラの次元に入り込んでいるのとは対照的に、電線と電柱は生活空間に露出しているのだが、その状況自体をひとつの自明な環境とみなすことに、私たちはしだいに慣れていく。人形浄瑠璃の黒子が「いない」ことになっているのと同様、電柱と電線は、私たちが日常的に都市空間に向ける視線のなかでは「ない」ことになっている。そのようにして電柱と電線は、やがて「見えてはいるが、気づかれてはいない」ものになっていく。

第4節　仮設状態の永続化

　電線の地下埋設化の動きは、じつは、近年になって出現した目新しい動向ではない。明治期の導入時点から、何度も電線の地下化は本格的に検討されてきたのであり、そうして、そのたびごとに挫折をくりかえしてきたのだ。現在の無電柱化の動きが、ある種のナイーヴさを抱えているとすれば、それは、この挫折の反復を忘却している点に求められる。つまり、電柱と電線の存在を自明視してきた人びとを啓蒙し、その非合理性に目覚めさせれば、問題は解決に向かうという考え方は、くりかえされた挫折の歴史を忘却している。私たちは、剥き出しのインフラの非合理性に十分に気づいていたのであり、しかもそれを、別種の合理性にしたがって放置してきたのである。この気づきと放置の反復がもつ重みを、正面からとらえる必要がある。私たちの都市空間にとって電柱と電線がなんであるか／なんであったかは、この、挫折の反復というリアリティを見据えるなかで浮上してくる。

　主要な動きを列挙してみよう。関東大震災後の帝都復興事業では、電柱整理計画が検討され、事業費と具体的計画がそろっていながら、関係者の熾烈な反

対により挫折することとなった（鈴木・三浦 1999）。1937 年には、三年後に開催予定であった東京オリンピックに向けた景観整備の一環で、東京市内の 50 万本の電柱を地下化しようとする計画が、内務省の主導により立ちあがり、関係省庁とのあいだで綿密な議論が進められたが、大蔵省により市の起債が削減され、これも挫折することとなった。また戦後の東京戦災復興事業でも、都市計画課の石川栄耀の主導による電柱整理計画が検討されながら、事業費の縮小によって実現をみなかった（鈴木・三浦 1999）。

　なかには部分的に実現された計画もある。電信線については、1904 年、東京本局と品川間の架空線が地下線に変更されたのが、幹線としては最初の例であった。また電線については、1910 年、前橋市内で初めて地中配電線が敷設され、続けて翌年に東京で最初の電線地下埋設がおこなわれている。住宅地の電線地中化としては、1916 年に造成され、多くの文化人が住んだ新興住宅地・渡辺町が、風致への配慮から無電柱としたのが先駆的な事例であった。だがこうした動きは、ごく一部の例外にすぎなかった。

　そもそも**都市計画**の視点からは、じつは明治初期から、電線は地下に埋設するのが望ましいと考えられていた。東京市区改正委員会（東京の都市構造を近世都市・江戸から近代国家の首都・東京へと改造すべく、1888 年に設立された都市計画の委員会）では、当初より、交通機能と都市美観の観点から電線地中化への関心を強くもっていた（丸茂 1996）。ところが電信ネットワークの迅速な整備という至上命題のもと、架設の効率性と容易性を優先した結果、ひとまずは空中架設を認めざるをえない状況となった。

　ここで重要なのは、電線の空中架設は、あくまで暫定的な措置だったという点である。やがてはガス管や水道管と同様、地中化されるべき電線を、仮設的に空中架設している状態——それが地上に露出している電柱と電線の、都市計画上の身分なのである。

　ところがひとたび架空線のネットワークが形成されると、そこに、ある種の**経路依存性**（キーボードの QWERTY 配列など、ある技術や仕組みが、合理的な理由ではなく、偶然的な歴史的経緯によりロックインされ、不可逆的に展開するプロセスの特徴をさ

す）が胚胎する。つまり後続する行政や企業の営みが、既存の架空線システムを前提として動きだすようになる。かたや逓信省は、ネットワーク整備の迅速性という大義のもと、手軽な架空線を国土全体に一様に張りめぐらせようとする。かたや企業体としての電力会社は、収益の増大を主眼とする以上、コストのかからない架空線を選択し、地下埋設というオプションはなるべく忌避しようとする。そうした複数のアクターによる既成事実の積み重ねの末に、もとは仮設状態であったはずのものが、永続化され、恒久化される（『通信事業史』では 1941 年の段階で「本邦に於いては都市の内外に於ける架空電線路の施設に対する制限が、外国に於ける程厳重ではなく、比較的経済的に電線路を施設し得ることが、我国の電気の普及に与つて力あつたことと信ずる」と回顧されている（逓信省編 1941：187））。

　電信ネットワークの構築を担う逓信省に付与された特権は、1890 年に制定された電信線電話線建設条例に如実に示される。そこでは電柱建設にともなう土地占用について、民有地の所有者は拒否できないと規定され、官有地の場合も通知のみで設置可能とされていた（その後、1919 年の旧道路法制定により、電柱は占用物件として道路占用許可の対象となる）。こうした強力な権限付与に後押しされ、逓信省は、自在に電柱ネットワークを構築しえたのであり、結果として、電線と電柱による架空線システムが全国の都市空間を覆い尽くすようになった（北原 2008）。こうして仮設状態であったはずのものが、全体的なシステムとして定着していく。

　仮設状態の維持には、独自の技術開発も寄与していた。アメリカで電線地中化が進んだ背景には、被覆技術の不足による感電のリスクという、安全性の問題があったのだが、それに対して日本では被覆技術を向上させることで、この問題をクリアーする方向を選んだ。ケーブルの被覆技術の向上という点も、日本で電線の地下化を保留したまま、電柱ネットワークを温存させた一因に数えられる（小池・松原 2015：92-95）。

　仮設状態の永続化――それを物理的に体現しているのが、戦後に普及したコンクリート製の電柱である。「電柱」の英訳は "utility pole" だが、"temporary pole" という訳もある。すなわち地下埋設すべき電線を、なんらかの理由で臨

第 12 章　電柱・電線　　*195*

時的に架空設置するためのポールが、「電柱」にほかならない。欧米の文脈ではそれゆえ、電柱は、多くの場合木製である。ところが日本では、戦後、従来の貧相な木製の電柱に代えて、堅牢なコンクリート製の電柱を設置していくことになる。コンクリート製の電柱がこれほど大規模に普及しているのは、日本のほかは韓国や台湾くらいといわれるが、仮設状態としての電柱を、地下埋設化でもって完成にいたらせるのではなく、仮設状態のまま固定化し、堅牢なコンクリート製の電柱をもって恒久化させるというのが、日本独自の解であった（大越 1993：97）。その特異なソリューションこそが、電柱ネットワークが強固に繁茂する、日本的な都市景観をつくりあげる要因となったのである。

第5節　コモンズ的インフラ

　永続化されつつ、しかし電柱は、仮設っぽさを残している。街中にある電柱がずっと仮設的である状態を、人びとはむしろ享受し、うまく利用してきた面があるのだ。電柱はその点でやはり "utility pole" なのであって、ともかく使い勝手がよい。

　たとえば新規の情報技術の登場にあわせて、新たにケーブルを街中に引き回す必要が生じたとき、地下埋設であれば時間も労力もかかるところ、電柱ネットワークを利用すれば、迅速かつ安価に設備を整えることができる。日本における新たな情報技術の普及の速さは、国土の狭さという要因もあるが、この電柱ネットワークに依るところも大きいといわれる。じっさい電話線や電力線に加えて、有線放送やCATV用の同軸ケーブル、光ファイバなど、新手の通信技術があらわれるたびに、電柱は、手っ取り早くケーブルを引っかけられるポールとして、おおいに頼られてきた——そのぶん各電柱に架線されるケーブルの種類は増大し、錯綜ぶりはますます加速してきたのだが。

　その手軽さが、違法行為ないしはグレーな行為を呼び込むこともある。たとえば、1980年代に有線放送業界で急成長した、とある会社は、電力会社や電電公社／NTTが所有する電柱に、必要な道路占用許可や電柱の使用許可を受

けないまま、有線放送ケーブルを張りめぐらせる"電柱ジャック"をおこなっていた。そうして電柱の使用料を抑えることで、契約料金を引き下げていたのである。会社は80年代なかばに総務省の告発を受け、社長らが逮捕される事態にいたったが、電柱を無許可で使用する違法状態は長く改善されず、その後もトラブルが続くことになる。

このケースはとくに悪質であり、規模も大きかったため社会的な問題にまで発展したのだが、電柱をめぐっては、違法状態が許されるというか、曖昧なまま放置される傾向にあるのも、やはり、電柱の仮設的性格が関与しているだろう。違法行為ないしグレーな行為をおこなう側も、電柱であればつい大丈夫という気がしてしまうし、取り締まる側も、電柱だからということでつい黙認してしまう。

このことが実感できるのは、電柱への張り紙である。「犬を探しています」という子どもの切実な訴えから、不動産の激安物件広告、金融や風俗関係にいたるまで、電柱にはあらゆるビラや広告、ポスターが貼りつけられる。これらを貼ってもよい、貼ることができるという感覚は、電柱という存在に特有のものだろう。街中の建物の壁であれば、誰かの所有物であり、無断では貼れないのは明白だ。ところが電柱だけは、道路脇の手頃な位置にありながら、特定の誰のものでもないように、つまりは「みんなのもの」であるようにみえる。もちろん厳密には、電柱は電力会社やNTTなどの所有物であり、道路占用については国や自治体など管理者の許可が必要なため、勝手なビラ貼りは違法行為となる。しかし見え方としては、どこかにビラを貼れないかと周囲を見渡したとき、街中で唯一、私的所有の網の目を逃れた、いわばコモンズ的な飛び地として、電柱がすっと浮かびあがってみえる。

そうした街中の手軽な掲示メディアとしての電柱の可能性を、ひとつのビジネスとして成立させたのが、電柱広告というジャンルである。電力会社やNTTなど電柱の所有者との独占的な契約のもと、広告主を募集し、一定の広告料を徴収して、定型的な広告を電柱に掲載する。その歴史は古く、1901年には電柱広告を専門とする会社が事業を開始しており、明治末からは、ペンキ

で直接電柱に「婦人世界」「仁丹」などと描く塗広告が、当たり前の都市風景の一部となった。現在でも、とくに地域の医院や質店などを主要な顧客に、電柱広告は、ローカルな地域情報メディアとして、地味ながらも大きなマーケットを形成している（東電広告株式会社編 2006）。

だが考えてみれば、電柱の本来の機能は、あくまで電線の支持であり、広告媒体としての機能は付加的なものである。いやむしろインフラとして徹底しようとすれば、電柱そのものはなるべく街に溶け込み、人目につかないことを目指すべきなのだが、目立つことを本義とする広告の論理は、そうしたインフラの論理に背馳する。その矛盾はしかし、電力会社やNTTに流れる広告収入が小さくないこともあり、地域の人びとの利便性という口実のもと、曖昧に解消されてしまう。こうした電柱広告をめぐる矛盾と曖昧さもまた、電柱の電柱らしさに似つかわしい。

永続化された仮設状態としての電柱は、このように街中の、なかば**コモンズ的なインフラ**として享受されてきた。それゆえ電柱をめぐる問題とは、純粋なインフラ技術上の問題ではなく、電柱と私たちのあいだの、生活空間における長年にわたる交渉の履歴にかかわる問題でもあるのだ。

第6節 ｜「とりあえず」の積み重ね

以上、80年代初頭に放映された、電柱を擁護するCMがもつ独特の浮遊感を切り口に、①電柱や電線が明治初期の導入以来——異物性ないしはモノ性という面を包含しながら——インフラとして自然化されていったプロセス、②仮設状態の永続化という電柱の技術社会史的性格、そして③手軽に利用される電柱のコモンズ的インフラとしての特性、という三つの論点を中心として、電柱と電線が、日本社会の都市空間ととり結んできた関係性の履歴を、ごく駆け足でたどってきた。

さて、当初の問いは、つぎのようなものであった。すなわち「電柱をなくそう」という公共性の語りに反発して、思わず「電柱を守ろう」と口走った瞬間

に、その語りから漏れ落ちてしまうような位相とはどのようなものか、と。以上の考察を踏まえて端的にいうなら、その位相にあるのは、仮設性の積み重ねがつくりだした、もしくは仮設性の積み重ねという、事実性の厚みである、ということができる。

　地下化にはコストがかかるという経済性および効率性を理由に、とりあえず電柱と電線のネットワークを張りめぐらせる。安全性が問題になると、ケーブル被覆の技術を向上させて、架空線のネットワークを温存する。さらに木柱の耐久性とみすぼらしさが問題になると、堅牢なコンクリート製の電柱をもって代替させ、電柱ネットワークという既存のシステムを恒久化する。新規の情報技術が登場すると、手軽なケーブルの支柱として利用することで、すばやい普及を図る。はたまた地域にアピールする張り紙や広告の媒体としても、コモンズ感覚で気軽に利用する。これらは、いかにもだらしない営みだが、どこか生真面目なだらしなさでもある。先行する条件を踏まえたうえで、粛々と、営々と、だらしなさが堅持されている。

　そのような「とりあえず」の積み重ねのもとに、電柱と電線は、日本の都市空間のうちに独自の位置を占め、独自の歴史の地層を生みだしてきた。それゆえ、あえて「電柱を守ろう」と主張する立場がありうるとして、それがたんなる趣味性以上のものを意味するには、この「とりあえず」の積み重ねという歴史的な厚みを、みずからの主張にくり込んでいく必要があるだろう。そしてまた、それを逆にみるならば、一見すると「大人」の主張にみえる「電柱をなくそう」という公共性の語りもまた、仮設性の積み重ねという履歴を踏まえ、それと慎重に交渉する形でなければ、ただの理想論を掲げる「子ども」の主張へと反転してしまうだろう。すなわち、剥き出しのインフラという「とりあえず」の積み重ねをつくりあげてきた、この社会の、生真面目なだらしなさによって、ヨーロッパの都市空間を規範とする理想論は、たやすく足をすくわれてしまいかねない。

　おそらく電柱と電線は、それを剥ぎ取れば、真の美しい日本の都市があらわれる、というものではない。電柱と電線を剥ぎ取ってしまうと、もしかするとそれと一緒に、日本の都市がまるごと剥ぎ取られてしまうかもしれないのだ。

（近森　高明）

Book 読書案内

小池百合子・松原隆一郎，2015，『無電柱革命——街の景観が一新し、安全性が高まる』PHP 研究所．：無電柱化の立法化をすすめる衆議院議員（当時）の小池百合子と、社会経済学の立場から景観論を展開してきた松原隆一郎による問題提起の書。近年の無電柱化をめぐる動きについて、その背景と現状、事例、各種データなど、基本的論点をコンパクトにまとめている。

松田裕之，2001，『明治電信電話（テレコム）ものがたり——情報通信社会の《原風景》』日本経済評論社．：明治初期の日本に導入された通信技術が、人びとの意識や生活様式にどのような変化をもたらし、社会の仕組みにどのような影響を与えたのか、数多くのエピソードにふれながら詳細にたどる技術の社会史。

【引用文献】

北原聡，2008，「近代日本の道路と通信——電信電話の道路占用」『關西大學經濟論集』57（4）：269-289.

小池百合子・松原隆一郎，2015，『無電柱革命——街の景観が一新し、安全性が高まる』PHP 研究所．

丸茂弘幸，1996，「東京市区改正委員会における電柱建設に関する審議経過」『都市計画論文集』31: 301-306.

松田裕之，2001，『明治電信電話（テレコム）ものがたり——情報通信社会の《原風景》』日本経済評論社．

日本電線工業会編，1959，『電線史』日本電線工業会．

大越孝敬，1993，「二十年来、電線地中化を訴えつづけて来た理由」『360』23: 96-97.

鈴木悦朗・三浦裕二，1998，「明治・大正期の道路占用物制度にみる電柱立国の原点」『土木史研究』18，117-122.

————，1999，「戦前および戦災復興計画における東京の電柱整理」『土木史研究』19，21-29.

通信省編，1941，『通信事業史』第 6 巻，通信協会．

東電広告株式会社編，2006，『目で見る電柱広告の歴史——東電広告株式会社創立 75 周年記念誌：1931-2006』東電広告．

吉見俊哉，1995，『「声」の資本主義——電話・ラジオ・蓄音機の社会史』講談社．

V 電気インフラ

防犯カメラ・ケータイカメラ
——撮り／撮られる——

Chapter 13

(見守りネットワークカメラ「Qwatch」)

第1節　カメラで「見守る」現代のまなざし

　最近、「見守りカメラ」と呼ばれる奇妙なカメラを見聞きするようになった。店舗をはじめ、ペット、子ども、要介護者まで、離れた場所からスマートフォンなどを通して、これらを"見守る"ためのネットワーク型カメラのことをこう呼ぶらしい。小型で白色系のものが多く、操作方法も簡単で、日常生活のなかにスムーズに溶け込んでいけるようなつくりになっている。

　しかし、この言葉もまた近頃よく耳にするようになったが、このカメラの名

に付された「見守り」とはいったい何だろう。ある見守りカメラの広告では、この意味を丁寧に問い直してくれていて参考になる（http://www.iodata.jp/ssp/lancam/qwatch/family_mama.htm）。それによれば、見守りとは「一定の距離をもち、温かい目と心で、いざという時に、相手を守ること」とある。納得しそうになるが、どこか引っかかる。もう少し掘り下げて書かれている箇所を読むと、前半部は、「温かさ」を携えながら、「時には待ち、我慢する」ことを意味しているという。なるほどこれは見守りのニュアンスに沿う。しかし後半部の「いざという時に、相手を守る」ために求められてくるのは、「たとえ離れていたとしても、気にかけ、関心をもつ。そして、些細な変化にも気がつく。相手の気持ち、行動を察知し、何かあったときのことを考えておく」ことだというのだ。しかし「些細な変化にも気がつ」いたり、「相手の気持ち、行動を察知」できるためには何かしらの手段で「距離」を詰めておく必要があるだろう（もちろんここでは見守りカメラのことをアピールしている）。しかも「いざという時」を念頭におきながらある「変化」に気づいたとき、私たちはどれほど「待ち、我慢」すればよいのだろうか。結局のところ、後半部は見守りのニュアンスとはズレがあり、前半部と後半部とで齟齬をきたしているのだ。

　とはいえこの収まりの悪さは、この広告文章に問題があるというよりは、「**監視** surveillance」の二義的な性格に起因しているのではないか。いやむしろ、監視概念を正確に表現しているとさえいえるのかもしれない。ライアン（Lyon, D.）によれば、監視には「**配慮** care」と「**管理** control」という二つの性格のまなざしが分かち難く含まれており、この両者のまなざしが入り組んだ関係のなかにこそ、監視は存在するからだ（Lyon 2001＝2002）。日常的な言葉で換言すれば、それぞれ「見守り（→配慮）」と「見張り（→管理）」に対応するだろうか。だから監視は、この二義的性格により、文脈に応じて恣意的なレトリックの使い分けがよくおこなわれる。肯定的に扱われる場合は見守り、否定的に扱われる場合は見張りが強調されるという具合に。すると、この見守りカメラというのは、一種の監視カメラにほかならないだろう。

　このカメラの登場にも示されているように、見守りを強調した監視のまなざ

しが、現代都市においてじわりじわりと存在感を高めてきている。見守りカメラ自体の浸透はまださほどではないけれども、これが象徴的に表すまなざしは現在、「防犯カメラ」、そして SNS と組み合わさった「ケータイカメラ」という二つの「監視カメラ」（両者を含むさいは「監視カメラ」と表記）によって担われている。

　本章では、この二つの「監視カメラ」のまなざしに着目しながら、現代都市における監視と私たちの生の今日的状況を考察していく。配慮と管理がせめぎ合う監視のまなざしは現在どのような様相を帯びているのだろうか。また、そのなかに生きる私たちの生とはいったいどのようなものだろう。以後、これらに迫っていくことにしよう。

■ 第2節 │ 推進される監視カメラ

1. セキュリティのための防犯カメラ

　現代都市に住まう私たちは今日、防犯カメラのまなざしに一度もつかまえられずに一日を過ごすことは可能だろうか。アメリカ同時多発テロ事件（2001 年）や長崎男児誘拐殺人事件（2003 年）あたりも後押しとなって、防犯カメラは 2000 年以降に急激な増加をみせている（http://www.keishicho.metro.tokyo.jp/kurashi/anzen/anshin/gaitocamera.html）。その設置場所も、あくまで特定の繁華街を中心にかぎられていたはずのものが、商店街、公園、通学路、学校、個人宅といった身近な生活空間へとみるみるうちに拡大されていき、その浸透の勢いたるやとどまる気配がない。

　防犯カメラが本格的に設置されはじめた当初は、たとえば新宿歌舞伎町の設置の是非をめぐって、それなりに激しい議論がなされていたのだが、人びとの意識は現在ずいぶんと変化し、その緊張感はかなり緩みつつある。朝日新聞（2012.8.4）のアンケートによれば、「街中に増える防犯カメラ」に対し、賛成（28％）、どちらかといえば賛成（58％）で 9 割近く、「犯罪抑止のために日常を監

視されること」に対しても、賛成（12%）、どちらかといえば賛成（47%）で6割近くの人びとが肯定的な回答をしているのだ。そしてその理由としては「もしものことがあった時、役立つ」「街の安全を見守ってくれる」「犯罪を未然に防いでくれる」という回答が上位に挙がる。"安全・安心"な生活に向けた「セキュリティ」の確保を求めて、市民自らが、防犯カメラの設置を強く要望しているのである（浜井・芹沢 2006）。そのためには、監視するのみならず、監視されることもそこまで厭わない。

　ディストピア小説『1984』（G. オーウェル）でも描かれていたように、これまで監視といえば、ある強大な権力側が市民に対して一方的に高圧的に強いてくるイメージが一般的だったはずだが、現在はこのような構図では必ずしもとらえられない。市民が"自らすすんで監視し監視されよう"と防犯カメラを求めているのだから。これを明かすように、近年の防犯カメラは、まるで煙感知器のように威圧感の少ない形状のものが増えており、見守りカメラと名指されることも多くなってきた。アンケートにも示されているように、"我が街を自ら見守るためのカメラ"といった具合に位置づけられてきているようだ。

2. ケータイカメラの監視的利用

　続いて、もう一つの「監視カメラ」であるケータイカメラの状況を確認していきたいが、まずはこれを「監視カメラ」に加えること自体に首を傾げる者もいるかもしれない。しかし思い起こしてみれば、昨今テレビ番組でもよく目にするようになった、犯罪・事件の現場や犯人・不審者などをとらえた"視聴者提供"映像の数々。これらの源の多くは、一般の人びとによってケータイカメラで撮られ、マス・メディアや捜査機関に送られたり、SNS に投稿されたものなのである。もちろん本人たちに監視という意識は低いだろうが、結果としては、捜査や犯人逮捕への貢献を含め、まさに防犯カメラを補うような、実に行き届いた監視のモバイル・メディアとしての機能を果たしてしまっているのだ。

　とはいえ本章で中心的に取り上げたいのは、このような監視的利用ではなく、

親密な人間関係の間でなされる「相互監視」的な利用のほうである。SNSと組み合わさることでこの種の監視はますます活発に繰り広げられるようになってきた。行楽地やお店で風景や食べ物などと一緒に撮った映像を投稿しながら"○○ちゃんと△△に行って楽しかった"と仲間内で近況を逐一報告し合い、またその投稿に対しても"いいね！"やコメントをこれまためまに逐一交換し合うのである。伝え合う内容が必ずしも重要なのではない。ちゃんとあなたを"見ているよ"と相手に温かく関心や配慮を向けていること——見守り！——を、相互に確認し合うことが重要な意味をもっている。だからこそ、応答する側はたんに"いいね！"をクリックするだけでもこのやりとりは十分に完結してしまう。こういったやりとりに親しんでいる者にはここに何の不自然さも感じないだろうが、見方を変えれば、ここに強迫的で"気持ち悪い"監視的性格を読みとることもできる（香山 2014）。大事な友人や恋人が自分の知らぬ間に他の人と交流を深めていることを知ったときの、沸々と湧き出てくる嫉妬や不安の感情、そしてこれに駆りたてられておこなうであろう追跡の営み——。たとえばこのような状況を思い浮かべてみれば、監視としての性格がよりはっきりと顕在化するだろう。

　この見たい／見られたい欲望というのは、"自らすすんで監視し監視されたい"欲望のもう一つの重要な相なのである。松田美佐は、ネットワークが標準の設定であるケータイカメラが相互監視の端末になる可能性を2000年代初頭に指摘していたが（松田 2004）、その後のSNSの発達と浸透によって、そのポテンシャルは大きく開花し、今やケータイカメラは監視のための優れたモバイル・メディアの一つになったといえるだろう。

第3節　監視カメラを求める現代社会

1.「監視カメラ」の推進と二つの「不安」

　ではなぜこのように「監視カメラ」が求められるのだろうか。本章ではとくに「不安」という観点に絞って簡潔に整理しておこう。現代社会に生きる私た

ちは、二つの不安に駆られて「監視カメラ」をすすんで求める。

　防犯カメラの設置は、街で起こりうる犯罪に対しての不安感によって強力に推進されていく。しばしば耳にするような、いわゆる"物騒な世の中"というものに対する、漠然としながらも強固な不安感である。よく引き合いに出される全国世論調査のデータ（『朝日新聞』2004.1.27）によれば、なんと81％の人びとが5年前と比べて日本の治安が悪化していると感じ、78％の人びとが自分や家族が犯罪に巻き込まれる不安を感じているというのだ。最近のデータでも、過去10年の日本の治安の変化について、悪くなったと思う（28.6％）、どちらかといえば悪くなったと思う（52.6％）と、やはり同様に8割を超えており、その不安感の強さはいまだ揺るぎがない（内閣府「治安に関する特別世論調査」2012年）。

　しかしこれはあくまで体感される治安（「体感治安」）の悪化にすぎない。実際の「客観治安」の情勢は改善傾向を示しており、この事実が伝えられる機会も最近はかなり増えてきたはずである。それにもかかわらず、私たちの不安感は収まらない。むしろこちらよりも、実感に沿う"治安悪化"を煽るマス・メディアのセンセーショナルな報道のほうへと、まるで待ち望んでいたかのように吸い寄せられていき、メディアと不安感が相互に支え合って、治安悪化の信憑性が強固に保たれてしまっている。このような「犯罪不安社会」（浜井・芹沢 2006）においては、私たちの意識は、防犯カメラで不審者を徹底的に監視してセキュリティを強化しようという分かりやすい道筋へと水路づけられていく。こうして現代都市はどんどん「過防備」になっていくのだ（五十嵐 2004）。

　他方でケータイカメラの監視的利用は、実存をめぐる不安、すなわち自分は誰かに求められ関心を向けられる存在なのだろうかという不安感によって駆動されている。北田暁大は、他者と"つながる"ことそれ自体が現代都市において重要な意味をもつようになってきたことを指摘し、この不安を「見られていないかも知れない不安」と表現した（北田 2011：134）。バウマン（Bauman, Z.）ならば、その切迫さをさらに強調してこう言い表すだろう。「我見られる（監視され、注目され、記録される）、ゆえに我あり」（Bauman and Lyon 2013：130＝2013：166）──。逆にいえば、見られない自分は存在しないということになる。

これらの現代社会認識にしたがえば、先のケータイカメラによる相互監視的なやりとりを、たんに些末な遊戯的ふるまいとして片づけるわけにはいかない。当人たちは、実存を賭けて"見られなければならない"のである。だからこそ、応答側は"いいね！"やコメントを返すことで、その見ている事実を、当人に対して頻繁かつ明瞭に示してあげなければならないのだ。見られる側の切実さを物語るがしかし、配慮（見守り）が溢れすぎて過剰ですらある。するとこの意味では、先の視聴者提供映像のネタをSNSに投稿してしまう者も、あるいは"祭り"的共同性を求めて"炎上"ネタを拡散してしまう"バカッター"なども、この志向がより強迫的・倒錯的に強まったものとしてこの延長線上に加わってくるだろう。たとえ"不謹慎"で"バカ"な内容であろうとも、当人たちにしてみれば、それをネタにして必死に誰かに注目されなければならないのだから。

2. 解消されない不安を生み出し続ける現代社会

　このような社会的文脈を背景に進行する監視の現代的展開を、ライアンは「リキッド・サーベイランス liquid surveillance」と言い表す（Bauman and Lyon 2013 ＝2013）。あらゆることの流動性が高まって液状化していく現代社会（「リキッド・モダン」）において、私たちはかつてない自由の享受可能性を獲得したともいえるが、同時に、これにともなって構造的に生み出される恒常的な不安定性と不確実性によって、解消されない「**液状不安** liquid fear」を抱えて生きていかなければならない。「リキッド・モダンの環境では、不安との戦いは生涯にわたる課題となる」のだ（Bauman 2006：16）。本章の議論に引きつけていえば、「（第二の）**個人化**」——すなわち地域や会社および家族や友人・恋人など、中間集団から親密な関係にいたるまで、多くの社会的な紐帯が弱まって人間関係の流動化が進行すると、必然的に他者の不透明性は増大し、これに対する不安は個々人にとってきわめて深刻なものとなる。

　街を歩けば、何を考えているか分からない見知らぬ他者ばかりで、そうそうありえないとは思いつつも、万が一これらの誰かによって犯罪が引き起こされ

て、自分や大切な人が傷つけられてしまうかも知れない……。メディアによって喧伝される突拍子もない事件の報道がさらにこの不安を助長する。いや不安なのは見知らぬ他者に対してばかりではない。今のところ親しくしてくれているこの大事な人との関係も、何か不測の事態や些細な行き違いでいつ破綻するか分からない、いつまで自分に愛情や関心をもって接してくれるのだろうか……。少なくともこれらの可能性はいつでも開かれている、そう感じられているのだ。

　見知らぬ他者と親密な他者。自分にとって全く対照的な存在だが、前者は何か危害を与えてくるかもしれない存在として、他方、現在の自分の存在意義を支えてくれている後者はしかし、いつその関係が破綻するか分からない存在として、両者は同じように、潜在的に「リスク」を抱えた不透明な他者として立ち現れている。しかもそのリスクにどうにか対処するのも全て自分自身——「個人化」！——でしかなく、液状不安はますます止まらない。そこで、これに呼応して強く求められてくるのが、"自らすすんで監視し監視される"リキッド・サーベイランスなのである。

　こうして私たちは「監視カメラ」に手を伸ばすが、それで不安が十分に解消されないばかりか、むしろ「監視カメラ」に頼ることによってこそ、逆説的に不安を惹起させられることも起こりうる。防犯カメラによってどれだけセキュリティ強化を試みても、カメラが映す範囲は必然的に死角を生成し続けるし（"ここは映ってない"）、また設置することで逆にその空間の危険性を強く認識してしまうこともありうる（"ここはそれほど危険なのか"）。そして"不審（者）"というもともと基準が曖昧なものに高まる不安感情を注ぎ込みながら映像を見てしまうと、その範囲がむやみに広げられて、恣意的に不審者をつくりあげていくような事態を招いてしまうことも容易に想像できる（"この人も怪しい"）。

　ケータイカメラのほうも同様に逆接的な構造を抱えている。常につながることができるということは、逆にいえば"つながっていない（見られていない）"こともまたはっきりと露わにしてしまうからである（"もう○○分もレスがない"）。常時接続のメディアは、逆説的に接続不安のほうも増幅させていくのである（辻

2006)。

　そもそも「不安」というのは、その原因とされるものが不明確であるがゆえに、解消される終着点が見出しづらい。そうすると、不安と「監視カメラ」の相互強化関係は、際限なく続いていくほかない。不安の根本的な解消に役立たないにもかかわらず、いやむしろそうであるからこそ、リキッド・サーベイランスとしての「監視カメラ」の推進もまた、ますます止まらないのである。

第4節　他者を懐柔する装置としての監視カメラ

1.「監視カメラ」のまなざし①──何を見ているのか？

　それではこのように推進されていく「監視カメラ」で、私たちはいったい何をどのように見ているのだろうか。

　改めて確認するまでもなく、私たちは防犯カメラの映像を見ることは通常ほとんどない。見るときはすでに不審者というよりもほぼ犯罪者として誰かが認定された後である。そればかりか、防犯カメラの映像を誰が見ていることになっているかについてもほとんど関心を向けていない。きっとちゃんと"誰かが見てくれているのだろう"という実に曖昧な信憑のもとで防犯カメラは作動し続けている（さらに、ある調査では監視担当者のいい加減な職務の実態を伝えていて興味深い（Norris and Armstrong 1999））。では防犯カメラのまなざしは何に向けられていることになっているのか。その主なターゲットは犯罪を起こしかねない"不審者"ということになるのだが、実情としては、低所得者層や定職に就いていない若者、外国人、ホームレスといった社会的な弱者やマイノリティがはじめから強く念頭におかれている。他者の不透明化による解消されない不安感は、分かりやすく"異質"な他者を潜在的な犯罪者としてその原因を押しつけ、排除しようとすることで、その落ち着き先を見つけるのである。

　このように防犯カメラのまなざしが向けるべき対象は"異質な他者"ということになるが、よく考えてみると、私たちにとって犯罪は起こってしまってからでは遅く「未然に防いで」（既述アンケート回答）ほしいのだから、防犯カメラ

第13章　防犯カメラ・ケータイカメラ

の設置によって究極的に期待していることは、私たちの近くに異質な他者がそもそも現れず"見えない"ようになることなのである。このようにとらえると、防犯カメラというのは、異質な他者を直接対峙せずスマートに排除する装置、すなわち東浩紀のいう「環境管理」的な装置の一つに加えることができる（東2007）。人の善意や配慮に期待せずに、「環境」によって対象者の行動を方向づけてしまうこと。公園のベンチの丸みを帯びた形状や仕切り、あるいは駅構内の意味深なオブジェなどを設置することで、ホームレスは居座れず、いつの間にか私たちの視界から姿を消す……。同様に、誰かが見てくれているのだろうと防犯カメラという装置にその責を曖昧に委ねつつ、設置して、スマートに異質な他者を"見えない"ようにする。もっと穿った見方をすれば、カメラという機械の目を設置しているがゆえに、あたかも見ているかのように装って口実＝自己弁護を得ながら、"見ない"ようにしている。防犯カメラは少なくともこのような機能を果たす可能性をもつ。

　対してケータイカメラのほうは、積極的に他者と向き合おうとするのだが、その他者の性格も防犯カメラとは対照的である。ケータイカメラが、実存を賭けた見られるためのメディアとなるとき、その宛先として選ばれるのは当然"見られやすい""見られたい"他者になりやすい。すると相互監視は、すでに仲がよかったり趣味嗜好の近い"親密な他者"や"同質な他者"の間で閉じられた傾向をもつものとなるだろう。それらの人びとに"受け"がよい映像――一緒に写っていたり興味をもってもらえそうなものを撮った映像――が、撮られ、選ばれ、その人たちへと直接的／間接的に宛てられる。時には勝手にタグ付けもしてしまう。そうしてそれらに対して"見ているよ"という応答（既読・"いいね！"・コメント）を求めるのだ。SNSの環境はこれらを支え強化するよう整えられていて、ほかにも、アドレス帳とのリンク、グループやコミュニティ、鍵かけなど、同質性に閉じていくためのシステムはすでに定着した感がある。

　抽象的に整理すると、二つの「監視カメラ」はそれぞれ、異質な他者（見知らぬ他者）を遠ざけ［→斥力］、同質な他者（親密な他者）を近づける［→引力］。「監視カメラ」は、このように――あたかも「他者性抜きの他者」（大澤2008）

を抽出するかのように——対照的な磁場を形成し、不透明な他者を懐柔する装置として機能するのだ。

2.「監視カメラ」のまなざし②——どのように見ているのか？

　次に「監視カメラ」のまなざしの性格について確認しよう。しばしば見守りと形容される防犯カメラのまなざしが、異質な他者（見知らぬ他者）に対する配慮に欠けていることはいうまでもないだろう。"過少配慮" とでも呼んでおきたいこの性格は、推進原理である「セキュリティ」という概念においてもすでに端的によく表されていた。"security" は、"関心や配慮を向けなくてもいい状態"（without＋care）を意味するラテン語の "securus" を語源にもち、つまりは、異質な他者と向き合って配慮するわずらわしさから解放されることを意味していたのだ。この意味では、見守りというよりも、異質な他者が現れないように願うばかりで自分ではほとんど努力しない "お守り" に近いとすらいえるのかもしれない。

　この点で、ケータイカメラのまなざしは、同質な他者（親密な他者）に対して見守り的だと早々に結論づけたくなるがどうだろう。実存的な不安に駆られて、見られるために切迫した頻繁なやりとりが求められてくる時、それは多分に強迫的な "過剰配慮" に近づいていってしまう（土井 2014）。これでは、冒頭の広告文章にもあったような「一定の距離」を保ったり「待ち、我慢する」ことは難しく、見守りのニュアンスとはズレてくる。しかもその "見ているよ" という配慮——見守り——を目に見える形（既読・"いいね！"・コメント）で明瞭に示し合うことが課されている息苦しさ。これは果たして見守りだろうか。

　そればかりでなく、その（過剰）配慮の相互監視が SNS の環境管理的な構造に埋め込まれていることも見逃せない。仲間の更新や記念日にさいし、システム側から自動的にリマインドされることで、はじめて気づかされ、配慮に迫られるということ。ログイン直後にまず仲間の近況を目にするよう設計されていることからも明らかなように、SNS の環 境（アーキテクチャ）は、私たちに同質な他者（親密な他者）を過剰配慮するように煽ってきているようだ。このように "配慮を向ける（向

けたい/向けるべき)か否か”という判断やふるまいの主体性から疎外されてい
くとき——証左としての“SNS疲れ”！——、ケータイカメラのほうもまた
同様に、実存をめぐる「監視カメラ」として、セキュリティの原理に囚われて
いっているのではないか。少なくともそのような陥穽はどんどん大きくなって
きているように思われる。

第5節 ┃ 監視カメラがインフラ化する社会のなかで

　カメラを通じた監視のまなざしは現在、表向きは見守りを強調しながらも、
内実としては、他者に対する配慮を希薄化させるような環境管理的性格を強め
てきているようにみえる。しかしたとえこのことに少なからず違和感や懸念を
抱いたとしても、この動向はどうやら弱まりそうになさそうだ。
　まず、監視のまなざしがもともと二義性を孕んで厳密な区分けが難しいため
に、環境管理的な監視に配慮的な側面が微妙な形で織り込まれていたり忍び込
んでいたり——あるいは大してなくてもあるかのようにみえてきたり——もす
るからである。たとえば、防犯カメラの過少配慮が、自分の愛する親密な他者
を守りたいという配慮に裏支えされていることも少なくないし、ケータイカメ
ラのほうも、管理と配慮が奇妙にねじれて“配慮を管理する”ことがまさに配
慮（≒愛情）であるかのように大見得を切って受容されてしまっていることも
ままある（“よく放っておけるね”）。つまりはこういう風にして監視は、環境管理
的性格の強まりを問題化されずに、配慮（見守り）のほうにだけすっと結合し
て強調され、受け入れられていってしまうのだ。
　また、環境管理的な監視によって獲得される「自由」という局面も存在して
いる。防犯カメラの設置により、とりあえず異質な他者を排除し、犯罪不安を
軽減してこそ、見知らぬ他者で溢れる街をそれなりに安心して自由にすごし、
親は通学路や公園などで子どもをそれなりに自由にさせることができる。ケー
タイカメラによる環境管理的な相互監視により、人間関係の過度なわずらわし
さを抜きにとりあえず見られ、実存的不安を軽減してこそ、日常生活をそれな

りに安心して自由に過ごすことができる。不安軽減によって得られる「自由」
へ向けたトレードオフというやむをえない現実がここにはある——しかしもち
ろんこのような「自由」のあり方について批判的に問い直されてもよいのだが。

　しかしおそらくもっと根本的な要因は、この"やむをえない"という葛藤＝
緊張関係も一気にぼやけさせてしまうような、私たちのゆるくも力強い欲望の
ありようだろう。今日の私たちは、他者に対してどれほど配慮的なまなざしを
向ける欲望をもちえているのだろうか。都市空間において「他者（性）との邂
逅」など欲望しておらず（阿部 2006：53）、むしろ防犯カメラによってそれを積
極的に避け続けようとしている。このことはすでに確認してきた。そればかり
かケータイカメラによる相互監視のほうもまた、実質的にはさほど他者に配慮
的まなざしなど向けていないのではないか。つまり相互監視の見たい／見られ
たい関係の実態は、対称的なものでは全くなく、お互いひたすら見られたいと
いう欲望のほうばかりが肥大化していて、あくまでそれを享受させてもらえそ
うなかぎりにおいて、手段的にその相手を形式的に見ているだけなのではない
か。こうとらえてみると、この欲望と環境（アーキテクチャ）との共振関係が浮かび上がってくる。
大して見ていなくても"いいね！"をクリックしておけば済んでしまうお手軽
さ。そもそも"いいね！"を含めた応答（レス）手段の数々も、配慮（見守り）
と位置づけるにはあまりに個別的なバリエーションが貧しくシンプルすぎやし
ないだろうか（しかしそうであるからこそ、見られたい側は好都合なことに、この"見て
いるよ"の重みを自ら望むように解釈できる余地を与えられるわけだが）。そしてたとえ
見忘れても、その失敗や負い目を洗い流してくれるように、あっという間にそ
の映像は下へと流れていき画面上から消えていってくれる……。少なくともこ
ういった環境（アーキテクチャ）が整えられている。相互監視の環境（アーキテクチャ）は、形式的な（過剰）配慮
を煽りつつ、実質的にはローコストな過少配慮を実現してくれるのだ。ここに
は、お互いの存在を厳かに共同的に祝福し合ったかつての見る／見られる営み
（佐藤 2007）の重みはなく、断片的で微弱なまなざし（"見ているよ"）のしるしを
ローコストに交換し合うような色合いばかりが強い。

　このようにして、「監視カメラ」のまなざしの環境管理的な性格はずるずる

とその力を増していく——しかしここでまなざしを向けているのはいったいどのような他者なのか、批判的に問い直されてもよいだろう（見田 2006）。

　配慮を後景化させて他者を監視すること——。監視としてはいびつにもみえるこのまなざしはしかし、「監視カメラ」が純化していく姿でもあろう。カメラ＝機械のまなざしは、配慮する "人間"（主体）が退いており、見る／見られる関係というよりは、むしろそれはもっと乾いていて、たんに "撮る／撮られる" だけなのだから。そして上述したようにこれは、私たちの他者への向き合い方が見事に具現化した姿でもあるのだ。

　このように「監視カメラ」のまなざしは、主体性が希薄で乾いているがゆえ、私たちの求めに応じてどんどん拡がっていける。だからこそ、「監視カメラ」は節操なく増え続け、これを介した監視のまなざしは縦横無尽に横行し、そうして撮られた映像がまるで足跡のようにだらしなく生み出されていっている。そして思いのほか "見守られなかった" 映像は、使途不明のまま、ネットワーク上を彷徨っていたり、あるいは、膨大に蓄積されたデータベースのなかで恨めしそうに埋もれている。そのさまを想像すると不気味でもあるが、これこそが現代都市（「ネットワークシティ」）のインフラとして「監視カメラ」が繰り広げる、ごく真っ当な光景なのかもしれない。

（角田　隆一）

Book 読書案内

Z. バウマン・D. ライアン（伊藤茂訳），2013，『私たちが、すすんで監視し、監視される、この世界について　　リキッド・サーベイランスをめぐる７章』青土社．：世界的な社会学者 Z. バウマンと監視研究をリードする社会学者 D. ライアンの対話による監視社会論。現代のみならず将来的にも重要になる論点や示唆に富むアイディアが数多く提示されている。

東浩紀，2007，「情報自由論」『情報環境論集　東浩紀コレクション S』講談社：現代社会を考察していくうえで今後ますます大事な論点となるであろう「環境管理」化について、手際よい整理で明快に論じてくれている。この視角がとらえる射程は広く、監視というテーマに

とどまらない。

【引 用 文 献】

阿部潔, 2006, 「公共空間の快適——規律から管理へ」『空間管理社会——監視と自由のパラドックス』新曜社.

東浩紀, 2007, 「情報自由論」『情報環境論集　東浩紀コレクションS』講談社.

Bauman, Zygmunt and Lyon, David, 2013, *Liquid Surveillance: A Conversation*, Polity Press.（＝2013, 伊藤茂訳『私たちが、すすんで監視し、監視される、この世界について——リキッド・サーベイランスをめぐる7章』青土社.）

————, 2006, *Liquid Fear*, Polity Press.（＝2012, 澤井敦訳『液状不安』青弓社.）

土井隆義, 2014, 『つながりを煽られる子どもたち——ネット依存といじめ問題を考える』岩波書店.

浜井浩一・芹沢一也, 2006, 『犯罪不安社会——誰もが「不審者」？』光文社.

五十嵐太郎, 2004, 『過防備都市』中央公論新社.

香山リカ, 2014, 『ソーシャルメディアの何が気持ち悪いのか』朝日新聞出版.

北田暁大, 2011, 『増補　広告都市・東京——その誕生と死』筑摩書房.

Lyon, David, 2001, *Surveillance society: Monitoring Everyday Life*, Open University Press.（＝2002, 河村一郎訳『監視社会』青土社.）

松田美佐, 2004, 「カメラ付きケータイと監視社会」『バイオメカニズム学会誌』28（3）：129-135.

見田宗介, 2006, 『社会学入門——人間と社会の未来』岩波書店.

Norris, Clive and Armstrong Gary, 1999, *The Maximum Surveillance Society: The Rise of CCTV*, Berg.

大澤真幸, 2008, 『不可能性の時代』岩波書店.

佐藤忠男, 2007, 『見ることと見られること』岩波書店.

辻大介, 2006, 「つながりの不安と携帯メール」『関西大学社会学部紀要』37（2）：43-52.

Ⅴ 電気インフラ

エネルギー
──ON/OFF──

Chapter 14

(東京駅東海道線ホームの屋根にある太陽光パネル)

第1節 都市とエネルギー／都市のエネルギー

　2017年、映画『サバイバルファミリー』(監督矢口史靖)が公開された。東京に暮らす鈴木家は、ある日突然、電気を失い、電気エネルギーや電気テクノロジーを使用するすべてのモノが使えなくなってしまう。テレビや冷蔵庫、スマホにパソコンなどの家電製品のみならず、電車、自動車、ガス、水道、乾電池にいたるまで電気を必要とするありとあらゆるものがストップする。「電気のない世界」で鈴木一家はどうやって生き延びていくのか？「すべてがOFF

になると人間がONになる」という宣伝文句が表現するように、この映画は、電気テクノロジーを用いたモノで構成された現代都市とそこで営まれる人間関係や社会生活を失うことで、再構築されるヒトとヒトとの関係、とりわけ家族というコミュニティの再生を描いている。たしかに電源やそれをもとにした電気回路は、さまざまなテクノロジーを介して「光」、「音」、「温度」、「動力」、「速度」、「情報」などとして、現在、多種多様な使われ方をしている。そして、それはこれまでの諸章で扱われたモノたちが作動する源になっている。映画では電気一般がストップしているが、とりわけそこに動力を供給する電気エネルギーは、現代都市の「インフラのインフラ」といってもよい存在だろう。

　そもそも、エネルギーとはなんだろうか。現代社会では多くのエネルギーが「電力」に変換され、利用されている。ただし、多くの自動車はまだ化石燃料と内燃機関によって推進力というエネルギーを得ている。また、温度管理にしてもガスを用いた給湯器や灯油を燃料にした暖房器具もまだまだ根強い。こだわりの飲食店であれば、木炭を用いて調理をしているかもしれない。だが、これらにしてもスイッチその他の部分が電化されている場合も多く、「電気」はこれらさまざまなモノやテクノロジーを広く横断して利用されている。また同時に、近年の気候変動に対する対応から、新しいエネルギー源の開発に対する期待も高く、これからどのようなエネルギー源が主流となるかはまだ定まっていない。

　このようにエネルギーは、明らかに都市生活を支えるインフラとなっているのだが、それがどのような形で利用されるか（＝「利用の多形性」）、どのような源から得られているか（＝「資源の多元性」）はそれほど単純ではない。電力にしても化石燃料をもとにした火力電力の割合が高いように、資源と利用方法とのあいだでどのようにエネルギーを変換するかにおいても多様な組み合わせが存在する（＝「変換の多経性」）。

　近年、「スマートグリッド」や「スマートコミュニティ」とよばれるエネルギーのマネジメントが注目されているが、エネルギー需要の増大に対して、画一的で大規模なエネルギー供給で対応するだけでなく、情報通信テクノロジー

■■■ 第14章　エネルギー　　*217*

を用いて、そうした多様なエネルギーの効率的な配置・利用によって対応しようとするものである。現代都市のエネルギーは、なにを資源にし、どうやって変換し、どのように利用するかにおいて、高度なテクノロジーとしても、生産−流通−消費というシステムとしても、複雑なつなぎあわせが模索されており、本書のテーマでいえばきわめてネットワーク的な形状になっている。

第2節 コモンズとしての電力／インフラとしての電力

　都市生活において、移動、視聴、調理、治療、体温調節、情報処理など多様な活動をする際、それらを担うテクノロジーのエネルギーを「ON/OFF」することで、その恩恵を受けることができる。しかし、現代社会におけるエネルギーが上記のように多元的・多経的・多形的な性質をもつ以上、エネルギーそのものをとらえることは難しく、その仕組みはブラックボックスのようになる。そのため、日常生活を送るうえで、エネルギーの存在は、空気や水のような存在となり、かろうじてふれるのは、それらのテクノロジーを「ON/OFF」する瞬間か、『サバイバルファミリー』で描かれたように、そのテクノロジーを使いたくても「点かない」、「動かない」場合になるだろう。

　しかし、次のような地方紙の新聞記事を見てみよう。「電力自給の志 今も」（『信濃毎日新聞』2014.7.13）と題された記事によれば、長野県の旧竜丘村（飯田市）の住民有志が1913年に竜丘電気利用組合を設立し、みずから天竜川支流に水力発電所を作って、村に電気をもたらしたという。また長野市鬼無里には、旧北小川村、南小川村、津和村の村民が「浄水電気利用組合」をつくって、1924年に設置した日影発電所があった。「澄んだ水だから、電気も明るくてきれいなんだね」という――それ自体はフォークロアとも、他愛のない冗談にもみえる――80年前の言葉や発電機や資材の運搬の苦労話が伝わっており（『信濃毎日新聞』2005.2.6）、自然環境に埋め込まれ、共同体によって所有・管理されていた電気テクノロジーへの愛着を感じとることができる。

　ここでの電力は、テクノロジーとしても、システムとしても、人びとにとっ

て縁遠いものではない。地域社会のメンバーがみずから設置、管理・運営、利用することで、いわば「電力の地産地消」をおこなっていたのである。第1章の言葉でいえば「コモンズ」としての電力エネルギーといえよう。近代的なテクノロジーだからといって、必ずしも私たちにとって遠い存在になるわけではないし、私たちを遠い関係にするわけではない。テクノロジーをどのように社会的に位置付けるかによって、ヒトとモノの関係や意味は変わる。近代都市におけるエネルギー、とりわけ電力は、このようなコモンズとして共同で所有・利用されているのではなく、もっと見えにくい形——インフラとして私たちの生活の隅々に張り付いている。

　では、現代都市を生きる人びとは、コモンズとしての電力から離れ、どのように電気エネルギーと付き合うようになってきたのだろうか。この章では、近代都市の成立と展開をエネルギーの「**電力化（electrification）**」のなかで整理し、電力が現代都市のインフラとなっていく過程を追う。近代初期の都市に内部化された電力、産業社会・消費社会の進展とともに都市から外部化される電力、現代都市への再内部化が模索される電力という行程で、都市とエネルギーの関係を考察していくことにしよう。

■■ 第3節 ｜ 近代社会とエネルギー

　近代以前のエネルギーは、自然資源を直接的な熱源・光源としていた。また、狩猟採集社会や農耕牧畜社会における動力源は人力・畜力が主流であり、風力、火力、水力をわずかに用いる程度であった。しかもそれらの資源の供給はその土地に依存し、気候に大きく左右された。したがって、近代以前の人口と産業の成長は、その土地と気候の生産性に制限されていた。そのためその限られた自然資源をいかにして共有・再分配するかが集団・組織を維持するうえで大きな課題であった。

　近代社会になると、石炭などの化石燃料を燃やして発生する蒸気を用いた蒸気機関が開発・改良され、このエネルギーを用いた生産体制として産業革命が

進展する。「産業革命は無生物エネルギーの広範な支配を獲得することによって生ずる過程」(中村 1987：30) であり、「かかる工業生産における自然からの解放は未開発の無生物資源の利用によって、すなわち熱エネルギー源とさらに動力エネルギーも無生物資源に転換されることをとおして成就された」(同上：46 傍点引用者)。

　近代社会は、天候や土地に埋め込まれたエネルギーから、時間と空間を選ばずに利用できる「脱-埋め込み」(Giddens 1990＝1993) されたエネルギーへの転換——エネルギーにおける「**自然からの解放**」として進展した。熱源というエネルギーが、蒸気機関というテクノロジーを媒介することで交通手段や生産手段の動力に変換され、「経済成長」や「技術進歩」への経路が開かれたのである。

　ただし、よく知られた 17 世紀のニューコメンによる蒸気機関の開発や 18 世紀の J・ワットによる蒸気機関の改良がそのまま産業革命につながったわけではない。18 世紀における工業化は、まだエネルギー源として植物・動物、とりわけ木炭を用いた「有機物依存経済」として安定的に進んでいた。18 世紀の産業革命は、綿工業が機械制大工場として展開することで実現するが、それを推し進めた「紡績機」というテクノロジーは、水力をおもなエネルギー源としていた。しかし、19 世紀以降、石炭を中心とする「鉱物依存経済」へと移行し、それらを蒸気機関の燃料源として用いることで工業化が急激に進む (長谷川 2012：59-60、Wrigley 1988＝1991：111-118)。石炭という資源は 16 世紀以来採掘されており、蒸気機関というテクノロジーも 17 世紀から実用化されていたが、19 世紀にいたるまで水力や木炭を用いた伝統的なエネルギーが主流だったのである。

　社会学者の M・ウェーバー (Weber, M.) によれば、西洋においてのみ合理的な資本主義が生まれた背景には、近代的国家、都市の市民、プロテスタントの生活態度や合理的心情とともに、科学にもとづいた合理的技術があった。とりわけ重要であったのは自然環境による有機的材料の拘束からの解放を促した「石炭と鉄」であり、有機的労働の拘束からの解放を促した「蒸気機関」という機械であり、そして伝統という拘束から解放された自由な知性・知識としての「科

学」であった（Weber 1924＝1955：159）。

　実際、19世紀以降、石炭を用いた蒸気機関が製鉄業へ大規模に導入され、鉄という素材が大量生産され、流通する。さらに、石炭という燃料を用い、蒸気機関という動力によって、鉄の車両が鉄の道を走る、という組みあわせとして「鉄道」が普及していくことになる。同様に、石炭を用いた蒸気機関が鉄製の船体、スクリューの開発と結び付いた蒸気船が19世紀以降、世界的に普及する。「交通革命」としても知られるこれらのテクノロジーの開発は、資源の採掘、製品の生産・輸送、労働力の移動を高速化させることにもなった。こうして、「石炭・蒸気機関・鉄」というモノとモノ、モノとテクノロジーの組みあわせがさらに相乗的に強まり、ヒトを合理的な生産体制の「歯車」として組み込みながら、産業革命が実現していく。

　社会学者のG・ショウバーグ（Sjoberg, G.）によれば、近代以降の都市（＝産業型都市）が、近代以前の都市（前産業型都市）と異なるのは、これらの独自のエネルギーをもとにしたテクノロジーの発展に支えられていた点にある。ここでいうテクノロジーとはエネルギー源と道具であり、それを物質やサービスの生産においてどのように利用するかをさしている。ショウバーグによれば「都市そして社会のおもな類型を区別するのに、カギとなる変数はエネルギーそのもの」であるが、産業型都市は、「畜力や人力で行っていたことを、電気、蒸気、原子力などを用い」ることによって新たな都市の形態を形作る（Sjoberg 1960＝1968：7）。自然の限界のあるエネルギーを用いたテクノロジーしかなかった前産業型都市は、空間的な移動が遅く、時間的な正確さもそれほど求められない、階層移動や人間関係が相対的に固定的な社会を形作っていた。しかし、自然から解放されたエネルギーを用いたテクノロジーは、空間的な移動の速度が速く、時間的な正確さに厳しい、階層移動や人間関係が流動的な近代的な産業型都市を形作っていくことになる。

第4節 都市エネルギーの「電力化」

1. 都市のなかの電力——内部化されるエネルギー

「石炭・蒸気機関・鉄」という資源・機械・素材の組みあわせとして発生した近代的なエネルギーは、20世紀になると「電力」に変換され、さらに多様な活動に用いられた。つまり、熱エネルギーを動力エネルギーに変換し、さらに電気エネルギーへと変換するようになる。ここでは日本社会における電気エネルギーの成立と展開を整理しておこう。

まず、電気事業は、発電所での発電（生産）、需要地への送電（流通）、需要家への配電（消費）という三つの部門から成っており、この電気の需要−供給の過程は、導線（＝電線）によってつながっている。こうした電力の発電・送電・配電、および需要−供給の関係は、近代都市の形成過程とともに編成された。

日本社会における戦前期の電力事業は、「照明」用の電灯供給をおこなうためにはじまった。1886年、電力事業を開始したのは、浅草凌雲閣のエレベーターに電力を供給した東京電燈であった。初期の電力事業は、小規模の火力発電によって発電し、都市部を中心とした商店・官公庁・事業所などに電灯を供給した。東京電燈が日本橋や浅草といった盛り場近くにおいて火力発電をおこない、電力を供給したように、初期の発電所はおもな需要地である都市の近くに建設された。つまり、都市内部で電力の需要−供給は閉じていたのである。また、「おばけ煙突」として親しまれた千住火力発電所は、『煙突のみえる場所』や『東京物語』などの映画に登場するように、1958年に東京タワーが完成し、1964年に煙突が取り壊されるまで、戦前・戦後を通じて産業化が進む近代都市・東京の代表的なランドマークでもあった（速水 2016：131-135）。

2. 電力の総力戦体制

ただし、1900年代後半以降、水力発電事業が活発化し、一般の照明用としてのみならず工業用の「動力」として用いられた。これらの水力発電事業は、山間部の水力資源を利用した、都市部・工業地帯への高圧遠距離送電を可能に

するものであった。さらに 1920 年代なかばになると、超高圧遠距離送電による送電連系事業が可能になり、より広範な電力供給が可能となる。こうした広範な電力供給の連係のために電力会社の合併・買収が進み、東電・東宝、日電・大同・宇治電の 5 大電力が形成され、1932 年には 5 大電力のカルテルとして電力連盟が結成された。ただし、戦時体制へと徐々に突入していくなか、政府は、1938 年に電力の一元的な運営・管理をおこなうため電力国家管理に関する法案を成立させ、翌年、日本発送電株式会社（日発）が設立される。1942 年には配電統制令が出され、翌年、9 電力体制（北海道・東北・東京・中部・北陸・関西・中国・四国・九州）が成立する。こうして発電・送電と配電を分け、双方を国営にすることによって、エネルギーを垂直的に管理・統合したのである。さらに、国家総動員法をもとにした電力調整令による消費規制なども実施され、電力の国家的な一元管理が進んだ。こうした「電力国家管理下では「潮流主義」が採用され、水力中心の電源開発・電源運用方針がとられた（中略）。潮流主義とは、本州中央部の只見川や信濃川などの大規模水力電源地帯で豊富かつ低廉な電力を発生させ、それを東京、名古屋、大阪などの大消費地へと搬送しようという考え方」とされる（橘川 2015：29）。ちなみに冒頭の長野県の日影発電所は、この配電統制令によって、中部電力へと統合された。

　こうして地方で発電された電力は、軽工業や重化学工業の生産手段＝「動力」となることで、1920 年代以降の産業化と大都市化、そして 1930 年代末以降の総力戦体制を支えていく。ただし、エネルギーの生産は地方、管理は行政に任されることになり、都市のエネルギーは消費という終着点において経験されるものになった。**総力戦体制**は、あらゆる資源を全面的に動員し、国家的規模で社会的統合を推し進めたとされるが、戦後日本におけるエネルギーの需要−供給体制も、「総力戦体制に構築されたシステム統合という基本的性格」（山内・コシュマン・成田 1995：4）を受け継いでいくことになる。

3. 電力の集合的消費——経済成長のエネルギー

　第二次世界大戦が終わると、9 電力（のちに沖縄が追加され 10 電力）がそれぞれ

民有民営の民間電力会社として再出発した。その結果、高度成長期までには、電源開発や各地域の電力会社の競争、すなわち電力供給の市場経済化が進み、安定供給や低価格が追求されることになる（橘川 2015）。ただし、戦後に発電・送電・配電が一貫統合され、電気事業は地域的に独占され続けたため、電気エネルギーは垂直的に管理・運営され続けた。そのため、工場などに設置された自家発電も重要だったが、都市部や工業地帯の「照明」や「動力」として戦後日本の高度成長を下支えしたのは、地方から供給される電気エネルギーであった。

とりわけ 1950 年代半ばから 1970 年代初頭にかけて、日本の電気需要が急増する。鉄鋼業・非鉄金属工業に加えて、モータリゼーションの開始にともなう自動車工業の発展、家電製品などの普及による機械器具工業の発展によって大口電力需要が増大した。さらに、電気回路を多数用いた家庭用電気製品（家電）として、洗濯機、冷蔵庫、テレビ、エアコンなどが——「三種の神器」や「3C」として——普及していくと、家庭部門の電力消費量が増大する。また、オフィスビルと OA 機器の増大によって、業務部門の電力消費量も増大しており、電気エネルギーは「温度」や「情報」として利用される割合が高くなっていった（資源エネルギー庁 2013）。とくに 1970 年代以降に増加した超高層ビルは、高層階における気圧や気温のコントロールが必須であったため、電力・電気的にコントロールされた空調設備やエアコンが必要であった。

こうして日本の電気需要構成は、産業用（大口電力＋小口電力）から民生用（電灯＋業務用電力）へとウエイトがシフトし続けてきた（橘川 2015：41）。高度成長期における都市化によって、都市部の職場や家庭における冷房需要が増大し、「その結果、従来は冬季の夕刻（点灯時）に記録していた最大電力のピークが、夏季の昼間に移行するようになった」（橘川 2015：33）。日本の電力消費全体は、1973 年度から 2007 年度のあいだに 2.6 倍に拡大しているが、とりわけ家庭内のエネルギー消費で電力が占める割合は、1965 年に 22.8％だったものが、2011 年には 50.6％へと拡大している。こうして電気エネルギーは、日常生活に電気テクノロジーを浸透させ、産業社会から消費社会・情報社会への転換を下支えすることになった。つまり、都市社会における電気エネルギーの「**集合**

的消費」（Castells 1977＝1984）を介して、資本主義体制は転換していったのである。

4. 都市のそとの電力——外部化されるエネルギー

　日本社会の電気エネルギーは、水力発電を主とし、火力発電を従とする「水主火従」の状況が続いた。しかし、高度成長が始まる 1950 年代以降、火力発電が増加し、1960 年代に水力と火力の比率が逆転し「火主水従」の電源開発へと転換する（橘川 2015：34）。とくに石炭から石油へと燃料が転換することで、火力発電所の発電能力は高能率化し、資源も低廉化した。ただし、高層ビルの情報機器・空調設備や住宅の家電製品が普及しはじめる 1970 年代には、二度のオイルショックが発生している。以降、新たなエネルギー源としてもっとも成長著しかったのは原子力発電であった。

　前項で述べたように、戦後になり電力運営は民営化されたが、総力戦体制によって形作られたエネルギーの中央-地方関係は維持された。とくに 1970 年代以降、環境問題や原子力開発への不安もあり、電源立地難が深刻化する。そのため日本政府は、電源立地促進対策として、1974 年に電源三法を公布し、発電所立地を受け入れた地元に対して多額の補助金を支給するようになる。

　社会学者の開沼博（2011）によれば、戦後日本の電力の需要-供給は、「中央-地方」の関係、とりわけ「中心と周縁」（上と下、主と従）の二項対立構造として構築された。日本の戦後成長は、このエネルギーの需要-供給という関係を「都市-田舎」という関係として構築することで達成された。すなわち、地方は「近代の残余」としてエネルギーの供給源として開発され、巨大な需要地である都市は「近代の先端」としてそのエネルギーを利用する。こうした関係をもとに戦後日本の高度成長は達成されたのである。

　たとえば、2000 年代の地方自治体の財政力指数の上位の三分の一がつねに発電所の立地地域であったように（開沼 2011：137-140）、地方社会への発電所の設置、とりわけ原子力発電所の誘致や設置は、電源三法交付金や固定資産税による収入増、および地元雇用の増大を見込むことができる。さらに、それらを財源とした新しい公営事業や文化施設・教育施設の開発、および各種イベント

第 14 章　エネルギー　　*225*

の開催にもつながる。原子力というテクノロジー（およびそれに関連の財源や施設）は中央の文化を地元において再現する媒介となるのである。こうして、地方（および発電所が存在する村落）は都市へとエネルギーを供給する——ときに「原発」というテクノロジーを積極的に「抱擁」することで——都市的な生活や文化へと近づこうとする。しかし、エネルギーの供給源として、エネルギーを大量消費する都市をさらに成長させることによって、従属的な位置にとどまり続けることになる。

　2004年公開の映画『東京原発』（監督山川元）は、「東京に原発を誘致する」という都知事の方針をめぐって展開するフィクション作品である。作品中には「日本で一番電気を浪費している東京都民が、そのリスクを負わずに原発をよその土地におしつけていいのか」と都知事が発言するシーンがあるが、エネルギーの需要−供給が「中央−地方」の関係として一方向的・垂直的に構成され、都市エネルギーが都市の外部からの供給に依存している状況を表現している。

第5節　ネットワーク化される電力——エネルギーの再内部化？

　ただし、現代社会では、地方から都市へと一方向的・垂直的（ヒエラルキカル）にエネルギーを供給するだけではなく、都市内部においてもエネルギーを供給し、情報システムを駆使してエネルギーの需要を双方向的・水平的（ネットワーク状）にマネジメントすることが模索されている。

　たとえば資源エネルギー庁は、住宅・建物でみずから発電する電力、その過不足を調整・補完する地域レベルの電力、そしてそれらを支える国土レベルの大規模な発電と供給網を組みあわせた「日本型スマートグリッド構想」を発表している（『エネルギー白書2010』）。それは、遠距離の「見えない技術」による大規模な集中型のエネルギー供給だけではなく、「エネルギーの見える化」と情報システムによってエネルギー需要をマネジメントし、近距離の多様な電力を組みあわせた分散型のエネルギー供給の構築を目指すものといえよう。

戦後日本社会においては、「従来のエネルギー供給システムが非常に優秀なネットワークで構成されていて、資源・環境問題を別にすれば需要家はこのネットワークに依存していれば何の不便もなかった」（下田 2014：30）。前節でもふれたように、1970年代以降、住宅（家庭部門）やオフィス・商業施設（業務部門）などで消費される民生部門の電力消費が増大することで、現在の電力供給のシステム——独占的に管理・生産された地方社会のエネルギーが近代都市を成長させる——が構築された（同上：12-13）。行政・企業、専門家、そして地方におまかせしていれば、都市を生きる人びとはそれをインフラとして消費することができたのである。ただし、グローバルな規模で共有される環境問題や東日本大震災などをきっかけに、エネルギー消費が高密度でおこる都市そのもの、つまり「街区や都市の単位でエネルギーをマネジメントする機能」が注目されはじめた（同上：28）。

　たとえば太陽光発電、発電時に発生する熱エネルギーを利用したコージェネレーション、燃料電池や蓄電池、地中ヒートポンプ、あるいはそれらを含む自家発電が都市部で普及すれば、電力の需要-供給の回路がふたたび都市内部で成立するかもしれない。既存の系統電力に加えたこうした複雑なエネルギー需給は、スマートメーターや各種センサー、情報通信機器を用いたエネルギーマネジメントシステム（EMS）によって、オフィスビル（B（ビル）EMS）や住宅（H（ハウス）EMS）、あるいは地域（C（コミュニティ）EMS）ごとに制御され、最適化を図ることができると期待されている。

　また電力の小売りは、1999年からしだいに自由化され、2016年以降、「全面自由化」された。この電力の自由化は、多元的な資源のなかからどのような電源を重視して選択するのか——電力会社の選択を通じて——都市を生きる人びとに問うているともいえる。

　新しい電力会社は、どのような電力を供給しているかを示した電源構成を公表していることがある。そのため、電力会社の選択を通じて、私たちは水力、地熱、バイオマス、風力、太陽光などの再生可能エネルギーを用いた、よりエコな電源を選択することもできる。ただし、再生可能エネルギーが電源構成の

3％程度しか供給できていない現状で、多くの人びとがいきなりそのエネルギーを選択すれば、電気代は高騰し、電力供給はパンクするだろう。逆にできるかぎり安価で安定した電力を求めて電力会社を選択するならば、原子力発電に依存したまま——一方向・垂直的なエネルギーの需要−供給関係をもとにした「中央−地方」関係の維持——になる可能性もある。エコロジーも、原発も選択しにくいとなれば、天然ガス、石油・石炭などの化石燃料を用いた火力中心の電源構成が続くだろう。しかし、その場合、低炭素化社会に逆行するような化石燃料の枯渇や CO_2 排出のリスクが現れる。だからといって、電気エネルギーを使わないという選択——『サバイバルファミリー』が放り込まれたすべてが OFF になる状況をみずから選択すること——はありうるだろうか？

このように都市のエネルギーは、都市の外部から供給されるだけではなく、都市の内部を生きる人びとの選択にもゆだねられはじめている。ただし、2016年時点では、新しい電力会社の電源構成の公表はそれほど進んでいない（『東京新聞』2016.4.9）。また、新電力会社への切替えは全体の3％にとどまり、既存の電力会社内での契約の切替えをあわせても5.8％となっており、電力会社の選択においては「今まで通り」という意識が強いようだ（資源エネルギー庁「電力小売り全面自由化に関する進捗状況」2016.10.18.）。

多くの人びとにとってエネルギーは、スイッチを ON/OFF するものであって、みずから選択するものではない。そうであるがゆえにエネルギーは、企業・行政や専門家、そして地方にまかせることで利用できるインフラであり続けている。そして今後のエネルギーは、さらに高度に情報化されたシステムにまかされるインフラになるだろう。しかし、現代社会において、エネルギーはさまざまなつなぎかたができるネットワーク的な形状になりつつあり、そのつなぎかたの選択は都市を生きる人びとにも投げかけられている。

（田中　大介）

Book 読書案内

開沼博, 2011, 『「フクシマ」論——原子力ムラはなぜ生まれたのか』青土社：近代・現代社

会において「都市と田舎」という関係はどのようにして編成されるのか。本書は、日本社会が原子力発電というエネルギーを受け入れる過程を「フクシマ」という地方の側から記述することで、こうした古典的な問題を社会学的に分析している。東日本大震災直後に出版されて話題になったが、著者はその後も活発な執筆活動を継続し、「フクシマ」に向かい続けている——いうまでもなく、その向こう側に張り付いているのは都市＝中央である。

下田吉之，2014，『都市エネルギーシステム入門——住宅・建築・まちの省エネ・低炭素化』学芸出版社：都市の内部にエネルギー供給をふたたび配置し、分散型エネルギーへの転換を目指す近年の政策や実践を理解するために好適な著作である。社会学の著作ではないが、都市空間や地域社会におけるエネルギー問題に関心がある人はこの著作を入口に、研究テーマをさぐることができる。また日本のエネルギー政策については、エネルギー産業の歴史をひもときながら「原発のリアルでポジティブなたたみかた」を提案する橘川武郎の『電力改革』講談社現代新書やその他の著作が参考になる。

【引 用 文 献】

Castells, Manuel, 1977, *La Question Urbaine*, Maspero.（＝1984，山田操訳『都市問題』恒星社厚生閣.）

Giddens, Anthony, 1990, *The Consequences of Modernity*, Polity Press.（＝1993，松尾精文・小幡正敏訳『近代とはいかなる時代か？』而立書房.）

長谷川貴彦，2012，『産業革命』山川出版社.

速水健朗，2016，『東京β』筑摩書房.

開沼博，2011，『「フクシマ」論』青土社.

橘川武郎，2015，『エネルギー産業』日本経営史研究所.

中村進，1987，『工業社会の史的展開』晃洋書房.

下田吉之，2014，『都市エネルギーシステム入門』学芸出版社.

Sjoberg, Gideon, 1960, *The Preindustrial City: Past and Present*, The Free Press.（＝1968，倉沢進訳『前産業型都市』鹿島出版会.）

資源エネルギー庁，2013，『エネルギー白書』資源エネルギー庁.

内山洋司，2006，『エネルギー工学と社会』放送大学教育振興会.

山之内靖・ヴィクター・コシュマン・成田龍一編著，1995，『総力戦と現代化』柏書房.

Weber, Max, 1924, *Wirtscaftsgeschichte. Abriss der universalen Sozial- und Wirtscaftsgeschichte*, aus den nachgelassenen vorlesungen herausgegeben von Prof. S. Hellmann und Dr. M. Palyi, 2te Auflage.（＝1955，青山秀夫・黒正巌訳『一般社会経済史要論（下）』岩波書店.）

Wrigley, Edward A., 1988, *Continuity, Chance and Change: The Caracter of the industrial revolution in England*, Cambridge University Press.（＝1991，近藤正臣訳『エネルギーと産業革命』同文館.）

V 電気インフラ

モバイルメディア

―― 繋がり／切れる ――

Chapter 15

（モバイルメディア、コンセント、Wi-Fi、交差点）

第1節　モバイルメディア／インモバイルシティ

1.「私」を作るインフラ

　スマートフォンのアプリを立ち上げ、イヤフォンをつけ、ディスプレイに映る動画を歩きながら眺める。それは電車のなかかもしれないし、旅行や仕事、買い物の最中のこともあるだろう。まさか授業中ではないですよね……？

　スマートフォンのみならず、タブレット、ノートパソコン、携帯ゲーム、携帯電話、カーナビその他の電子ネットワーク化された携帯・移動端末を総称して「モ

バイルメディア」と表記しておこう。これらのモバイルメディアの普及は、住居以外の場所——見知らぬ他者と近接する公的空間においても、遠隔の情報空間と接続した私的領域を作り、持ち運ぶことを可能にする。そのように公的／私的、遠隔／近接、労働／余暇／交通などの生活領域を重ね合わせ、多様な活動を同時並行的・移動的にやりくりする生活様式をモバイルライフとよぶことができる（Elliot and Urry 2010）。現在のモバイルメディアは、動画のみならず、通話、テキストメッセージ、ネット検索、テレビ電話、ゲームなど複数の活動が可能になる広域的な情報空間として開かれている。昔から人びとは文庫本や新聞を読みながら移動していたし、1980 年代のポータブルオーディオプレイヤーでも同じようなことが指摘されていた。しかし、携帯端末の機能が高度になるにつれて、そこでやりとりされる通信量や処理・蓄積される情報量も膨大になっていく。このように遠隔地の個人と個人が直接的にコミュニケーションすることで、中間集団や緩衝地帯が消失し、都市空間は脱−場所化していったとされる（吉見 2012：207-209）。このことは「個室」と「都市」の結合とも表現される。

　周囲の音声を遮断し、視線を集中することで、親密な人びとと記録を共有し、私だけの楽しみに興じる。電子メディアと個人化の相互関係は、社会学やメディア論などで、古くは「カプセル人間」（平野・中野 1975）や「メディアサイボーグ」（中野 1984）から、「テレ・コクーン」（羽渕 2006）や「**ネットワークされた個人主義**」（Wellman 2001）までさまざまな形で表現されてきた。

　たとえば、グーグルマップに代表される GPS 機能付きの電子化された地図は、「『わたし』のために、『わたし』の動きに合わせ」、「ディスプレイも『わたし』を表象する点を追いかけるように動いてくれる」ため、「ジコチュー」なもの＝自己中心的な地図になる（松岡 2016：72-73）。かつての地図は特定の地域の「全体」を「面」として表現し、利用者がそのなかから現在地・目的地という「点」、そしてそれらをつなぐルートとしての「線」をみずから見つけだす必要があった。しかし、GPS 機能付きの地図は、「面として『見わたす』のではなく、もっぱら点（現在地）と点（目的地）をむすぶ線（経路）を『追う』だけの存在になる」（同上：130）。そのため、世界や国家、および地域社会が「全体」として

みえにくくなっていくという（同上）。さらに、ナビがあれば、道に迷ったとき
に地域の人間に聞かなくてもいいし、周辺情報を入念に下調べすることもなく
移動できる。つまり、近傍の他者とコミュニケーションしたり、周囲の環境や
地域を記憶したりする必要性も相対的に減じるだろう。

2016 年の内閣府調査によれば携帯電話の世帯普及率は 95.3％（スマートフォン
だけの普及率は 67.4％）だが、モバイルメディアは、いつでもどこでも私的領域
を持ち運び、周囲の人間や環境を媒介することで「個人」を縁取っている。そ
れは「私」を作るインフラ——パーソナルメディアとして広がっている。

2. ネットワーク社会における都市とはなにか？

ただし、私たちが周囲の環境を置き去りにしてどれほど私的な情報空間へと
没入したとしても、私たちの身体はいま・ここに残ってしまう。また、以下の
ような状況に遭遇したことはないだろうか。冒頭のように歩きながら動画を視
聴していたが、電波が悪いためかなかなかダウンロードされず、ぶつぶつと途
切れてしまう。イライラして端末をぶんぶん振りまわしたり、あちこちうろつ
いてみる。そうこうしているうちに充電が切れそうになっていることにも気づ
く。それが真夏や真冬だとすれば、外をこのままうろうろしているのはつらい
し、喉も乾いた……。そういえばカフェにはコンセントもあるし、Wi-Fi が入
るはずだ。あるいはコンビニに入って、電池を買ってイートインスペースで休
もうか。どちらにしてもエアコンも効いているし、水分も補給できる。だが、
スマホを使って近くのコンビニやカフェをネット検索し、ナビで辿り着こうに
も、それらの機能も良好な電波を必要としており、電力をかなり消費する。そ
もそもそうしたコンビニやカフェがあまりない地方だとすれば……。

モバイルメディアをあてにした移動は、比較的自由に使える電源や基地局な
どの装置、あるいはそれらを備えた施設が密集するモノの集積としての都市に
よって可能になっている。モバイルメディアが「私」を作るインフラとして普
及していく過程で、それが別のインモバイルなインフラに依存し、連結されて
いく（Urry 2007＝2015：85）。

電子メディアの普及によって、いつでも接続でき、どこでも移動できるようになれば、特定の場所への集住、とりわけ都市は必要ない——かつてはそう言われることもあった（若林 2002, 2010）。しかし、現在のより高度にネットワーク化された社会においても特定の都市への集中は、収まっていない。だとすれば、現代のネットワーク社会において、都市とはどのような存在なのだろうか。

経済学者のR・フロリダ（Florida, R.）によれば、交通・通信テクノロジーの発達は人びとを都市への集住から解放しフラットな世界を作りだす、と長年語られてきた（2008＝2009）。しかし、実際には鋭い凹凸のあるギザギザの世界が現れており、その尖りの頂点として現代都市がある、という。とくに現代都市は、金融・情報関連産業が集積するイノベーションの拠点、すなわち独創的な知や才能をもつ**クリエイティブ・クラス**が集まる場所として成長している。また、M・カステルによれば、情報化する現代社会では、価値や権力は知識創造と情報処理から生まれる。そのため、特権的な人材の集住と対面、革新的な技術を生む環境、先端的な商業サービス、文化産業の集積がこれまで以上に経済効果をもつ。そのため、それらが集中する都市への集住がおきる（Castells 2001＝2009：254-256）。

これもひとつの答えだろう。しかし、本章では、ヒトだけではなく、モノの集積からモバイルメディア時代における都市の形——ネットワークシティの現れ方を考えたい。この記述を通して、これまでの諸章で扱われたモノやインフラが現代の都市空間においてどのように相互に関連しているかを（すでにエアコンや水が出てきたように）うっすらと垣間見ることもできるだろう。

第2節 接続可能都市（ネットワークシティ）——インフラのインフラ（のインフラの……）

1.「つながり」の資本主義——接続の生産—流通—消費体制

モバイルメディアが接続への私的欲望を増幅し、個人の時間-空間を広げていけば、そこで必要とされる端末の電気量・通信量も増大する。そして、そうしたエネルギーやアクセスをまかなう電源と基地局への負荷が高くなり、その

充実が求められる。

　実際、電気通信事業、とりわけ携帯電話事業者は、基地局の改良・増加、周波数の争奪戦——すなわち「つながりやすさ」を競いあいながら成長してきた。すでに 1985 年には一元的な通信体制の改革に関連する法案が施行され、日本電信電話公社（電電公社）の民営化と通信市場への競争原理の導入による産業構造の転換がはじまっている。1990 年代末には、J-フォン（現ソフトバンク）、ツーカー（現 KDDI）、NTT ドコモなどの各社が「つながりやすさ」をアピールして、契約者争奪戦が発生した（『毎日新聞』1998.6.16）。とくに携帯電話事業者のサービスエリアは各社の生命線であった。エリアの狭さはもっとも多い解約理由であり、他事業者への乗換えに直結するとされた（『日刊工業新聞』1997.3.7）。

　携帯電話の利用者の側でも、「電波状態のよいところをさがしてあっちにうろうろ、こっちにうろうろ」（『日経エレクトロニクス』2003.11.24）、「携帯電話を手にしながらうろうろする人が目につく」、「電波を求めてさまよい歩いている」（『毎日新聞』2003.1.16）という様子が報道されるようになる。2000 年前後には、電波の状態が良いことを示す携帯画面上のアンテナ記号が三本立っている（＝電波状態が良好である）ことを示す「バリ三」という言葉が使われた。仕事の連絡が取れない「バリ三以外の場所には行きたくない」、家族で遊びに行きたいのも「もちろん『バリ三』の場所へ」という人びとを「バリ三症候群」（『西日本新聞』2001.3.27）と揶揄することもあった。

　さらに、端末の機能が高度化するにしたがって、必要とされる通信量も膨大になっていく。1990 年代までのモバイルメディアは携帯電話や PHS などの端末が中心で、通話やメールをメインコンテンツとしており、通信規格は第一世代（1G）、第二世代（2G）のものであった。しかし 2000 年代になると、携帯電話やノートパソコンを通じたインターネット利用が活発化し、増大する通信量に対応しうる第三世代（3G）の通信規格が現れる。2010 年代に入るとスマートフォンが端末として普及し、大量のデータを必要とする動画やゲームなどの利用が増える。そのため、LTE とよばれる第四世代（4G）につながるさらに高度

な通信規格への対応が急務となった。2006年には「番号ポータビリティ制」（電話番号を変えずに携帯事業者を変更できる制度）の導入によって契約事業者間の乗換えが容易になり、携帯事業者間の「つながりやすさ」をめぐる競争はさらに激化する。こうして、端末メーカー、通信事業者、利用者らが、より高速で多量の通信を可能にする「つながり」を、商品として生産‒流通‒消費する拡大循環の経済が成立する。

モバイルメディアの「つながりにくさ」の解消にはいくつか方法があるが、そのひとつは、無線を中継する基地局の整備である。しかし、「携帯電話の基地局整備は、民間主導の原則により進められていることから、採算性の低い地域においては基地局が整備されにくい。その結果、携帯電話を利用できる地域とできない地域のあいだで、国民共有の資源・財産である電波から享受できる便益に格差が生じてくる」（携帯電話の基地局整備の在り方に関する研究会 2014：2）。

民間企業としての携帯電話事業者は、収益が見込める人口の多い都市部や交通路に沿って基地局を重点的に整備する。そうすることで、モバイルメディアの顧客を掘りおこし、他の事業者から顧客を奪って収益を上げる。さらに、基地局整備は、通信エリアの拡大のみならず、ユーザー数の急増による通信量の増大に対応するためにも必要になる。

「つながりやすさ」が収益獲得やサービス向上につながるのは携帯電話事業者だけではない。各種の商業施設・公共施設においても、「電波が入りやすい」ことで、消費者・利用者を誘導し、滞在時間を長くできるとされた。2002年頃には、ノート型パソコンなどの携帯端末を使って高速インターネットを利用する無線接続サービス「ホットスポット」が話題になっている。このアクセスポイントは、大都市圏を中心に、カフェやホテルなどの商業施設や駅などの交通機関を中心に、東京都内で200か所に設置された（『日経BP』2002.9.1）。とりわけ「店側の期待は集客力」（『毎日新聞』2002.6.10）であるという。

「つながりやすさ」は、携帯事業者だけではなく、商業施設・公共施設の消費者・利用者を増やす手段としてみなされた。そのため、集客を見込みやすい都市部を中心にしたアクセスポイントの整備が進む。都市空間の人口量の多さ

が情報空間の通信量の増大をもたらし、情報空間の通信量の増大が都市空間の人口量の増幅につながる——このような都市空間と情報空間のポジティブフィードバック（正の循環）への期待のもと、基地局の整備が進む。ただし、都市空間と情報空間の循環の輪は、国家や自治体という公的アクターではなく、「民間」と表現される市場経済によって結ばれている。消費者の接続への私的な「欲望」と収益を追求する「資本」の論理の結びつき——プライバタイゼーション（私事化／民営化）を通して、モバイルメディアの電波は拡大・増幅し、インフラとして定着してきた。

　ただし、「基地局整備の状況は、事業者が自主的に整備した地域、補助事業により整備した地域、未整備地域に分けられる」（携帯電話の基地局整備の在り方に関する研究会 2014：8）。そのため、ニーズ（需要）のないところにサービス（供給）は届きにくい。こうして、情報空間への接続可能性として地域間格差が発生し、現代的な形で「都市と田舎」の差異——ネットワークシティとその外部が現れる。

　そうした格差を解消するために、総務省は、1991年以来、地理的に条件不利な地域の基地局整備・伝送路整備に対する国庫補助による支援を継続的におこなっている。ただし、M・カステルによれば、現代においては、効果的にネットワークする能力＝「つながりやすさ」は特定の大都市に集中しており、その先端的な通信技術は、グローバルな経済を競争するうえでの必要条件となっている（Castells 2001＝2009：268-270）。

2. 見えるインフラ／見えないインフラ

　だが、通信量の増大にともなう基地局の激増は、都市空間や地域社会における景観問題を引きおこしている。

　1990年代後半にはすでに「移動体通信のライフラインともいうべき無線基地局の建設をめぐって全国各地で反対運動が多発している」（『日刊工業新聞』1997.3.7）。この時期には、①電波の人体へ与える影響、②鉄塔崩壊の懸念、③建設に対する不十分な説明に対する不信感などが反対運動の理由として挙げら

れた。とくに郊外地域においては、人口密度が低いため、30～50メートルの高さの鉄塔が必要とされ、「付近の景観を損ねることは避けられない」（同上）。そのため総務省は「鉄塔景観調査会」を開催し、景観との調和をはかり、違和感のない鉄塔デザインが検討されている。郵政省（当時）は携帯電話会社に基地局建設に際して住民の理解を得るように注意し、建設省（当時）も景観に配慮した基地局の配置基準を作成している。さらに基地局設置業者も、樹脂で作った幹、大枝、小枝、葉で構成された「擬木鉄塔」を開発している。実際、徳島県の黒沢湿原では、湿原の景観を保護し、周囲の森林に溶け込むように柱の部分を茶色にし、合成樹脂でできた枝や葉のついた鉄塔が建設された（『朝日新聞』2001.11.1）。

　「見えない電波」に対する不安は、電磁波による健康不安として顕在化し、「見える鉄塔」に凝縮される形で反対運動として展開した。モバイルメディアの普及とともに急増する基地局は、しだいに地域社会における存在感を増していく。とくに電柱・電線の景観が社会問題化するなかで、鉄塔・基地局も地域社会においてデコボコを感じさせるモノとして前景化する。このように「**見えるインフラ**」として前景化する鉄塔・基地局をカモフラージュすることで周囲の環境に溶け込ませ、「**見えないインフラ**」として背景化する涙ぐましい努力が「擬木鉄塔」の開発であった（Farman 2014）。

　ただし、基地局をめぐる景観問題は、人口密度が低く、巨大な人工建造物が相対的に少ない郊外や地方において際立っていた。一方、都市部ではそれほど基地局の景観問題は目立たない。というのも都市空間では、そこに多数存在する高層建造物にアンテナを立てることができるからだ。つまり、モバイルメディアという「私」を作るインフラは、基地局という固定的なインモバイルな通信インフラに依存し、基地局は高層建造物というさらにインモバイルな空間インフラに寄生することによって、モノの集積・連結としての現代都市を形作っている。

　だが、都市の基地局も景観問題と無縁ではない。高層建造物の屋上にアンテナを多数設ける場合、地域によっては景観条例の制限を受けるため、2011年に日本電業工作はドコモと共同して「景観アンテナ」を開発している。これはオフィ

スビルやマンションなどの壁面に設置できる薄型平面のアンテナであり、景観に与える影響が少ない。また、スマートフォンの普及による通信量の増大に対応するため、近年では、「スモールセル」とよばれる小型無線通信機が主流になりつつある（『エコノミスト』2014.8.26）。「マクロセル」（電波範囲半径1〜数キロメートル）、「マイクロセル」（同数十〜数百メートル）とよばれる大型・中型基地局に対して、1〜5キログラムのスモールセルはより狭い範囲をカバーし、多数の基地局を電信柱や街路灯など街中の多様な建造物にまぎれこませることができる。

　かつて携帯電話から伸びていたアンテナがなくなっていったのと並行して、基地局も都市空間という建造物のジャングルにまぎれこむ。「バリ三」（電波のアンテナがバリバリ三本立っているの省略語）という言葉が死語になり、電波を電柱・鉄塔などが「立っている」というイメージで想起したり、記号化することも少なくなった。モバイルメディアをめぐって現れるザラザラとしたインフラの存在感をできるだけそぎ落とし、都市空間をサラサラとした手触りへと均していくこと——それは「見える／見えない」という境界線を浮き沈みしながら、通信装置を<ruby>インフラ<rt>都市の背景</rt></ruby>として定着させていく過程でもある。

3. 動くインフラ／動かないインフラ

　もうひとつ、モバイルメディアの普及にあたって問題となったのが、電源問題である。すでに2000年には、ノート型パソコンのユーザーによって電池切れの問題が指摘されている（『朝日新聞』2000.3.12）。この記事によれば、「パソコンが普及し、必要な人も多いのに、社会インフラが整っていない」、「最近は応じてくれる所もあるが、ファミリーレストランなど有料でいいからコンセントを貸してほしい」という。また「記者が近所のファミリーレストラン四軒に行き、コンセント利用を頼んだが、結果は全滅」であった。同年には山陽新幹線の新型車両にコンセント付き指定席が登場したが、例外的なもので「国内交通機関での電源確保はほぼ絶望的」という状況であった。

　都市空間におけるエネルギーへのニーズ——その裏返しとしての電池切れへの不安が高まったが、それを受け止める電気インフラは整っていない。そのた

め、街中の建造物のコンセントの無断利用が横行し、盗電（窃盗罪）として適用される例もあった。街中・店内のコンセントは、建造物の所有者・賃貸者の利用に限定された私的な財物なのだが、それが都市空間という公的な領域に露出している。そのため、モバイルメディアの利用者は「私的／公的」の境界を曖昧にしたまま、電池切れを恐れて充電器を差し込んでしまう。

　しかし、2000年代中頃から商業施設や交通機関などにおいて、コンセントを貸し出すサービスが普及しはじめる。とりわけ首都圏中心に展開する飲食店や、新幹線や航空機などの交通機関などで先駆的に導入された。カフェやファストフード店などでは、都市圏の店舗内を中心にして、積極的に無料電源の設置をはじめている。たとえば日本マクドナルドでは、電源設置は本社方針ではなく店舗設計段階での各店の判断として設置されるが、「電源がある店は繁華街やビジネス街が多い」（『毎日新聞』2010.8.6）という。また、東京電力や三井不動産らが2010年に共同で立ち上げた電源貸出サービス「espot」（東京都日比谷、千葉県柏の葉）は、「公衆電源」として位置付けられた。電源が設置されている建造物・施設の所有者・賃貸者が支払うべき電気料金は発生しているが、2000年代後半以降、都市空間における電源は匿名的な個人にも開かれるべき——ただしそのほとんどが市場経済を通じて確保される——「公的なもの」としてみなされる。こうしてコンセントが水道やトイレのように「あってしかるべきもの」、「みなに開かれているべきもの」に近づいていく。

　都市空間においてコンセントが「公的なもの」になるにともなって、各種施設のコンセントの位置にも変化が生じる。商業施設・公共施設のコンセントは、多くの場合、目立たない壁際や端に必要最低限の数量を設置されるのみであった。コンセントやそこから出ている電源コードは、建造物や店内のデザインや雰囲気を壊し、交通動線の邪魔になる。そのため、電源や配線をなるべく少なくし、必要な場合は束ね、隠し、目立たなくする——ここでもインフラとして背景化する——努力が積み重ねられた。都市空間にとってコンセントやコードというでっぱりは、スマートでも、スムーズでもないのだが、モバイルメディアが普及する過程で、コンセントは施設・店舗の中心や消費者・利用者の身体

に正対する場所に大量に設置され、前景化しはじめる。そのため、たとえばある飲食店では、木製机に茶色、鉄製机脚に黒色のコンセントを設置する、あるいはテーブルの死角に接続口を設置するなどして、コンセントの存在感を消し、店舗に溶け込ませている。逆に壁際に向かって席を設置して、壁面の電源を利用させる場合もある。モバイルメディアの普及にしたがい、基地局とともに電源もまた、都市空間という「図」の中心にせり出しつつ、その「地」へと背景化させられていくのである。

4. 現代インフラとしてのネットワークシティ

「ネットワーク社会における都市とはなにか？」という問いを本章の最初に設定したが、ここで議論をまとめておこう。

モバイルメディアを使い、移動しながら多様な活動をやりくりするモバイルライフは、電源・基地局といった装置に依存する。同時に、そうしたインフラを気軽に利用できる施設も必要になる。移動する生活にも、停止する場所が必要なのである。2010 年代以降、コンビニやスーパーなどのイートインスペースの設置が増加している。あるコンビニでは「客の多くは一人で来店し、食後にパソコン作業をしたり読書したりと滞在時間は 30 分〜1 時間半程度。コンセントの付いたカウンター席もあり、平日夜には 2〜3 時間滞在する人も」（『産経新聞』2015.8.26) いるという。コンビニはこれまでの諸章でも扱った、水、防犯カメラ、エアコン、ゴミ箱、医薬品、トイレなどもある。こうした消費施設の電源・電波を「コモンズ」（共有財）ということもできるかもしれないが、基本的には民間企業の商品に付随するサービスとして提供されている。

モバイルメディアは、基地局・電源などの装置を「公的なもの」として利用できる施設、そしてそのような施設を集積した都市空間を作りだす。モバイルメディアにおける移動性の高度化は、固定的なインフラの開発・整備に依存し、固定的なインフラの開発・整備がモバイルメディアの移動性を高める。したがって、遠隔通信を可能にする情報ネットワーク化は、高密度の近接的な集住——都市空間を不要にしない。むしろ情報空間と都市空間の連結と循環は、

240

モバイルライフをインモバイルシティへと深く埋め込み、現代都市をネットワークシティとして形作っている。

　ただし、利用者の増加と端末機能の高度化によって、電波・電源問題の改善はイタチごっこになる。共同通信の調査によれば、2011 年になっても相変わらず「バッテリーの減りが速い」、「地域によりつながりにくい」ということがモバイルメディアに関する主要な不満になっている。電波・電源問題には、技術的な改善以外の別の解決の仕方が存在する。たとえば、充電器を持っている人に借りる、他人の良好な電波を通じて接続する、というやり方だ。電源・電波を「相互扶助 reciprocity」によって融通しあうのである。実際、充電器を持っている人は少なくないし、他人のモバイルメディアの電気から充電することも可能である。また、モバイルメディアには見知らぬ人びととのいくつものWi-Fi ネットワークが表示されるし、テザリングという手段もあり、それらはパスワードがわかれば利用できる。

　だが、そのようなことをする人はまれだし、すぐに「料金は誰が払っているのか」や「セキュリティに問題がある」と指摘されるだろう。そもそも、見知らぬひとに「充電器貸して」、「パスワード教えて」と聞いたり、聞かれたりするのもおっくうだ。おそらく都市社会では、電波・電源の相互扶助は望まれていない。むしろ匿名性を維持し、個人の領域を尊重するコミュニケーション——「不関与の規範」（Milgram 1970、ここでは富田（2009）を参照した）こそが、公的機関・市場経済に任せて専門的に処理するインフラ的なモノの利用を支えている。逆にいえば、そうした電源・電波のインフラ的利用が、人びとのあいだに気楽なスキマをあけ、モバイルメディアをパーソナルメディアにしているのである。こうして、ネットワークシティは——地域社会や中間集団を必ずしも経由せずに——インモバイルな都市環境と個人のモバイルメディアを直接的に接続／切断することによって、「私」を作る現代的なインフラとなっている。

第3節 モバイルライフの交差点──交通空間と情報空間のあいだ

　モバイルメディアが普及するにしたがい、そのインフラとなる基地局や電源は、市場経済をベースにして、都市部を中心にして整備された。だが、すでにふれてきたように、モバイルメディアのインフラ整備は、都市部という「点」のみならず、交通路という「線」においても重視されている。つまり、大量の人口が集積する都市空間だけではなく、大量の人口が流動する交通空間においても、「つながり」のニーズは高い。そのため、交通空間における通信インフラも優先的に整備された。こうして現代のネットワークシティは、面というよりも、「点と線」という形において現れてくる。

　だが、このように通信施設と交通機関がどちらも重要なインフラになり、重なりあうにしたがって、広域的な情報空間と接続した身体は、近接的な他者と共在する交通空間との境界面に立たされる。情報空間に没入すれば、交通空間が軽視され、交通空間に集中すれば、情報空間を締めざるをえない。そのため1990年代以降、身体を境界とした交通空間と情報空間の交錯と調整がさまざまな形で展開する。

　たとえば2010年代以降、社会問題化した「歩きスマホ」がわかりやすい例だろう。2016年8月現在、歩きスマホに関する罰則規定はまだあまりないが、道徳やマナーに訴えかける形で、その調整が図られている。同年に話題となったゲーム「ポケモンGO」に関する問題も、キャラクターの探索・獲得と周囲の交通状況の対立──情報空間と交通空間のどちらを優先すべきかという問題のひとつとして考えることができる。また、4章で述べたように、1990年代後半以降に問題化した電車内での携帯マナーも同様である。

　より重大な危険をともなうとされたのが、自動車や自転車の走行中に携帯電話などを利用する「ながら運転」である。こちらは1999年の道路交通法改正、2004年の罰則強化を通して、自動車走行中の携帯端末の利用は法的に規制された。たとえば走行中は、通話のみならず、ディスプレイの注視が取締りの対象になる。現在では携帯端末のナビ機能を運転時に用いることがあり、車内に

それを固定していれば利用できる。また、ナビのディスプレイでテレビ・DVD などを視聴できるが、移動中は映像が中断される仕様になっている。

飛行機内での電子機器使用に関する規制も強化された。2003 年に「航空機の運航の安全に支障を及ぼすおそれのある電子機器等を定める告示」が出され、携帯電話などの電波を発する携帯端末の利用は罰則が科される「安全阻害行為」とされた。ただし、2014 年には、航空機外の接続をしない機器同士の接続や、通信用電波を切った電子機器の利用が許されている。

以上のように、交通空間におけるモバイルメディアの利用やそれに関する法律・規範が設定され、「適法／違法」、「正常／逸脱」、「安全／危険」の線引きがかなり細かく調整されている。ただし、そのような法律・規範をすり抜けるような技法・技術が新たに作りだされることもある。

現代都市においては、モバイルメディアを利用する身体が、交通空間と情報空間という二重化したリアリティの結節点、あるいはそれら二つのインフラが対立する境界面となる。「移動」が活発化し、「接続」が高度化することで「いつでもどこでもつながる」という現代社会の夢が、ユビキタス社会やグローバリゼーションなどのワードでひとくくりにされて語られてきた。だが、私たちがモバイルメディアをその目の前にかかげるとき、「移動」と「接続」のあいだの交錯・調整の矢面に立つことになる。ネットワークシティにおいては、私たちの身体そのモノも、モノの連なりを接続／切断し、インフラを成立させる結び目ノードなのである。

（田中　大介）

Book 読書案内

松岡慧祐, 2016, 『グーグルマップの社会学』光文社新書：地図というメディアに関する社会学的研究としては、現在、もっとも読みやすく、時宜を得たものといえる。GPS 付きの電子地図が、私たちの空間認識やコミュニケーションをどのように変容させたかがわかりやすく書かれている。社会学的な地図論としては、同書でも多く参照されている若林幹夫『地図の想像力』河出文庫へと読み進みたい。

若林幹夫, 2010, 『〈時と場〉の変容』NTT 出版：情報技術に対する安易な礼賛や批判に陥らず、現代都市の情報社会的変容について射程の広い見通しやメディア論・都市論の理論的視点を得ることができる。都市-地域空間の情報社会的変容に関する実証的な議論のレビューについては、M・カステル『インターネットの銀河系』の 8 章「インターネットの地理」が読みやすく、便利だろう。

【引 用 文 献】

Castells, Manuel, 2001, The Internet Galaxy: Reflections on the Internet, Buisiness, and Society, Oxford University. (＝2009 矢澤修次郎・小山花子訳『インターネットの銀河系』東信堂.)

Elliott, Anthony and John Urry, 2010, *Mobile Lives*: Routlege.

Farman, Jason, 2014, "Locative Media," Peter Adey ed., *The Routledge Handbook of Mobilities*: Routledge.

Florida, Richard, 2008, *Who's Your City?*, Basic Books (＝2009, 井口典夫訳『クリエイティブ都市論』ダイヤモンド社.)

羽渕一代, 2006, 「高速化する再帰性」松田美佐ほか編『ケータイのある風景』北大路書房.

携帯電話の基地局整備の在り方に関する研究会, 2014, 『携帯電話の基地局整備の在り方に関する研究会報告書』総務省.

松岡慧祐, 2016, 『グーグルマップの社会学』光文社新書.

Milgram, Stanley, 1970, "The Experience of Living in Cities," *Science* 167 (3924) 1461-1468.

中野収・平野秀秋, 1975, 『コピー体験の文化』時事通信社.

中野収, 1984, 『ナルシスの現在』時事通信社.

富田英典, 2009, 『インティメイト・ストレンジャー』関西大学出版部.

Urry, John, 2007, *Mobilities*, Polity. (＝2015 吉原直樹・伊藤嘉高訳『モビリティーズ』作品社.)

若林幹夫, 2002, 「情報都市は存在するか？」西垣通編著『情報都市論』NTT 出版.

―――, 2010, 『〈時と場〉の変容』NTT 出版.

Wellman, Barry, 2001, "The rise of Networked Individualism," Leigh Keeble ed. Community Networks Online: Taylor & Francis.

吉見俊哉, 2012, 『メディア文化論改訂版』有斐閣.

あ と が き

　日本のインフラの高度さは、近年よく語られおり、その一部は海外への有力な輸出財として期待されています。清潔なトイレ、丁寧なゴミの分別、多数の自動販売機が海外の観光客から注目されることもあるようです。こうしたインフラの発展は、日本的経営やそこで生まれる労働倫理、あるいはテクノナショナリズムとよばれる国家主導の技術開発・産業振興の帰結ともいえますが、本書では日本の都市生活において、それがどのように受容されているかに焦点をあててきました。本書の事例も日本社会（とくに首都圏）が中心になっており、実質的に日本都市論になっている部分も多くあります。

　M・ウェーバーや柳田國男以来、日本の都市は「市民」としての連帯の意識が薄く、「内輪」の寄せ集めであると指摘されることがあります。その延長線上で考えると、日本の多様なインフラは、都市に生きる人びとが内輪で閉じたまま共存できるテクノロジーとして合理化され、島宇宙をつなぐモノとして根をはっているのかもしれません。たとえば、自動販売機を使えば、見知らぬ店員といちいちやりとりせず、内輪を気楽に維持できます。こうした日本的都市のなかで、ヒトとヒトのつながりよりも、モノを介したヒトのつながりが充実し、高度なインフラが蓄積していった……と考えるのはあまりにも大胆すぎるかもしれません。ただし、技術が社会を決定するとみなす技術決定論に立つことなく、技術と社会の相互作用を日常生活から考察するきっかけになる都市論のテキストはできないか。そうした着想から本書を企画しました。本書の視点や対象は限られたものですが、こうしたインフラ研究は1章の注でとりあげたように海外でも進んでおり、国際比較や地域比較へと開かれています。

　本書の執筆が実質的に動きだしたのは、編者の田中が、日ごろ親しくさせていただいている近森高明氏と角田隆一氏のまえで企画案と1章の草稿を報告してからです。田中が一応の編者となっていますが、お二方の支えがなければ本書は成立しませんでした。また、本書の企画は編集者の福田千晶さんにお声を

かけていただいた 2014 年にはじまりました。ただし、テーマは決まったものの、執筆項目や執筆者は二転三転し、出版まで当初の予定より長くかかってしまいました。そのため福田さんにはずいぶんとご迷惑をおかけしました。多大なご尽力と的確なアドバイスに感謝申し上げます。

田中　大介

事 項 索 引

＊あ　行

アイデンティティ　55
アウラ　36
浅草十二階　94
当たり前にアクセスできる　122
歩きスマホ　242
池袋駅　52
居心地の悪い感覚　151
医師患者関係　177
一次的関係性／二次的関係性／三次的関係性　18
移動経路　80
移動性 mobility　81
移動の社会学　43
異物　190
医療技術革新　176
医療専門家集団　177
インフラ観光　4
インフラのプライバタイゼーション（民営化＝私事化）　16
動かない都市 immobile city　26
動く生活 mobile life　26
運転手―自動車　85
エアコン　224, 232
液状不安　207
エキナカ　66
駅のショッピングモール化　64
駅まち一体開発　65
エレベーターガール　97
オートモビリティ automobility　81
大宮駅　66

＊か　行

カーステレオ　84
カーナビ　87
快適さのパーソナル化　146
快適さの民主化　135
仮設状態の永続化　195
カフェ　15, 232
カプセル人間　231

カメラ　28, 52
火力発電所　95, 222
環境　210
環境管理　103, 210
環境管理型権力　72
監視　202
監視カメラ　2, 103, 202〜206, 208〜212, 214
看板　84, 86, 87
関与シールド　71, 101
管理　202
管理・監視　29
機械論　172
規格型エレベーター　100
危険性　191
記号的価値　123
規制緩和　15
基地局　235
機能　64
機能的等価物　153
機能的に分離し二重化　125
機能美　108, 109
擬木鉄塔　237
客観治安　206
キャラ　54, 55
共同性　58
　　　――と場所性　18
巨帯都市　7
規律訓練型権力　725
儀礼的無関心　69, 101
記録性　104
空間 space　17
空気の画一化　146
グーグルマップ　231
空調のネットワーク　134
クリエイティブ・クラス　233
群衆行動　42
群衆騒乱　42
景観問題　236
経路依存性　194

健康役割　183
原子力発電　225
建設省　65
郊外　78, 83
公共 public　29
公共空間　101
公共性の語り　189
公衆電源　239
交通革命　221
交通空間　54, 73, 242
交通量　80
公的＝行政サービス　14
公的空間　231
鉱物依存経済　220
国鉄　64
国土交通省　65
個人化　207
個体性と移動性　18
国家医学　174
国家総動員法　223
コモンズ　11, 18, 219, 240
コモンズ的なインフラ　198
コンセント　239
コンパクト化　66
コンパクトシティ　7
コンビニ　9, 15, 79, 232
　　──のゴミ箱　149

　＊さ　行
差異化の論理　141
サイン　84, 86, 87
盛り場　3
『サバイバルファミリー』　216
産業革命　12, 219, 220
産業型資本主義　7
産業型都市　221
視覚的無意識　35
死者の崇拝　169
施設コンフリクト　179
自然からの解放　220
実存をめぐる不安　206
私的＝商業サービス　14

自動車　45, 77
自動性　88
品川駅　66
死の病院化　178
渋谷駅　51, 64
資本　92, 236
社会調査　29
社会的事実　78
　　──をモノとして見ること　36
集合性と空間性　18
集合的消費　12, 224
集合的沸騰　42, 58
縮小都市　7
熟練労働　98
出産の医療化　178
趣味性の語り　189
循環的に強化　125
上演　41, 54, 55
蒸気機関　220
象徴　64
冗長性　131
情報型資本主義　7
情報空間　54, 73, 242
ショッピングセンター　84
ショッピングモール　9, 15
所有／非所有　151
人口の生政治学　173
新自由主義（neo-liberalism）　15
新宿駅　52
真正性 authenticity　36
身体性　136
身体の拡張・外化・延長（extension）　6, 84
新都心　7
水分　232
水力発電　222
図と地　135
スポンジシティ　7
スマート化　67
スマートグリッド　217, 226
スマートコミュニティ　217
スモールネス　92
生権力　173

セキュリティ　203, 206, 211, 212, 241
前景化　108
センサー　31
前産業型都市　221
選択と集中　7, 66
専門家システム　9
専門職　97
相互監視　205
相互扶助　241
総力戦体制　223
速度　80
俗と聖　42

＊た　行
ターミナルデパート　63
第一空間　68
体感される治安　206
第三空間　68
第二空間　68
第二の自然　9
滞留　44, 57, 64, 66
立川駅　66
脱―埋め込み　12
縦の交通機関　93
タワーシティ　93
タワーマンション　91
団地　83, 99
駐車場　77
抽象的システム　12
中心と周縁　225
超高層ビル　99
治療・研究・教育の三位一体　178
通過　44
鉄道のなかの敏　68
テレ・コクーン　231
伝統社会　11
点と線　66, 68, 242
「――」として集約される現代都市　8
電力　95
　　――の自由化　227
　　――の地産地消　219
電力化（electrification）　219

東京　61
『東京原発』　226
道具的存在（tool-being）　48
道路　43
道路交通法　44
独創性 originality　36
都市計画　194
都市的生活様式　14
都市的なもの　3, 29, 41
都市と田舎　225, 236
都市の医学　174
都市のなかの鉄道　68
都市の無意識　4, 9
ドラッグストア　76, 79

＊な　行
ながら運転　242
二重の不確定性　44, 102
日本国営鉄道（国鉄）　14
日本住宅公団　14, 99
日本宅地開発公団　14
日本電信電話公社（日本電電）　14
ニュータウン　83
人称性　104
ネクロポリス　168
ネットワークされた個人主義　18
ネットワーク産業　15
ネットワークシティ　5, 19, 241, 241

＊は　行
パーソナルスペース　69〜71
パーソナルメディア　232
背景　112
背景化　108
媒体　84
配電統制令　223
配慮　202
場所 place　16
パリ三　234, 238
パルコ　41
犯罪不安　206
非熟練労働　98

■■■　事項索引　｜　249

ビッグネス　92
非─場所　3
百貨店　63, 95
病院の都市化／都市の病院化　168
病院のネットワーク化　180
病人役割　182, 183
ファミレス　79
不関与の規範　241
複数の意味のつぎはぎ　155
複製技術　36
複製技術論　34
舞台　41, 48, 54
物質文化論　34
プライバシー　70, 104
プライバタイゼーション　70, 236
防犯カメラ　104
歩行者天国　56

＊ま　　行
マンション　100
見えてはいるが、気づかれてはいない　187
見えないインフラ　237
見えるインフラ　237
水　13
ミネラル・ウォーター　120
見守る秩序　70
民営化　15, 64, 234
剥き出しのインフラ　186
メガロポリス　4, 98

メディア　87
メディアサイボーグ　231
メディカル・ツーリズム　181
「面」として拡張する近代都市　8
モータリゼーション　44, 83
モバイルライフ　231
問題処理システム　14

＊や・ら行
有機物依存経済　220
欲望　236
リキッド・サーベイランス　207
リキッド・モダン　207
リスク　208
流動　57, 64, 66
凌雲閣　94, 222
両義性　136
量販店　84
連帯のための医療　184
労働者の医学　174
ロードサイド　77

GPS 機能付きの地図　231
JR　14, 64
mobile life in mobile city　26
motility　88
NTT　14
UR　14

人 名 索 引

アーリー, J.（Urry, J.）81
ヴィリリオ, P.（Virilio, P.）88
ウェーバー, M.（Weber, M.）220
ヴェンチューリ, R.（Venturi, R.）86
エデンサー, T.（Edensor, T.）79
カステル, M.（Castells, M.）12, 18, 233, 236
加藤秀俊　94
北田暁大　42
ギデンズ, A.（Giddens, A.）12
ギブソン, J. J.（Gibson, J. J.）85
コールハース, R.（Koolehaas, R.）3
ゴフマン, E.（Goffman, E.）101
シヴェルブシュ, W.（Schivelbusch, W.）85
ジャクソン, K.（Jackson, K.）86
ショウバーグ, G.（Sjoberg, G.）221

谷崎潤一郎　27
ダント, T.（Dant, T.）85
デュルケム, É.（Durkheim, É.）78
中島みゆき　43
フロリダ, R.（Florida, R.）233
ベックマン, J.（Beckmann, J.）88
ベルナルト, A.（Bernard, A.）93
ベンヤミン, W.　34
マクルーハン, M.（McLuhan, M.）6, 84
ミッチェル, W. J.　31
メルロ＝ポンティ, M.（Merleau-Ponty, M.）85
柳田國男　27
吉見俊哉　41
ラトゥール, B.（Latour, B.）6
ワース, L.（Wirth, L.）3

【執筆者紹介】 (執筆順)

田中　大介 (たなか　だいすけ) (第1・2・3・4・6・14・15章)
日本女子大学人間社会学部准教授

主要業績：『フラットカルチャー』せりか書房 2010年（分担執筆）、『無印都市の社会学』法律文化社 2013年、『モール化する都市と社会』NTT出版 2013年（分担執筆）

若林　幹夫 (わかばやし　みきお) (第5章)
早稲田大学教育学部教授

主要業績：『都市のアレゴリー』INAX出版 1999年、『郊外の社会学』ちくま新書 2007年、『未来の社会学』河出ブックス 2014年など

楠田　恵美 (くすだえみ) (第7章)
筑波大学産学連携部産学連携企画課藻類バイオマス・エネルギーシステム開発研究センター国際コーディネーター、筑波学園看護専門学校非常勤講師

主要業績：「東京日本橋における消費空間の生成と変容：三越呉服店から日本橋三越まで」『年報社会学論集』第25号 2012年、『モール化する都市と社会：巨大商業施設論』NTT出版 2013年（分担執筆）、「現代日本橋の表象分析：空の都」『社会学ジャーナル』第40号 2015年

池田　和弘 (いけだ　かずひろ) (第8・10章)
日本女子大学人間社会学部講師

主要業績：『驀進する世界のグリーン革命』ポット出版 2013年（分担執筆）、『気候変動政策の社会学』昭和堂 2016年（分担執筆）

近森　高明 (ちかもり　たかあき) (第9・12章)
慶應義塾大学文学部教授

主要業績：『ベンヤミンの迷宮都市——都市のモダニティと陶酔経験』世界思想社 2007年、『無印都市の社会学——どこにでもある日常空間をフィールドワークする』法律文化社 2013年（共編著）、『都市のリアル』有斐閣 2013年（共編著）.

庄司　俊之 (しょうじ　としゆき) (第11章)
電気通信大学非常勤講師ほか

主要業績：「臓器移植における矛盾とその処理」『年報社会学論集』第12号 1999年、「医療化と近代医療システム」『社会学ジャーナル』第30号 2005年、報告「ホスピス運動と死の医療化」『茨城県立医療大学紀要』第18号 2013年

角田　隆一（つのだ　りゅういち）（第 13 章）
横浜市立大学国際総合科学部准教授
主要業績：『映像文化の社会学』有斐閣 2016 年（分担執筆）、『歴史と向き合う社会学』ミネルヴァ書
　　房 2015 年（分担執筆）、『無印都市の社会学』法律文化社 2013 年（分担執筆）

ネットワークシティ──現代インフラの社会学

2017年4月25日　初版第1刷発行

編著者　田中　大介

発行者　木村　哲也

印刷　新灯印刷／製本　新灯印刷

発行所　株式会社　北樹出版

〒153-0061　東京都目黒区中目黒1-2-6
URL : http://www.hokuju.jp
電話(03)3715-1525(代表)　FAX(03)5720-1488

© 2017, Printed in Japan　　　　ISBN 978-4-7793-0538-2
(落丁・乱丁の場合はお取り替えします)